抗辩权

历史源流与教义争论

吴奇琦 著

Einrede:

Historical Evolution

and

Doctrinal Controversies

法律出版社 LAW PRESS · CHINA

北京

图书在版编目（CIP）数据

抗辩权：历史源流与教义争论 / 吴奇琦著.
北京：法律出版社，2025. -- ISBN 978 - 7 - 5197 - 9979 - 3
Ⅰ. D913.01
中国国家版本馆 CIP 数据核字第 2025R9Z447 号

抗辩权：历史源流与教义争论
KANGBIANQUAN: LISHI YUANLIU YU JIAOYI ZHENGLUN

吴奇琦　著

策划编辑　似　玉
责任编辑　似　玉
装帧设计　汪奇峰

出版发行　法律出版社
编辑统筹　法律应用出版分社
责任校对　朱海波
责任印制　刘晓伟
经　　销　新华书店

开本　710 毫米 × 1000 毫米　1/16
印张　17　　**字数**　327 千
版本　2025 年 4 月第 1 版
印次　2025 年 4 月第 1 次印刷
印刷　北京建宏印刷有限公司

地址：北京市丰台区莲花池西里 7 号（100073）
网址：www.lawpress.com.cn
投稿邮箱：info@lawpress.com.cn
举报盗版邮箱：jbwq@lawpress.com.cn
销售电话：010 - 83938349
客服电话：010 - 83938350
咨询电话：010 - 63939796

书号：ISBN 978 - 7 - 5197 - 9979 - 3
定价：76.00 元

凡购买本社图书，如有印装错误，我社负责退换。电话：010 - 83938349

Die Funktion der Einrede läßt sich wie folgt darstellen: [...]
„Wenn du nicht willst, brauchst du nicht."

抗辩权的功能,可被表述如下:[……]
"若你不想,你不必这样。"

Heinz Hübner(海因茨·胡布)(1914~2006)*

* Heinz Hübner, Allgemeiner Teil des Bürgerlichen Gesetzbuches, 2. Auflage, Walter de Gruyter, 1996, S. 220, Rn. 439.

代 序

兹应吴奇琦教授之邀为其新书《抗辩权:历史源流与教义争论》作序,欣然以诺。

本书以抗辩权为主题,一如既往地溯源辨流,一如既往地资料翔实、脉络清晰。其用功之苦、思虑之深自不待言。然而不可否认的是,无论是在我国还是国外,这种溯源训诂式文体在法学领域已经不是主流。进入21世纪以来,法学研究范式转变越来越快,法律学人为追逐新课题(如网上生活规制、科技伦理规制)和新方法(如跨学科、实证方法)而疲于奔命,有能力又愿意坚持这种又苦又累而且功利价值不高的古典式研究者已经不多,即便有也不一定继续留在法学界。

当然,这一研究范式的流行度降低也与科技发展有关。训诂方法的工作重心是古典文本的发现和诠释;其核心技艺主要是对文本的古今或多语言版本进行交叉比对,目的则是理顺依托于文本的制度或概念的话语脉络以及消除话语之间的逻辑矛盾。随着文本电子化进程的加快以及人工智能处理多语言文本翻译方面的进展,训诂方法所标榜的发现文本和阅读多语言文本的能力已经不可能像20世纪那样让人惊艳。所以，还坚持做这类研究的人靠的是一种情怀、一份执着。

尽管科技发展让古典式法学研究失去了一些惊艳之处，但并不代表这种研究就此失去意义，否则，需要重新检视的可能将是法学自身的存在价值。文本的获得与阅读确实因科技发展而比以前容易一些，但话语在使用中变得混杂的现象并没有消失，以理顺话语逻辑为目标的法学（古典或诠释学面向的法学）研究依然有空间；关键在于，诠释者所欲处理的概念或制度是否有话语矛盾，而诠释者所做的工作又是否有助于消除这样的矛盾。

在我看来，吴奇琦教授这部关于抗辩权的著作正符合上面所述的法学诠释学依然有用的两个标准：其一，所选论题确实引起话语矛盾而需要诠释；其二，诠释工作有助于消除话语矛盾。

抗辩制度源于罗马法，但罗马法原始文献所反映的该制度的作用机制有很多矛盾的地方。围绕抗辩机制的矛盾话语经历了中世纪和近现代都未能完全理顺，到了19世纪又与权利话语以及法典化论题合流而变得更加复杂。可以说，直到今天，仍然有大量围绕抗辩权概念及其相关制度而展开的争论。在我国，虽然20世纪初期出版的一些民法教科书在很多地方都提到抗辩权，而且一直将其作为民事权利分类的支柱之一，但是对于抗辩权何以处于这样的地位以及其结构特征和效力范围等均未见有系统深入的研究。

例如，在罗马法中"妾身不明"的抗辩何以最终被界定为权利；支配权、请求权、形成权和抗辩权的分类是一个以什么为标准的分类；形成权与抗辩权之间的关系如何等问题都需要有更清晰的论述。

吴奇琦教授这部著作首先填补了我国关于抗辩权研究的空白，为法律研究人员和实务工作者正确使用抗辩权概念进行法律说理而避免堕入自相矛盾的困局提供了宝贵参考。本书虽然运用了大量的外语文本，但在表达方式上颇见功力；尤其对于这样一个有时间跨度、地域跨度、语言跨度的论题，全书能坚持以提出问题、有序说理解答问题的体例展开而不是云里雾里地胡乱堆砌,实属不易。

是为序。

唐晓晴

2024 年 4 月 20 日,于澳门特区

目　录

第一章　绪　说

抗辩权(Einrede),连同其对立概念请求权,被合称为民法教学上的两大**支柱**。〔1〕迪特尔·梅迪库斯(Dieter Medicus)(1929~2015)在其《作为民法教学法之支柱的请求权与抗辩权》(*Anspruch und Einrede als Rückgrat einer zivilistichen Lehrmethode*)一文中认为,若民法的教学建立在请求权和抗辩权上,可简化推理、提高效率,并为民事诉讼的研习作准备。〔2〕抗辩权的体系意义,由此可见一斑。然而,相较于请求权,汉语法学界对抗辩权的关注程度却无疑明显不足。**虽然请求权与抗辩权被认为是成对的概念,但二者绝非纯粹的一体两面,换言之,并非理解了请求权便可以**

〔1〕 Vgl. Dieter Medicus, Anspruch und Einrede als Rückgrat einer zivilistichen Lehrmethode, in Archiv für die civilistische Praxis 174 (1974), S. 313–331;[德]迪特尔·梅迪库斯:《作为民法教学法之支柱的请求权与抗辩权》,凌骏达译,载《燕大法学教室》2022年第8期。

〔2〕 Vgl. Dieter Medicus, Anspruch und Einrede als Rückgrat einer zivilistichen Lehrmethode, in Archiv für die civilistische Praxis 174 (1974), S. 326;[德]迪特尔·梅迪库斯:《作为民法教学法之支柱的请求权与抗辩权》,凌骏达译,载《燕大法学教室》2022年第8期。

理解抗辩权。相反,抗辩权有其自身的独特性,无论是就历史或教义而言皆然。就历史而言,抗辩权根源于罗马法,远较 19 世纪才诞生的请求权早了足足两千多年,其间经历了多次重大理论化节点;就教义而言,抗辩权理论在德国学说上一直是各种论战的对象,因此,谓之远比请求权错综复杂甚至混乱,绝不为过。所以,抗辩权的历史源流与争论,值得汉语法学界进行全面和系统的检视。本书目的,即在于此。

正如书名所示,本书正文分为两大部分:其一,**“抗辩权的历史源流”**;其二,**“抗辩权的教义争论”**。前者旨在检视抗辩权如何历经两千多年时间,从罗马法、中世纪法、近代法,发展至如今现代法上的面貌;后者则旨在检视抗辩权在德国学说上曾经引起的各种争议,包括抗辩权概念的合逻辑性、权利属性、作用对象、行使方式、权利归类,凡此种种,无一不是备受德国学说所热议的论题。同时,针对这两大主题进行检视之余,笔者也会对这两方面的具体问题,尤其是历代学说改造的合理性,以及论战各方见解的合理性,给出笔者拙见。

由于本书旨在详加检视历史起源和教义论战,而对这两者而言,论述的忠实性都尤为重要。本书既然是一种梳理评论,不免会有笔者个人的取舍和解读,因为笔者不可能完全只是将原典一字不漏地展示。然而,作为一种折中平衡,为了尽可能不失真地还原,增强论证上的说服力,本书会力图避免从二手文献那里转述已被作者们“消化”过的结论,亦即避免进行“二次消化”,因而让读者只能进行“三次消化”。相反,本书会选择尽可能直接从一手文献入手,并经常附列原文,这样做,同样是为了便于读者们参照,并让读者们可以有自己的判断。因此,本书时有引用原典,正是出于以上种种考量,合先叙明。

第二章　抗辩权的历史源流

第一节　罗马法:抗辩之作为“例外”(*exceptio*)

一、法务官责令指示中的“*exceptio*”

当代德国与其他德语系国家以“Einrede”一词来指称抗辩或抗辩权。有时候,在指称抗辩权时,也会在“Einrede”后加上“Recht”亦即“权利”,合成“Einrederecht”一词,以臻明确。“Einrede”一词源自动词“einreden”,当中前缀“ein”意指“朝向某东西进行运动”这样的动态,而“reden”则是指“说”。这和汉语“抗辩”一词颇有异曲同工之妙,因为“抗”字的“反”抗或“对”抗语义,同样表达了一种动作朝向,而“辩”字从言,也是指称话语。但就词源而言,无论是德语“Einrede”抑或汉语“抗辩”,都无法体现抗辩权的法学史源头。

这是因为,当代意义上的抗辩权,其雏形可溯源至**罗马法上的“*exceptio*”**。德语“Einrede”只是德国近代继受罗马法时最终被选用来对译甚至取代“*exceptio*”一词的术语。[3] 拉丁语“*exceptio*”一词,由动词“*excipio*”(不定式为“*excipere*”)亦即“*ex*—”(从……出来)和“*capio*”(取)的组合,再加上名词化后缀“—tio”构成。因此,“*exceptio*”的原义是“取出”,故又引申为“排除”,进而又指**“例外”**,因为将某东西从一个群组中取出来,便意味着这东西被排除出那个群组,属于例外。**此词后来被罗马人用于法律,指司法程序上一旦符合某些例外(*exceptio*)情形,便不对被告予以责令。**现今一些使用拉丁语后裔语言的国家或地区,其法律依然是以拉丁语“*exceptio*”一词所演变出来的词汇,来指称抗辩或抗辩权,例如,法国法上的“exception”、意大利法上的“eccezione”、西班牙法上的“excepción”、葡萄牙法上的“excepção”,都仍然在术语上保留着罗马法传统。[4]

详言之,在罗马法最古老的诉讼程序,亦即“法定诉讼”(*legis actiones*),于公元前164年被废除后,司法改革引入了一种更灵活的诉讼程序,亦即“程式程序”(*processo per formulas*),这让法务官(*praetor*)的职能扩大,能够以某种手段干预审判,修正僵化法律,使得“*exceptio*”有了存在的空间。关键在于,法务官会向负责案件的审判员(*iudex*)下达“责令指示”(Condemnationsbefehl):一旦“诉求”(*intentio*;Klageanspruch)符合前提,审判员便应当进行判处,对被告予以责令(*condemnatio*;Condemnation)。[5] 这种指示的格式如下:“若显得怎样怎样,予以责令;若非显得如此,予以开释”(*si paret... condemna, si*

---

〔3〕 参见本章“第三节 近代法:德国普通法上的继受与发展”。

〔4〕 关于德语国家的“Einrede”一词,参见 Ulrike Köbler, Werden, Wandel und Wesen des deutschen Privatrechtswortschatzes, Peter Lang, 2010, S. 154 – 155;关于“*exceptio*”的词源以及其在各个拉丁语系国家或地区中的变体,参见 Jesús Bogarín Díaz, Formación Léxica y Conceptualización Jurídica: El Vocablo «Excepción», Carlos Ⅲ University of Madrid, 2021, pp. 17 – 88, 89 – 124。

〔5〕 Carlo Andreae, Der praktische Begriff der materiellen Einrede im heutigen Recht, 1904, S. 1 ff.; Paul Bertholdt, Die Einrede des Bürgerlichen Gesetzbuchs, O. Waldowsky, 1905, S. 6.

non paret, *absolve*)。[6] 虽然审判员自己不得出于衡平(*aequitas*)的考量,反对于法有据的诉求,驳回诉讼,但法务官为了缓解严格依法(*stricto iure*)反而造成的僵化不公,会随机应变地应被告声请而决定是否[7]在其发布的程式中定出某些"例外"(*exceptio*),也就是"责令条款[8]的**例外**"(eine **Ausnahme** von der Condemnationsklausel)或者说"按照诉求判处所需条件的例外",[9]指示审判员在这些例外情形下,确认衡平,予以开释。按照罗马法研究者的流行说法便是,**"依法律本身"(*ipso iure*)的不加变通的处理,"于法律适用上,在抗辩(例外)的介入下"得**

---

〔6〕 Gai Institutionum Commentarius Ⅳ, 41, 43; Friedrich Carl von Savigny, System des heutigen römischen Rechts, Bd. 5, Berlin, 1841, §. 226, S. 161; Rudolf von Jhering, Geist des Römischen Rechts, auf den verschiedenen Stufen seiner Entwicklung, Zweiter Theil, Zweite Abstheilung, Breitkopf und Härtel, Leipzig, 1883, S. 619; Georg Friedrich Puchta, Geschichte des Recht bei dem römischen Volk, mit einer Einleitung in die Rechtswissenschaft und Geschichet des römischen Civilprocesses, Breitkopf und Härtel, Leipzig, 1893, S. 500; Albert Kocourek, *The Formula Procedure of Roman Law*, in *Virginia Law Review*, Apr., 1922, Vol. 8, No. 6 (Apr., 1922), pp. 434-444 (p. 439).

〔7〕 因此,在罗马法原始文本中,可以看到"*exceptio*"一词会连接着一些动词,诸如"要求 *exceptio*"(*exceptionem petere*)、"声请 *exceptio*"(*exceptionem postulare*)、"给予 *exceptio*"(*exceptionem dare*)、"附加 *exceptio*"(*exceptionem addere*)、"赋予 *exceptio*"(*exceptionem reddere*)、"拒绝 *exceptio*"(*exceptionem denegare*)。Vgl. Friedrich Carl von Savigny, System des heutigen römischen Rechts, Bd. 5, Berlin, 1841, §. 226, S. 163, Anm. g).

〔8〕 或称"责令规则"(Condemnationsregel),参见 Friedrich Carl von Savigny, System des heutigen römischen Rechts, Bd. 5, Berlin, 1841, §. 226, S. 174, Anm. r。

〔9〕 Friedrich Carl von Savigny, System des heutigen römischen Rechts, Bd. 5, Berlin, 1841, §. 226, S. 161; Bernhard Windscheid, Lehrbuch des Pandektenrechts, Bd. 1, Buddeus, 1862, §. 47, S. 102, Anm. 1; Ulrike Köbler, Werden, Wandel und Wesen des deutschen Privatrechtswortschatzes, Peter Lang, 2010, S. 154.

到调节。[10]所以,“抗辩是条件(*condicio*),其要么使被告免受责令,要么减轻了责令”。[11] 此即法务官法(*ius praetotium*)对市民法(*ius civile*)的一种修正。

正因如此,罗马法原始文本写道:“一切 *exceptio*,都是对被诉者所主张的予以**反向理解**(*in contrarium concipiuntur*)。因为举例而言,若被告说起诉者行事**有**恶性欺诈,要求了他所不应有的款项,则 *exceptio* 便被理解成:‘若在此事上 Aulus Agerius 以前和现在并**无**恶性欺诈’。同样,若他说要求款项**有**违协定,则 *exceptio* 便被理解成:‘若奥鲁斯·阿杰里乌斯和努梅利乌斯·内吉迪乌斯并**无**约定款项不得被要求’。在其他个案中,亦常采类似理解。因此,由于任何 *exceptio* 都受被告反对,但它被加插入程式里,使责令受条件所制约,也就是说,审判员不得责令被诉者,除非在此事上原告行事无欺诈;审判员不得针对他予以责令,除非无协

---

〔10〕 „unter Vermittelung einer exceptio bei Anwendung des Rechts“; Ignacy Koschembahr – Łyskowski, Die Theorie der Exceptionen nach klassischem römischen Recht, Bd. 1, Ersteres Heft: Der Begriff der exceptio, Berlin: Guttentag, 1893, §§2 – 5, S. 13 – 55. 一些罗马法原始文本提及“*ipso iure*”和“*exceptio*”,并暗示了两者的对立,例如,D. 34, 2, 34, 1、G. Ⅱ. 198、D. 19, 1, 28、D. 46, 8, 22, 8、D. 21, 2, 29, 1。Vgl. Ignacy Koschembahr – Łyskowski, Die Theorie der Exceptionen nach klassischem römischen Recht, Bd. 1, Ersteres Heft: Der Begriff der exceptio, Berlin: Guttentag, 1893, §.2, S. 13 ff. 这种对立被后世总结成“依法律本身”(*ipso iure*)和“因抗辩(例外)的作用”(*ope exceptionis*)之分,但应当注意的是,罗马法原始文本似乎没有直接用过“因抗辩的作用”(*ope exceptionis*)这个术语,例如,G. Ⅱ. 198、G. Ⅲ. 168、G. Ⅲ. 181(*ipso iure* 和 *per exceptionem*),G. Ⅳ. 106、G. Ⅳ. 106(*ipso iure* 和 *exceptio*),以及 G. Ⅳ 116(只出现了 *per exceptionem* 的字眼)。“*Ope exceptionis*”大概只是后来中世纪注释学派的创造,并流行至今。参见本章“第二节　中世纪法:注释学派的决定性改造与奠基”。因此,在正文谈论罗马法本身时,本书也避免使用“*ope exceptionis*”一词,以免有年代倒错(Anachronism)之嫌。

〔11〕 D. 44, 1, 22 pr.(保路斯《论诸片段》;Paulus *l. S. de var. lect.*):“*Exceptio est condicio, quae modo eximit reum damnatione, modo minuit damnationem.*”以上段落的中文译文,由笔者自行翻译。

定不要求款项。"[12]简言之,**"若无"此等例外**,方应责令。[13]

正因如此,有谓"*exceptio*"是积极责令指示的反面或者说**消极(negativ)表述**。[14]虽然这种"*exceptio* 消极说"不乏反对意见,例如,有人指出某些关于"*exceptio*"的文本仿佛有正面或者积极(positiv)的说法,故质疑消极说的普遍性(die Allgemeinheit dieser negativen Fassung)。[15]又如,有人认为那些采用"如果不是"的抗辩程式(Exceptionsformel mit *extra quam si*)是积极性的。[16] 但是,这些说法都有断章取义之嫌,因为它们都并非相较于诉求来看待"*exceptio*",而是单独把"*exceptio*"抽离出

---

〔12〕 Gai *Institutionum Commentarius* Ⅳ, 119: "*Omnes autem exceptiones* ***in contrarium concipiuntur***, *quam adfirmat is, cum quo agitur. nam si uerbi gratia reus dolo malo aliquid actorem facere dicat, qui forte pecuniam petit, quam non numerauit, sic exceptio concipitur: SI IN EA RE NIHIL DOLO MALO AVLI AGERII FACTVM SIT NEQVE FIAT; item si dicat contra pactionem pecuniam peti, ita concipitur exceptio: SI INTER AVLVM AGERIVM ET NVMERIVM NEGIDIVM NON CONVENIT, NE EA PECVNIA PETERETUR; et denique in ceteris causis similiter concipi solet, ideo scilicet, quia omnis exceptio obicitur quidem a reo, sed ita formulae inseritur, ut condicionalem faciat condemnationem, id est, ne aliter iudex eum, cum quo agitur, condemnet, quam si nihil in ea re, qua de agitur, dolo actoris factum sit; item ne aliter iudex eum condemnet, quam si nullum pactum conuentum de non petenda pecunia factum fuerit.*"此段中文译文,由笔者自行翻译。

〔13〕 D.44, 1, 2 pr.(乌尔比安努斯《告示评注》第七十四卷;Ulpianus *libro LXXⅣ ad ed.*):"抗辩被说成仿佛是某种排斥,常常对抗着各项事宜上的诉权,以排斥被引入诉求或责令者。"(*Exceptio dicta est quasi quaedam exclusio, quae opponi actioni cuiusque rei solet ad excludendum id, quod in intentionem condemnationemve deductum est.*);D.44, 1, 9(马塞路斯《学说汇纂》第三卷;Marcellus *libro tertio digestorum*):"被诉的相对人,因抗辩的运用,而肯定不必认诺诉求。"(*Non utique existimatur confiteri de intentione adversarii is quocum agitur, quia exceptione utitur.*)以上段落的中文译文,由笔者自行翻译。

〔14〕 Friedrich Carl von Savigny, System des heutigen römischen Rechts, Bd. 5, Berlin, 1841, §.226, S.161.

〔15〕 阿尔布雷希特便认为,有些罗马法原始文本是积极地表述"*exceptio*"的,例如,D.44, 2, 11, 3 写道:"*exceptio* 将会妨碍[你起诉我]……因为事情已经在我和你之间被判决了"([...]*obstaret exceptio, quod res judicata sit inter me et te*),故消极说无普遍性。Vgl. Joseph Ambros Michael Albrecht, Die Exceptionen des gemeinen Civilprozesses, München, 1835, S.21; *apud* Friedrich Carl von Savigny, System des heutigen römischen Rechts, Bd. 5, Berlin, 1841, §.226, S.161, Anm. a).

〔16〕 Sigmund Zimmern, Geschichte des Römischen Privatrechts bis Justinian, B.3, J. C. B. Mohr, 1829, S.298; *apud* Friedrich Carl von Savigny, System des heutigen römischen Rechts, Bd. 5, Berlin, 1841, §.226, S.161, Anm. a).

来检视;而且“如果不是”(*extra quam si*)便正是“除非”(*nisi*)而已,[17]故谓之消极并无不妥。

总言之,**“*exceptio*”最初与其说是指被告的“抗辩权”,倒不如说更偏向只是指程序上的一种“相反”机制或者“例外”机制:当存在某些例外事情时,审判员便不得判决责令被告,而是应予开释。**[18]

二、关于“*exceptio*”程序性质的淡化

前述的“*exceptio*”程序性质被淡化,是后来的事。事缘在戴克里先(Diocletianus)皇帝时代之前,审判员都只是由法务官任命来负责审判的私人,而非官方体制内的人,但随着后来官方审判员的出现,以及程式程序上“法庭阶段”(*in iure*;在法务官前进行)和“审判阶段”(*in iudicio*;在审判员前进行)的二分不复存在,也就是奉行这种二分的所谓“通常审判”(*ordo iudiciorum*)被废除,并被代之以“非常审理”(*cognitio extra ordinem*)程序后,**已经不再有任何空间让法务官向审判员下达上述例外指示,而变成“只是由被告向官方审判员提出声请”(bloße Anträge des Beklagten an den obrigkeitlichen Richter)。**[19] **然而,“*exceptio*”这个概念却依然被保留了下来,只不过不再是指那种法务官指示,或者说加插入程式内的责令条款例外,而仅仅是指那些引致被告获开释的事情本身。**[20]**但有一点仍旧不变:它仍起着对抗诉权的“例外”或“排除”功能。易言之,从早期“*exceptio*”那里消失的只是属于程序性质的因素,但“旧**

[17] Friedrich Carl von Savigny, System des heutigen römischen Rechts, Bd. 5, Berlin, 1841, §.226, S.161, Anm. a).

[18] Ulrike Köbler, Werden, Wandel und Wesen des deutschen Privatrechtswortschatzes, Peter Lang, 2010, S. 154; Carlo Andreae, Der praktische Begriff der materiellen Einrede im heutigen Recht, 1904, S. 1 ff.; Paul Bertholdt, Die Einrede des Bürgerlichen Gesetzbuchs, O. Waldowsky, 1905, S. 6.

[19] Friedrich Carl von Savigny, System des heutigen römischen Rechts, Bd. 5, Berlin, 1841, §.226, S.165–166.

[20] Carlo Andreae, Der praktische Begriff der materiellen Einrede im heutigen Recht, 1904, S.1 ff.; Paul Bertholdt, Die Einrede des Bürgerlichen Gesetzbuchs, O. Waldowsky, 1905, S.5 ff.

日 *exceptio* 的内在本质”（das innere Wesen der alten Exceptionen）并无“消失甚或只是本质上起了变化”（verschwunden, oder auch nur wesentlich verändert worden wäre）。[21]

然而，即便是这个时期的“*exceptio*”，罗马法原始文本也始终并无明言它是一种权利（*ius*），也无使用“*ius exceptionis*”（抗辩权）这样的术语，虽然罗马法有间接的暗示，将被告的“*exceptio*”和被明确定义成权利的原告诉权（*actio*）[22]相提并论：“运用 *exceptio* 者，看来同样是在诉请（*agere*），因为在 *exceptio* 上被告便是诉请者。”[23]虽然在某些文本中“*exceptio*”似乎被解读成“抗辩”或被告提出这种抗辩的可能性亦即“抗辩权”皆可行，但鉴于罗马法原始文本终究没有明言它是权利，故为严谨起见，本书会将罗马法原始文本中的“*exceptio*”译成“抗辩”，而在有必要指称提出抗辩的可能性时，也只称为“抗辩可能”（Einredemöglichkeit）。

这种意义上的“*exceptio*”，最终也被收录进优士丁尼一世皇帝下令编纂的《民法大全》（*Corpus Iuris Civilis*）中。[24] 当中，《学说汇纂》（*Digesta*）在抗辩这个论题上的编排可谓比较松散：抗辩本身连同其他事

---

〔21〕 Friedrich Carl von Savigny, System des heutigen römischen Rechts, Bd. 5, Berlin, 1841, §. 226, S. 166.

〔22〕 D. 44. 7. 51（塞尔苏斯《学说汇纂》第三卷；Celsus Ⅲ Dig.）：“诉权不外乎是通过审判追索应得的东西的权利。”“*Nihil aliud est actio quam ius quod sibi debeatur iudicio persequendi.*”《法学阶梯》也有相同表述，只是改变了语序，参见 I. 4, 6：“*Actio autem nihil aliud est quam ius persequendi in iudicio quod sibi debetur.*”

〔23〕 D. 44, 1, 1（乌尔比安努斯《告示评注》第九卷；Ulpianus Ⅸ *ad ed.*）：“*Agere etiam is videtur, qui exceptione utitur: nam reus in exceptione actor est.*” 此段中文译文，由笔者自行翻译。

〔24〕 科申巴尔－韦斯科夫斯基（Koschembahr－Łyskowski）为各式各样的“*exceptio*”（以及动词“*excipere*”）的罗马法原始文本来源（Quellenstellen），整理了非常详尽的庞大列表，足堪参照。Vgl. Ignacy Koschembahr－Łyskowski, Die Theorie der Exceptionen nach klassischem römischen Recht, Bd. 1, Ersteres Heft: Der Begriff der exceptio, Berlin: Guttentag, 1893, S. Ⅸ－ⅩⅦ.

宜被收入同一题,[25]而各式抗辩则另外设题专论,散见于各处。[26] 至于作为基础法学教科书的《法学阶梯》(*Institutiones*)则比较简练集中,就抗辩本身设有专“题”(*titulus*):第四卷第十三题“论抗辩”(*De exceptionibus*)便概述了抗辩的功能和类型。由于**《法学阶梯》这一题的部分内容,后来在中世纪注释学派那里,被改造和提炼出当代抗辩权概念的基础范式**,对本书主题而言非常重要,故不妨节录于此,方便读者在阅读下文[27]所述中世纪法上注释学派的理论时,可资对照:[28]

论 抗 辩[29]

我们接着来检视抗辩。抗辩是为了被诉者的防御而设的。因为经常发生的是,起诉者所提起的诉讼是公正的,但对被诉者而言却是不公正的。[30]

例如,如果受恐惧所强制、被欺诈诱导,或因陷入了错误,而和堤堤乌斯立约,向他许诺了你不欠他的东西,显然你已根据市民法负有义务,而且,用来向你诉求说你必须给予[他东西]的那项诉权,是生效的。然而,对你予以责令,并不公平。故此,因为恐惧、恶性欺诈,或适

---

[25] D. 44. 1: *De exceptionibus praescriptionibus et praeiudiciis*(论抗辩、前书与预审).

[26] D. 21. 3: *De exceptione rei venditae et traditae*(论出卖交付物抗辩)、D. 44. 2: *De exceptione rei iudicatae*(论既判案抗辩)、D. 44. 4: *De doli mali et metus exceptione*(论恶性欺诈抗辩与恐惧抗辩).

[27] 参见本章“第二节 中世纪法:注释学派的决定性改造与奠基”。

[28] 以下《法学阶梯》各段落的中文译文,由笔者自行翻译。必须指出,在汉语法学界,优士丁尼《法学阶梯》已有非常精确的中译本,参见[古罗马]优士丁尼主编:《法学阶梯》(第3版),徐国栋译,商务印书馆 2021 年版。笔者在此选择自行翻译,只是为了本书术语中译的一致性起见,而绝不代表笔者不认同徐译本,特此注明。

[29] I. 4, 13: *De exceptionibus*.

[30] I. 4, 13 pr.: “*Sequitur ut de exceptionibus dispiciamus. comparatae sunt autem exceptiones defendendorum eorum gratia cum quibus agitur: saepe enim accidit, ut, licet ipsa actio qua actor experitur iusta sit, tamen iniqua sit adversus eum cum quo agitur.*”

合该事的其他原因,你会获赋予抗辩,以便对诉讼提出争议。[31][……]

此外,即使债务人与债权人协定后者不向前者提出要求,债务人也依然有义务,因为债务不会以任何方式因为所订协定而解销;因此,原告用来对他诉求"若显得他必须给予"的那项诉权,是生效的;然而,违反协定向他加以责令是不公平的,所以他能够以协定有约抗辩来进行防御。[32] [……]

抗辩要么是永久型和杜绝型的,要么是暂时型和延缓型的。[33]

永久型和杜绝型抗辩,总是阻碍着起诉人,并总是恒久地摧毁所诉请的东西。恶性欺诈抗辩、事因恐惧抗辩、约定全然不得要求款项的协定有约抗辩,便是如此。[34]

暂时型和延缓型抗辩,则是临时地有害[于诉权]和赋予时间延缓。若约定在某段时间例如五年内不得起诉,则协定有约抗辩,便是如此。因为在那段时间结束后,起诉人便不被妨碍追索东西。[……][35]

此外,尚有涉人的延缓型抗辩。关于代理人的抗辩,便是如此。例如,若有人想由军人或女士提起诉讼的话,因为军人不得代理父亲或母

---

〔31〕 I. 4, 13, 1: "*Verbi gratia si metu coactus aut dolo inductus aut errore lapsus stipulanti Titio promisisti, quod non debueras promittere, palam est, iure civili te obligatum esse, et actio qua intenditur dare te oportere, efficax est: sed iniquum est te condemnari, ideoque datur tibi exceptio metus causa aut doli mali aut in factum composita ad impugnandam actionem.*"

〔32〕 I. 4, 13, 3: "*Praeterea debitor si pactus fuerit cum creditore, ne a se peteretur, nihilo minus obligatus manet, quia pacto convento obligationes non omnimodo dissolvuntur: qua de causa efficax est adversus eum actio qua actor intendit 'si paret eum dare oportere'. sed quia iniquum est, contra pactionem eum damnari, defenditur per exceptionem pacti conventi.*"

〔33〕 I. 4, 13, 8: "*Appellantur autem exceptiones aliae perpetuae et peremptoriae, aliae temporales et dilatoriae.*"

〔34〕 I. 4, 13, 9: "*Perpetuae et peremptoriae sunt, quae semper agentibus obstant et semper rem de qua agitur peremunt: qualis est exceptio doli mali et quod metus causa factum est et pacti conventi, cum ita convenerit, ne omnino pecunia peteretur.*"

〔35〕 I. 4, 13, 10: "*Temporales atque dilatoriae sunt, quae ad tempus nocent et temporis dilationem tribuunt: qualis est pacti conventi, cum convenerit, ne intra certum tempus ageretur, veluti intra quinquennium, nam finito eo tempore non impeditur actor rem exsequi.* [...]"

亲或妻子,而且根据神圣敕令也不得代理人的名义行事。[……][36]

第二节　中世纪法:注释学派的决定性改造与奠基

一、问题所在:罗马法原始文本的逻辑不明

在西罗马帝国于476年灭亡后,《民法大全》一度失传。直到它在11世纪末意大利北部奇迹般重现后,这些罗马法原始文本方始经由中世纪学者的注释获得新生命。在抗辩权这个论题的发展上,中世纪意大利波隆那(Bologna,又译"博洛尼亚")的注释学派(glossatores)有着决定性的贡献。他们在想办法梳理和澄清罗马法原始文本令人费解的说法时,创造性地奠定了现代意义上抗辩权概念的基础:抗辩的功能是使一项**自身存在的权利不生效**(das **an sich existerende Rechtunwirksam** gemacht)。**这种思想并不是源自罗马法本身,也不是到了19世纪德国普通法学上才出现,而是由中世纪注释学派创立的。因此,若想只从罗马法原始文本找答案,或只从19世纪德国普通法学上找答案,都会是徒劳的。**注释学派的这种构筑,是在两者之间的一种过渡,一旦欠缺,便会发生大幅的断代。[37]

罗马法原始文本的问题在于:根据罗马的法学家们所言,抗辩是用

---

〔36〕 I. 4, 13, 11:"*Praeterea etiam ex persona dilatoriae sunt exceptiones: quales sunt procuratoriae, veluti si per militem aut mulierem agere quis velit: nam militibus nec pro patre vel matre vel uxore nec, ex sacro rescripto, procuratorio nomine experiri conceditur.* [...]"

〔37〕 笔者认为,我国学界关于抗辩权发展史的研究,便存在这样的缺漏。例如,申海恩教授在其《抗辩权概念选择的历史比较考察》中,便只检视了罗马法与19世纪德国法学(萨维尼与温德沙伊德),而没有具体考察中世纪法,并认为"实体法上抗辩权(Einrede)概念的产生,正是在上述罗马法继受的背景之下完成的。19世纪后半叶,先有Savigny主张应当将抗辩权的罗马法背景抽离,推导出其当代法律意念,后有Windscheid区分实体法与诉讼法上的权利……"参见申海恩:《抗辩权概念选择的历史比较考察》,载《社会科学研究》2022年第2期。然而,本书将会论证,中世纪注释法学才是在这个论题上"将罗马法背景抽离"的先驱。即使是萨维尼,实际上也只是遵从中世纪法学的思路而已。

来对抗(*opporre*)诉权的。[38] 可见,提出抗辩的可能性(以下简称"Einredemöglichkeit"抗辩可能),似乎是预设了诉权的存在。乍看之下,这种说法没什么问题。然而,**在逻辑上,说一个人有诉权,但他又不能真的得到他想得到的东西,这种说法真的没有矛盾吗?这样,他真的算是有诉权吗?一个如此基础的问题,在罗马法原始文本中,始终没有得到说明。**因此,在可被抗辩对抗的那些情形下,诉权究竟算不算存在,"仿佛是个谜"(dies erschien als Rätsel)。[39] 须知道,罗马法原始文本经常是语焉不详、逻辑不清,甚至前后矛盾的。该如何在罗马法原始文本的枷锁下,理顺逻辑、自圆其说,一向都是后世研究者面对的难题。归根究底,在这里首先要回答的问题便是,诉权和抗辩可能是否能够共同存在。**假如我们认为两者不能共同存在**,那么便只有两种可能性:要么一方有诉权,另一方不能抗辩;要么一方没有什么诉权可言,因为另一方能够提出抗辩。这样的话,**"抗辩可能 vs 诉权"范式便不应出现,这会连带引致现代意义上抗辩权概念的"抗辩权 vs 请求权"范式(抗辩权以对方真的有请求权——其前身便是诉权——为前提)无法被发展出来。**[40] **但是,假如我们认为两者能够共同存在,又究竟道理何在?**

总言之,这里有两大问题需要被回答:**其一,诉权和抗辩可否共存?其二,如果能共存,那么又是凭什么能共存?**

二、问题一:诉权和抗辩可否共存

在注释学派之前,"诉权和抗辩可否共存"这个问题并没有被认真思考过。意大利拉温那的拉温那学派(die Schule von Ravenna)在谈论抗

---

〔38〕 D. 44, 1, 2 pr. (乌尔比安努斯《告示评注》第七十四卷;Ulpianus *libro LXXIV ad ed.*):"抗辩被说成仿佛是某种排斥,常常**对抗着**各项事宜上的诉权,以排斥被引入诉求或责令者。"(*Exceptio dicta est quasi quaedam exclusio, quae* ***opponi*** *actioni cuiusque rei solet ad excludendum id, quod in intentionem condemnationemve deductum est.*)此段中文译文,由笔者自行翻译。粗体为笔者所标示。

〔39〕 Ernst Heymann, Das Vorschützen der Verjährung: zugleich ein Beitrag zur Lehre von Exceptio und Einrede, Schletter'sche Buchhandlung (Franck & Weigert), Breslau, 1895, S. 63.

〔40〕 参见本章"第三节 近代法:德国普通法上的继受与发展"。

辩时,虽然有轻触问题核心,指出诉权依法律本身是成立的,但可惜只是简单地一语带过,并无深究:

> 抗辩是反对着依法律本身成立的诉权(*contra actionem ipso iure tenentem*)。此乃一种出于衡平而被引入的防御。[41]

注释学派,则是第一批直面这种疑难的法律人。他们提出了**在罗马法上不见经传的"事实上抗辩"(*exceptio facti*)与"法律上抗辩"(*exceptio iuris*,或者说"权利抗辩")之分。**[42]注释学派的思路是,有时候并不存在诉权,因此,原告只是在事实上提出诉求(klagt nur *de facto*),于法无据,这种诉求所对应的是"事实上抗辩"或称"诉求抗辩"(*exceptio intentionis*);有时候,则存在诉权,因此,原告是在法律上提出诉求(klagt *de iure*),于法有据,但被抗辩阻碍,这种抗辩是"法律上抗辩"或者说"权利抗辩",又名"诉权抗辩"(*exceptio actionis*)或"诉权排斥"(*actionis exclusio*),因为它所反对的是一项确实存在的权利。在"事实上抗辩"的情形中,并不会有"诉权和抗辩可否共存"的问题要解决,因为根本无诉权可言;仅在"法律上抗辩"的情形中,诉权和抗辩可能才会共存。

阿佐(Azo)(活跃于1150~1230年)在《法典大全》(*Summa Codicis*)中便写道:

> 须知道,抗辩有时候是广义而言,有时候是狭义而言。广义而言,抗辩是指,虽然**无任何诉权被赋予原告**,但被告所获赋

---

〔41〕 Brachylogus Ⅳ. 29: "*Est autem exceptio contra actionem ipso iure tenentem gratia eius, cum quo agitur ex aequitate inducta defensio.*" Vgl. Libellus de verbis legalibus c. 18 (Ed. Fitting); *apud* Ernst Heymann, Das Vorschützen der Verjährung: zugleich ein Beitrag zur Lehre von Exceptio und Einrede, Schletter'sche Buchhandlung (Franck & Weigert), Breslau, 1895, S. 63, Anm. 251. 此段中文译文,由笔者自行翻译。

〔42〕 Ernst Heymann, Das Vorschützen der Verjährung: zugleich ein Beitrag zur Lehre von Exceptio und Einrede, Schletter'sche Buchhandlung (Franck & Weigert), Breslau, 1895, S. 62 ff.

> 予的一切防御，此时抗辩被称为**事实上抗辩**(***exceptio facti***)。但我会用更适切的词语，称之为诉求抗辩(*exceptio intentionis*)[……]狭义和本义而言，抗辩则是指被告获赋予的这样一项防御：它所反对的是针对被告而**被赋予[原告]的诉权**。因此，此项抗辩被称为**诉权排斥**(***actionis exclusio***)。[43]

阿库修斯(Accursius)(约1182～1263年)的《常规注释》(*Glossa Ordinaria*)也有收录这种见解，但写得较为精练：

> 诉求要么**依法律本身是成立的**(***ipso iure tenet***)，此时，抗辩被称为诉权抗辩(*exceptio actionis*)；要么**依法律本身不成立**(***ipso iure non tenet***)，此时，抗辩被称为诉求抗辩(*exceptio intentionis*)，正如其所暗示的那样，此即谓之事实抗辩(*exceptio facti*)。[44]

注释学派所谓的"事实上抗辩"，其前提是不存在诉权。这便完全跳脱了罗马法对"抗辩"一词的用法。以现今的目光来看，它更像是撇除实体法意义上抗辩权后的其他异议(Einwendung)，但这已无关本书主题，兹不赘述。无论如何，注释学派看来是明知罗马人从来都不是这样理解

〔43〕 Azo, *Summa in Cod.*, 8, 35 *n.* 3："*Est autem sciendum, quod exceptio quandoque ponitur large quandoque ponitur stricte. Large ponitur pro omni defensione, quae reo competit etiam si* ***nulla actori competat actio***: *et tunc quidem vocant eam* ***exceptionem facti***. *Sed ego commodioribus verbis dico eam exceptionem intentionis … Stricte vero ponitur et proprie pro ea defensione, quae competit reo contra* ***actionem competentem*** *in eum. Sic ergo dicetur exceptio* ***actionis exclusio***."; *apud* Ernst Heymann, Das Vorschützen der Verjährung: zugleich ein Beitrag zur Lehre von Exceptio und Einrede, Schletter'sche Buchhandlung (Franck & Weigert), Breslau, 1895, S. 62, Anm. 249. 此段中文译文，由笔者自行翻译。粗体为笔者所标示。

〔44〕 Accursius, *Gloss. Ord.*, ad l. 2 D. 44, 1："*intentio vel* ***ipso iure tenet*** *et tunc dicitur exceptio actionis*: *vel* ***ipso iure non tenet*** *et tunc dicitur exceptio intentionis*: *ut hic innuit, et hoc est, quod dicunt exceptionem facti.*"; *apud* Ernst Heymann, Das Vorschützen der Verjährung: zugleich ein Beitrag zur Lehre von Exceptio und Einrede, Schletter'sche Buchhandlung (Franck & Weigert), Breslau, 1895, S. 62, Anm. 249. 此段中文译文，由笔者自行翻译。粗体为笔者所标示。

抗辩的。这一点从阿佐上述段落的一些表述便可以看出端倪:他把罗马人所理解的那种抗辩称为“本义而言”(*proprie*)的抗辩,而且,“诉权排斥”这个名称也显然是撷取自罗马法原始文本(D. 44, 1, 2 pr.)。[45] 因此,注释学派的这种解读,应非误读了罗马法,而是特意曲解。观乎注释学派故意创造出“事实上抗辩”,用以对比“法律上抗辩”(罗马人所理解的抗辩)这种做法可见,注释学派是认真思考过“诉权和抗辩可能得否共存”这个问题的。而且,他们更给出了连罗马人也始料不及的答案:**就“事实上抗辩”而言,无此问题;就“法律上抗辩”而言,答案则是肯定的**。

三、问题二:诉权和抗辩可能何以共存

(一)罗马法原始文本的桎梏:即使遭受抗辩,诉权依然生效

根据注释学派的理论,既然在“法律上抗辩”的情形,诉权是存在的,那么余下的问题便是,为何原告得不到他想要的结果?抗辩究竟是如何“从中作梗”的?这便牵涉第二个问题:诉权和抗辩可能何以共存。换言之,既然双方各自的诉权和抗辩可能都共同存在,这便意味着抗辩可能的存在本身,并没有令诉权变得不存在,那么,抗辩可能的实行(抗辩),究竟对诉权“做了什么”,让诉权人得不到原本应得的结果?

受过现代法学教育的法律人,也许会非常理所当然地答道:对方的权利的确存在,但抗辩使对方的权利不能生效。这对当代法律人而言,几乎已经是一种常识。可是,在注释学派当时面对罗马法原始文本的时候,这种回答绝非那么理所当然,甚至根本是违反文本的一种解读。这是因为,优士丁尼一世皇帝钦定的基础法学教科书《法学阶梯》斩钉截铁地说,在这种情形下,诉权是生效的(*actio efficax est*),而且更是连续说

[45] D. 44, 1, 2 pr.(乌尔比安努斯《告示评注》第七十四卷;Ulpianus *libro LXXIV ad ed.*):“抗辩被说成仿佛是某种**排斥**,常常对抗着各项事宜上的**诉权**,以**排斥**被引入诉求或责令者。”(*Exceptio dicta est quasi quaedam* ***exclusio***, *quae opponi* ***actioni*** *cuiusque rei solet ad* ***excludendum*** *id, quod in intentionem condemnationemve deductum est.*)此段中文译文,由笔者自行翻译。粗体为笔者所标示。

了两次(I.4, 13, 1和I.4, 13, 3)!《法学阶梯》明确写道:

> 例如,如果受恐惧所强制、被欺诈诱导,或因陷入了错误,而和堤堤乌斯立约,向他许诺了你不欠他的东西,显然你已根据市民法负有义务,而且,用来向你诉求说你必须给予[他东西]的**那项诉权,是生效的(*actio... efficax est*)**。然而,对你予以责令,并不公平。故此,因为恐惧、恶性欺诈,或适合该事的其他原因,你会获赋予抗辩,以便对诉讼提出争议。[46] [……]
>
> 此外,即使债务人与债权人协定后者不向前者提出要求,债务人也依然有义务,因为债务不会以任何方式因为所订协定而解销;因此,原告用来对他诉求"若显得他必须给予"的**那项诉权,是生效的(*efficax est... actio*)**;然而,违反协定向他加以责令是不公平的,所以他能够以协定有约抗辩来进行防御。[47]

(二)注释学派对文本的故意曲解:强行区分两种"生效"

《法学阶梯》的上述文本,为注释学派设下极难跨越的障碍,基本上宣告了"对方的权利的确存在,但抗辩使对方的权利不能生效"这样的解释方案,按照文本是不可行的。然而,注释学派选择了曲解罗马法,强行给出了上述的解释。

注释学派的阿佐在罗马法从无区分的情形下,把"生效"(*efficax*)硬是区分成了两种:一种是就"诉权的自身本体"(*actio in sui subtantia*)而言生效,另一种是就"诉权的作用"(*ops actionis*)而言生效。他认为,上述文本

---

〔46〕 I.4, 13, 1: "*Verbi gratia si metu coactus aut dolo inductus aut errore lapsus stipulanti Titio promisisti, quod non debueras promittere, palam est, iure civili te obligatum esse, et actio qua intenditur dare te oportere, efficax est: sed iniquum est te condemnari, ideoque datur tibi exceptio metus causa aut doli mali aut in factum composita ad impugnandam actionem.*"

〔47〕 I.4, 13, 3: "*Praeterea debitor si pactus fuerit cum creditore, ne a se peteretur, nihilo minus obligatus manet, quia pacto convento obligationes non omnimodo dissolvuntur: qua de causa efficax est adversus eum actio qua actor intendit ' si paret eum dare oportere'. sed quia iniquum est, contra pactionem eum damnari, defenditur per exceptionem pacti conventi.*"

中的“生效”只是指前者，亦即诉权“自身本体”生效，因为依法负债，诉权存在（“诉权出现”），[48]**但诉权“作用”则因为被抗辩阻碍而不生效。**这已经是对罗马法文本的“僭建”了。当代法律人的上述“常识”，正是由800年前注释学派不顾罗马法文本的这一次反叛所确立的。这种见解后来也被阿库修斯收录进《常规注释》，并由于这部系统整理了注释学派各人见解的大汇编，在随后数百年被法律人用作标准工具书，而成为后世法律人的通说，影响至今。兹将阿佐对“在到期前提起诉讼的话，诉权如何可以谓之生效”（*actio qua quis agit ante diem, quomodo possit dici efficax*）这个问题[49]的注解，以及阿库修斯对“生效”（*efficax*）一词的注释，并列展示如下：

阿佐《法典大全》I. 4,13,3 注释：	阿库修斯《常规注释》I. 4,13,1 注释：
但要这样理解：诉权就**自身本体（*sui substantia*）**而言是生效的。因为根据市民法和自然法，债务人显然是负债的；而且，诉权也有出现。然而，就**诉权作用（*actionis ops*）**而	这当然是就**自身本体（*sui substantia*）**而言。因为根据市民法和自然法，他显然是负债的。然而，就**诉权作用（*ops exactionis*）**而言，它则并不生效。——或者说，笼统地看的

〔48〕 在那个时代，诉权被认为是产生自债的司法追索权。诉权产生自债，故有所谓“债是诉权之母、诉权原因”（*obligatio est mater et causa actionis*）一说（gl. “*actio autem*” I. 4, 6 in princ.）。关于司法追索权，除参见罗马的法学家塞尔苏斯的经典定义（D. 44. 7. 51、I. 4, 6）外，《常规注释》也提到“*actio*”、“有时被用来指诉讼权或者说追索权”（“*ponitur … quandoque pro iure agendi vel persequendi*”; *ead. gl.*）、“诉权是权利”（“*actio est ius*”; *ead. gl.*）。而且，诉权的定义“诉权不外乎是通过审判追索应得的东西的权利”（*Nihil aliud est actio quam ius quod sibi debeatur iudicio persequendi*）中“应得的东西”（*quod sibi debetur*）这个部分，应显然和债的概念互相对应，因为诉权是司法追索权（Recht auf gerichtliche Verfolgung），而债的核心也正是“索求东西”（dingliche Forderungen）（gl. “*quod sibi debetur*”, I. 4, 6）。

〔49〕 这个问题涉及 I. 4, 13, 10 的延缓型“协定有约抗辩”。阿佐对这种抗辩的解读是否合理，详见下文“四、历史有无如果——注释学派有无机会选择另一种范式”。

言，它则并无生效。——或者说，笼统地看的话，它是生效的；因为如果他说“［被告］向我许诺过”，那么乍看之下，被告看来总是必须被责令。但如果你落到性质上来看，由于被告许诺是因为恐惧或欺诈，或者是许诺在某日做，因此它并无生效。但若我说，你每年都欠我X，而你否认，那么是否不可以直接对你提起诉讼，以便要你在到期时清偿？我认为可以。〔50〕

话，它是生效的；因为乍看之下，被告看来必须被责令。但如果看的是性质，那么由于它是因欺诈或恐惧或类似原因所造成的，故受阻碍，因此它并无生效。在随后的那些情形下也是这样阐释。〔51〕

即使是从阿佐和阿库修斯上引注释的用词上看，也可以发现这种解释是颇为牵强的，因为“生效”（形容词为“*efficax*”，名词为“*efficacia*”）一

---

〔50〕 Azo, *Summa ad* § . 3 I. *de exceptionibus* 4, 13: “*Sed ita intellige, quod efficax sit actio in* ***sui substantia***. *Est enim debitor de iure civili et naturali obligatus et pure: et in praesenti datur actio. Non tamen est effioax, quantum ad* ***actionis opem***. *– Vel dic efficax est inspecto genere; nam si dicit* ‘ *promisit mihi* ’ *semper prima facie videtur reus condemnandus. Sed si ad qualitatem descendas: quod sic promisit seu metu vel dolo vel in diem: non est efficax. Quod si dico X te mihi singulis annis debere et tu negas: nonne prorsum contra te statim agere, ut suis temporibus solvas? quod puto posse.* ”; *apud* Ernst Heymann, Das Vorschützen der Verjährung: zugleich ein Beitrag zur Lehre von Exceptio und Einrede, Schletter'sche Buchhandlung (Franck & Weigert), Breslau, 1895, S. 64. 此段中文译文，由笔者自行翻译。粗体为笔者所标示。笔者翻查过1583年卢格杜努姆（Lugdunum）的版本发现，此文本中的“x”是小写的，但这也不能说明那是指数字10还是纯粹指随便某些什么东西，因为用小写来表示罗马字母在古籍中也很普遍。

〔51〕 Accursius, *Gl. Ord.*, ad § . 1 I. *de exceptionibus* 4, 13: “*Scilicet in* ***sui substantia***. *Nam civiliter et naturaliter est obligatus, et pure: sed non efficax quantum ad* ***opem exactionis***. *– Vel dic efficax est inspecto genere: nam prima facie condemnandus videtur; sed inspecta qualitate: quia sit dolo facta vel metu vel simili causa impediatur, est inefficax. Et ita expone in sequentibus casibus.* ”; *apud* Ernst Heymann, Das Vorschützen der Verjährung: zugleich ein Beitrag zur Lehre von Exceptio und Einrede, Schletter'sche Buchhandlung (Franck & Weigert), Breslau, 1895, S. 64. 此段中文译文，由笔者自行翻译。粗体为笔者所标示。

词原义便是指起作用、发生效力、发挥力量,所以若要把权利的“存在”也说成是一种生效,便只能另选一个表述来指称权利“起作用”。注释学派选择了“*ops*”[52]一词。但毫不意外的是,“*ops*”其实和“*efficacia*”在很大程度上是同义的,两者只不过是在注释学派这种使用语境中被区别开来而已。注释学派的窘态,由此可见一斑。

(三)“作用”意义上的效力:“抗辩作用”和“诉权作用”的对冲

阿佐除了有使用“诉权作用”(*actionis ops*)这个概念,还相应地采用了“抗辩作用”(*exceptionis ops*),而且两者是有某种关联的。实际上,罗马法原始文本似乎始终都没使用过,但在后世相当流行的**“因抗辩的作用”(*ope exceptionis*)**这个表述,[53]也应该是注释学派的创造。

抗辩、诉权,连同债一起在阿佐的理论中互联成有机的整体。阿佐在前引《法典大全》I. 4, 13, 3 注释中写道:“债务人显然是负债的;而且,诉权也有出现。然而,就诉权作用而言,它则并无生效。”这是因为,注释学派正是把债理解成“诉权之母”(*mater actionis*),[54]易言之,诉权是由债所生的。那么,既然抗辩影响了诉权(“诉权作用”,而非“诉权本体”),则在某种意义上,也肯定可以说抗辩影响了债。而且,可以预料的是,阿佐也应该会按照相同的逻辑认为,抗辩并无影响债的存在,或者按其术语来说,并无影响**债的“本体”**,而只会影响债在实行上的某种东西。我们甚至可以预料,他同样会把这种情形下的债,说成是在某方面生效,但在另一方面又不生效。这样的猜想,完完全全得到了阿佐《法典大全》

---

[52] 关于拉丁语“*ops*”一词,值得一提的是,除了指称生育女神奥普斯(Ops)之外,单数主格(nominative singular)“*ops*”没有被发现过有实际使用,而纯粹是语法学家根据拉丁语语法所推演假定的形式。See Charlton T. Lewis & Charles Short, *A Latin Dictionary*, Clarendon Press, 1879, “*ops*”; Félix Gaffiot, Dictionnaire Illustré Latin - Français, Hachette, 1934, “*ops*”. 例如,在阿佐和阿库修斯的上述文本中,该词便因为句子中所处位置,而采用了单数宾格(accusative singular)“*opem*”。然而,这纯属语法学上的严谨考古证据问题,不影响该词的其他变格是指“作用”,也从不影响此词在法律文本中的使用。

[53] 关于“因抗辩的作用”,参见前注 10。

[54] 关于“诉权之母”,参见前注 48。

关于债之消灭的一则注释(I.3, 30[55]注释)所印证：

“总的来说，用以消除**债**的方式有二，那便是**透过抗辩**和依法律本身。抗辩是出于多类原因而被赋予的，像是以协定、欺诈或恐惧、事情既判、宣誓为理由，如同《学说汇纂》‘论抗辩[前书与预审]’的法律三和法律‘抗辩’[56]那样。[……]之所以说[债]因抗辩而被消除，不是因为债被完全消除故其无残余剩下，而是因为有仅仅作为民法之债的东西剩下，其固然**在法律上是生效的**(***de iure est efficax***)，因为它有**权利的**威势和**本体**(***iuris substantia***)，如同[《法学阶梯》]‘论抗辩’的‘此外’那一段[57]所言，但它**在事实上是不生效**(***de facto est inefficax***)的，亦即债权人**被阻挡**(***repellatur***)，而且**无力强索**(***nilil valeat extorquere***)，因为自然之债依法律本身被消灭了，如同《学说汇纂》‘论清偿[与解放]’的‘自然’那一段[58]所言。[……]然而，依法律本身被消除的债，则是完全被消灭，而无残余剩下，例如因为清偿、免除、更新、混同、种的灭失，以及其他类似方式[……]”[59]

---

〔55〕 在克鲁格版本的《法学阶梯》中，则是第29题。

〔56〕 指D.44, 1, 3和D.44, 1, 7。但其实这两个文本在论述抗辩时都没有提及“债”(*obligatio*)。

〔57〕 指I.4, 13, 3。

〔58〕 指D.46, 3, 95, 4。

〔59〕 Azo, *Summa ad I. quibus modis obligatio tollitur* 3, 30：“*Duo sunt modi in genere quibus tollitur* ***obligatio***, *s[cilicet]*, ***per exceptionem*** *et ipso iure. quae exceptio competit ex pluribus causis ut ratione pacti, item doli vel metus, item rei iudicatae et iurisiurandi. ut ff. de excep. l. iii. et l. exceptiones.* [...] *per exceptionem aut[em] ideo di[citur] tolli, non quod omnino tollatur, ita ut eius nullae remaneant reliquiae: sed quia remanent quaedam, utpote civilis t[antu]m obligatio: &illa* ***de iure*** *q[ui]dem* ***est efficax***, *quia* ***iuris*** *habet authoritatem &* ***substantiam***, *ut in de except. §. praetera, sed* ***de facto est inefficax***, *cum* ***repellatur*** *creditor, &* ***nilil valeat extorquere***, *quia naturalis obligatio ipso iure extincta est. ut ff. de solu[tionibus et liberationibus] Stichum. §. naturalis.* [...] *Ipso vero iure tollitur obligatio, dum o[mn]ino est extincta, nec ullae remanente eius reliquiae: puta per solutionem &per acceptilationem &per novationem, &per confusion, &per interitum specie, &per alios similes modos* [...]”此段中文译文，由笔者自行翻译。粗体为笔者所标示。Vgl. Azo, *Summa ad I. quibus modis obligatio tollitur* 3, 30, Lugdunum, 1583.

可见,虽然阿佐有时会跳脱罗马法原始文本,把抗辩的对象说成债,但归根究底,抗辩所触及的还是诉权,因为阿佐认为,抗辩并没有使债完全被消除,而只是消除了其强制索求力,使"债权人被阻挡"(*repellatur creditor*)[那只是把 I. 4, 13, 9 所说的抗辩"阻碍起诉人"(*agentibus obstant*)换个说法而已],至于债的"权利本体"(*iuris substantia*)或者说"权利威势"(*iuris authoritas*)则未被消除,而是残留了下来。所以,就权利本体而言,债是生效的,但就权利的实行而言,债则不生效。在这里,**阿佐说抗辩使债权人"无力强索"(*nilil valeat extorquere*),便是指债权人的诉权不起作用**(虽然诉权是存在的,正如其《法典大全》I. 4, 13, 3 注释所言)。关于这一点,阿佐《法典大全》再有另一则注释(C. 8, 54, 1 注释)说得更加明白,而且更是直接采用了**"抗辩作用"**(*exceptionis ops*)这个术语,说道债**"因抗辩作用而不生效"(*inefficax est exceptionis ope*)**,因而不引起"诉的效果"(*effectus agendi*):"我不认为纯民法之债(其**因为抗辩的作用而不生效**)会阻止赠与,因为它既**不引起诉的效果**,也不引起留置效果,而只是在自然上是这样而已。"[60]

综上所述,阿佐的逻辑是,"抗辩作用"妨碍了"诉权作用"。甚至,如果我们大胆一点,根据阿佐的逻辑,将其用词"抗辩作用"和"诉权作用",替换成"抗辩效力"(*exceptionis efficacia*)和"诉权效力"(*actionis efficacia*),相信阿佐本人也不会反对,因为对他而言,"作用"只是特定的一种效力而已。**如是者,阿佐其实已经奠定了现代法学上"抗辩效力妨碍请求权效力"这种效力(Wirksamkeit 或 Wirkung)上互相对冲或者说中和的思想,只不过是他的"作用"或者说"效力"是使用拉丁语"*ops*"或"*efficacia*"而不是德语"Wirksamkeit"或"Wirkung",而他的"妨碍"是使**

[60] Azo, *Summa ad* §. 1 C. *de donationibus*, 8, 54:"*Civile autem obligationem solam* (*quae* ***inefficax est exceptionis ope***) *non puto impedire donatione, cum illa* ***neque agendi*** *neque retinendi* ***inducat effectum***: *sed in sola naturali.*"此段中文译文,由笔者自行翻译。粗体为笔者所标示。Vgl. Azo, *Summa ad* §. 1 C. *de donationibus*, 8, 54, Lugdunum, 1583.《优士丁尼法典》(*Codex Iustinianus*)的这个文本谈的是,能否对赠与人提起的对物之诉(*adversus donatorem in rem actionem*)。

用拉丁语“*repellere*”而不是德语“hindern”罢了。甚至,假如我们不拘泥于用词,而是着眼于其思想的实质的话,其实可以发现,阿佐将抗辩思想直接扩展至债权,这已经有了“抗辩对抗请求权”这种现今的实体法意义上抗辩的雏形。

(四)注释学派的哲学外援:亚里士多德的“本体”理论

当然,注释学派也不可能不知道他们对 I.4, 13, 1 和 I.4, 13, 3“生效”一词的这种解读,其文本基础是极度薄弱,甚至可谓已经脱离文本的。于是,他们找来了哲学理论作为救命稻草,希望挽救这种解读。注释学派受当时知识分子圈子的人文教育背景所影响,在罗马法原始文本无法提供支持时,往往习惯求助于一种罗马法以外的解释工具,那便是亚里士多德(Aristoteles)哲学,特别是其形而上学的“本体”(希腊语“οὐσία”,被拉丁语著述者们译成“*substantia*”)理论。[61]在抗辩这个论题上,注释学派也不例外。

首先,**阿佐**《法典大全》的 I.4, 13, 3 注释,以及阿库修斯《常规注释》的 I.4, 13, 1 注释,**各自的前半部分**,亦即“或者说”(*vel*)前的部分,都使用了哲学意义上的“本体”一词,来对抗辩效力进行法律构造(eine juristische Konstruktion der Exceptionswirkung)。[62]

亚里士多德在两种意义上使用“本体”这个概念:一方面,他把“本体”理解成由形式(εἶδος; *forma*)所个别化的质料(ὕλη; *materia*),也就是“个别者”或者说**“个别事物”(das Einzelding)**,此乃整门形而上学的起点;另一方面,他有时候也用“本体”来指称形式本身,这里的形式不是指“个别事物”的外在形态(die äußere Gestalt eines Einzeldings),而是指其内在决定性原理(innere bestimmend Prinzip)、**“概念本质”(begriffliche Wesen)**或者说“本质”(τὸ τί ἦν εἶναι; *essentia*),其对立于可有可无的“偶

---

〔61〕 参见吴奇琦:《民法中的哲学:民法上实质(*substantia*)与本质(*essentia*)理论的古典哲学起源与演变》,澳门大学法学院 2018 年博士学位论文。

〔62〕 Ernst Heymann, Das Vorschützen der Verjährung: zugleich ein Beitrag zur Lehre von Exceptio und Einrede, Schletter'sche Buchhandlung (Franck & Weigert), Breslau, 1895, S. 66.

性”(τά συμβεβηκότα;*accidens*)。

阿佐应该不会是在第一种意义上使用“本体”一词,因为亚里士多德的“个别事物”总是指有形体的东西、质料性的东西,或者说质料的一个部分(etwas Körperliches, Stoffliches, ein Teil der Materie),但诉权作为法律概念并无“形体上的存在”(körperliche Existenz),充其量只是“人类思考、感觉和意愿的结果”(Ergebnis menschlichen Denkens, Fühlens und Wollens)。[63] 因此,他们应该是在第二种意义上使用“本体”一词,因为任何东西都可以有概念本质,无论是有形体的东西,抑或无形体的东西如诉权。**换言之,阿佐是想说,诉权的本质并不在于诉权的作用,故即使诉权因抗辩而不起作用,诉权依然不失为诉权,自身本体并无变化,故就此而言,而且仅就此而言,诉权是“生效”的。**因此,诉权的作用并不是诉权的概念本质属性(begrifflich wesentliche Eigenschaften),亦即亚里士多德哲学上的“本质”,而只是诉权的概念上可有可无属性(begrifflich gleichgültigen Eigenschaften)或者说偶然属性(accidentellen Eigenschaften),亦即亚里士多德哲学上的“偶性”。鉴于诉权和债的紧密关联,[64]阿佐的“诉权本体”一说,也许是参照了罗马的法学家保路斯(Paulus)在其教程中所谓的“债的本体”(*obligationum substantia*),[65]而且“债的本体”也正是被注释学派理解成债的概念本质:“此即出于合同或准合同的**存在和本性**”(*id est* ***esse et natura*** *proficiscens ex contractu vel quasi*)。[66]

---

〔63〕 Ernst Heymann, Das Vorschützen der Verjährung: zugleich ein Beitrag zur Lehre von Exceptio und Einrede, Schletter'sche Buchhandlung (Franck & Weigert), Breslau, 1895, S. 67.

〔64〕 关于债之作为“诉权之母”,参见前注48。

〔65〕 D. 44, 7, 3 pr. (保路斯《法学阶梯》第二卷;Paulus *libro secundo institutionum*):“债的本体不在于使物体或役权属于我们,而是在于拘束我们给予、做或提供些什么。”(*Obligationum substantia non in eo consistit, ut aliquod corpus nostrum aut servitutem nostram faciat, sed ut alium nobis obstringat ad dandum aliquid vel faciendum vel praestandum.*)此段中文译文,由笔者自行翻译。粗体为笔者所标示。

〔66〕 gl. “obligationum substantia” ad l. 3; *apud* Ernst Heymann, Das Vorschützen der Verjährung: zugleich ein Beitrag zur Lehre von Exceptio und Einrede, Schletter'sche Buchhandlung (Franck & Weigert), Breslau, 1895, S. 67, Anm. 265.

其次，**在阿佐和阿库修斯上述注释各自的后半部分**，虽非关乎本书重点聚焦的抗辩效力构造问题（Konstruktionsfrage），而是关乎效力依据（Konstruktionsfrage）亦即各种原因，但同样使用了哲学概念。这后半部分所谓的“**笼统**地看”或者说“**一般**地看”（*inspecto* ***genere*** ）和“从性质上看”（*inspecta qualitate*）是想说，由于合同有被缔结，所以债出现的一般前提（die generellen Voraussetzungen zum Zustandekommen einer obligatio）都符合了，但合同是在特殊情事下（unter besonderen Verhältnissen）（例如欺诈、恐惧）缔结的，因此，其特殊性质（die besondere Beschaffenheit）导致这种债有问题。在这里，注释学派使用了哲学词汇“***genus***”（**属**，此词和拉丁语“一般”或“笼统”同源，和“*species*”“种”相对）和“*qualitas*”（性质），当中的逻辑是，若只是看债这个属，债是无问题的，但若结合性质，具体地落到因欺诈、恐惧等原因而缔结的这一种（*species*）债，债则有问题。因此，注释中的“*genere*”和“*qualitatem*”（*qualitate*）是暗含了“*stipulationis*”一词，亦即“笼统地看约定”（*stipulatio*）、“从约定的性质上看”。[67]

无论如何，注释学派之所以援引哲学，正是因为他们感到无法单凭法律文本自圆其说。亚里士多德哲学在整个中世纪的压倒性权威地位，让文本基础薄弱的这种抗辩效力法学构造安然地避开了批评。正如恩斯特·海曼（Ernst Heymann）所言，亚里士多德哲学只不过是注释学派抗辩理论的“伪论据”（eine scheinbare Begründung）而已：

> 哲学的幌子在这里——像经常的那样——是用来掩盖法学演绎的缺陷。[68]

---

〔67〕 Ernst Heymann, Das Vorschützen der Verjährung: zugleich ein Beitrag zur Lehre von Exceptio und Einrede, Schletter'sche Buchhandlung (Franck & Weigert), Breslau, 1895, S. 65 – 66.

〔68〕 „Das philosophische Gewand diente hier – wie oft – dazu, die Mängel der juristischen Deduktion zu verschleiern. “; Ernst Heymann, Das Vorschützen der Verjährung: zugleich ein Beitrag zur Lehre von Exceptio und Einrede, Schletter'sche Buchhandlung (Franck & Weigert), Breslau, 1895, S. 68.

四、历史有无如果——注释学派有无机会选择另一种范式

德国学者恩斯特·海曼认为，注释学派构筑出“抗辩可能 vs 诉权”这种范式是不合逻辑的，因为说诉权存在但不起作用，并无意义。在他看来，阿佐把诉权的作用，或者说诉权的（本义上的）生效（die Wirksamkeit der *actio*）看成诉权的偶然属性，是错误的，因为若诉权不起作用，就根本不能再谈论什么诉权，所以诉权的作用或者说（本义上的）效力发生（Wirksamkeit）“毫无疑问”是诉权的本质属性。[69]

在恩斯特·海曼看来，注释学派假如正确解读罗马法，本应会得出“诉权和抗辩可能不得共存”的结论。也就是说，没有什么诉权“自身本体”和“作用”之分，因为诉权不起作用，便称不上诉权。这样的话，现代意义上的“抗辩权 vs 请求权”范式便也无据可依了。那么，为何注释学派会有这种错误范式？恩斯特·海曼认为，归根究底是因为阿佐误读了I. 4，13，10所载的那种延缓型的“协定有约抗辩”（*exceptio pacti conventi*），亦即只限于一定期间的不要求偿付协定（*pacti de non petendo*）抗辩（以下简称未到期抗辩）。I. 4，13，10明确写道，在债未到期时，不得起诉：“暂时型和延缓型抗辩，则是临时地有害[于诉权]和赋予时间延缓。若约定在某段时间例如五年内不得起诉，则协定有约抗辩，便是如此。因为**在那段时间结束后，起诉人便不被妨碍追索东西**。”[70]因此，在债未到期时，诉权根本不存在。若债权人起诉，债务人便可提出抗辩。所以，正确的理解是，有抗辩可能的存在，便无诉权的存在，反之亦然。但阿佐违反罗马法地认为，诉讼可以在债到期前的任何时间提起，因为“诉权也有出现”，而只是执行（Vollstreckung）被延后了：“若我说，你每年都欠我

---

〔69〕 Ernst Heymann, Das Vorschützen der Verjährung: zugleich ein Beitrag zur Lehre von Exceptio und Einrede, Schletter'sche Buchhandlung (Franck & Weigert), Breslau, 1895, S. 68.

〔70〕 I. 4, 13, 10: “*Temporales atque dilatoriae sunt, quae ad tempus nocent et temporis dilationem tribuunt: qualis est pacti conventi, cum convenerit, ne intra certum tempus ageretur, veluti intra quinquennium, nam* ***finito eo tempore non impeditur actor rem exsequi***. [...]”此段中文译文，由笔者自行翻译。粗体为笔者所标示。

X,而你否认,**那么是否不可以直接对你提起诉讼,以便要你在到期时清偿?我认为可以。**"[71] 由于阿佐认为在债未到期时便立即可以起诉,因此错误地假定此时便已经有诉权,而债务人的抗辩则是消除了其部分效力而已(未可执行),而没有消除其全部效力(die gesamte Wirksamkeit),故诉权和抗辩可能是相容并存的。恩斯特·海曼认为,阿佐将这种因误解罗马法所得的原理,无理地推及至恐惧、欺诈等原因所致的永久型抗辩,从而成为一般原则,使得"抗辩可能 vs 诉权"这种范式最终阴差阳错地、错误地得以确立。因此,注释学派的所谓"法律上抗辩"甚至也是注释学派错解罗马法的结果。恩斯特·海曼敏锐地察觉到,阿库修斯在收录阿佐这种见解时,故意把未到期抗辩删去,并加上"在随后的那些情形下也是这样阐释"(*et ita expone in sequentibus casibus*),"给它打上了一个普遍有效命题的印记"。[72] 在恩斯特·海曼看来,这是阿佐在误读的基础上发展出一般原则,然后阿库修斯将那个错误的起点隐藏了。

但笔者认为这种见解值得商榷。其一,阿佐是不是误解罗马法,便值得思考。**I.4, 13, 10 的用词是"*exsequi*"。这个词本身便有歧义,摇摆于"追索"(*persequi*)和"执行"之间。**如果它是指执行的话,阿佐的解读其实没有问题。保守一点说,他的解读至少也是在文义范围内的。阿库修斯将这个例子抹去,也许并不是为了将注释学派的推理缺陷毁尸灭迹,而只是因为认为有争议,所以删除罢了。其二,也是更重要的一点,恩斯特·海曼认为"抗辩可能 vs 诉权"这种范式被错误地推及至恐惧、欺诈等原因,但是他似乎没注意到,**《法学阶梯》(I.4, 13, 1;I.4, 13, 3)**

---

〔71〕 Azo, *Summa ad* §.3 I. *de exceptionibus* 4, 13:"*si ad qualitatem descendas: quod sic promisit seu metu vel dolo vel in diem: non est efficax. Quod si dico X te mihi singulis annis debere et tu negas:* ***nonne prorsum contra te statim agere, ut suis temporibus solvas? quod puto posse.***"; *apud* Ernst Heymann, Das Vorschützen der Verjährung: zugleich ein Beitrag zur Lehre von Exceptio und Einrede, Schletter'sche Buchhandlung (Franck & Weigert), Breslau, 1895, S. 64. 此段中文译文,由笔者自行翻译。粗体为笔者所标示。

〔72〕 "den Stempel eines allgemein gültigen Satzes aufgedrück"; Ernst Heymann, Das Vorschützen der Verjährung: zugleich ein Beitrag zur Lehre von Exceptio und Einrede, Schletter'sche Buchhandlung (Franck & Weigert), Breslau, 1895, S. 68.

非常清楚地写道,在恐惧、欺诈(以致错误和协定完全不要求偿付)的情形,诉权是生效的,这意味着《法学阶梯》必然认为诉权是存在的。既然在恐惧、欺诈等情形下,诉权的确存在,那么适用"抗辩可能 vs 诉权"这种范式又何错之有?这是恩斯特·海曼忽略的一大重点。即使退一步而言,就算阿佐是真的误解了 I. 4, 13, 10,充其量也只是意味着未到期抗辩不适用"抗辩可能 vs 诉权"范式而已,而丝毫不会也不应影响恐惧、欺诈等抗辩适用这种范式。关于阿佐的思路方向,笔者的见解和恩斯特·海曼恰恰相反:**笔者认为,阿佐并不是从未到期抗辩得出"抗辩可能 vs 诉权"范式,再推及其余原因,而是刚好相反,阿佐是鉴于《法学阶梯》明言在恐惧、欺诈等情形诉权存在,因此才会为了保持统一,而在文义范围内选择将"*exsequi*"理解成执行,进而认为未到期抗辩也是对抗着一项已经存在的诉权!** 阿佐的思路不是从未到期抗辩出发而推及其余抗辩,而是从其余抗辩出发而推及未到期抗辩。

笔者认为,由于《法学阶梯》明确写道,恐惧、欺诈、错误(I. 4, 13, 1)、协定不要求偿付债务(I. 4, 13, 3),在这几种情形下,诉权都是存在的,因此,注释学派或任何最低限度尊重罗马法文本的后世法律人,都是很难不采取"抗辩可能 vs 诉权"范式的。因此,若问道,**假如历史倒退回注释学派或后来的任何时代,让前人们再解读多几次,有没有可能在罗马法的基础上发展出"抗辩可能与诉权不相容"(亦即有抗辩可能便无诉权、有诉权便无抗辩可能)范式?笔者认为这是很难的**,除非法律人以某种名义,例如,像法学史上很常见的那样,打着自然法的旗号无视罗马法原始文本,但无论如何,这在历史上终究也没有发生。而且,虽然罗马法原始文本仿佛有反例(D. 50, 17, 66),[73] 但所谈的终究是债而非诉,且势单力薄,故依然难以撼动如同《法学阶梯》那样明确的说法。因此,笔

---

〔73〕 D. 50, 17, 66(尤利安努斯《法学阶梯》第六十卷;Iulianus *libro LX digestorum*):"Marcellus 说,得到正当且符合自然衡平的抗辩者,不再是债务人。"(*Marcellus. Desinit debitor esse is, qui nanctus est exceptionem iustam nec ab aequitate naturali abhorrentem.*)此段中文译文,由笔者自行翻译。

者认为，当代法意义上的抗辩权概念所采取的“抗辩权 vs 请求权”范式，在罗马法的强烈影响下，是很难不出现的。〔74〕

第三节　近代法：德国普通法上的继受与发展

一、萨维尼与温德沙伊德抗辩权概念的重要性

注释学派的抗辩概念，流传了相当长的一段时间，并随着德国的罗马法继受，而进入了普通法体系。在德国普通法上，对注释学派的理论，既有传承，亦有改造。由于弗里德里希·卡尔·冯·萨维尼(Friedrich Carl von Savigny)(1779～1861)和伯纳德·温德沙伊德(Bernhard Windscheid)(1817～1892)的见解在德国普通法上是**主流学说**，而且两者各自代表了抗辩理论的两个新阶段，分别都对当代抗辩权概念的成形有重要贡献，尤其是萨维尼和温德沙伊德二人不仅对抗辩权概念有所形塑，更是就抗辩权所对抗的另一方地位(对萨维尼而言是诉权，对温德沙伊德而言是请求权)有重大创见，因为萨维尼是诉权“权利受侵害后特殊形态说”论者，而温德沙伊德则是请求权概念的创始人。再者，即使仅从历史时代上看，两人身处的19世纪中后叶，正是19世纪末叶《德国民法典》立法前的最后一段路，故可从中窥见《德国民法典》在抗辩权问题上最终立法决定的最新近理论来源。更甚者，温德沙伊德本人便是《德国民法典》草案第一委员会的成员之一，是真正意义上的立法者。故此，下文将分别就二人的抗辩权概念进行阐释。

二、旧时代之末：萨维尼的抗辩权(Exception)概念

(一)术语选用：萨维尼所坚持的拉丁传承

萨维尼是在其1841年出版的《当代罗马法体系》(*System des heutigen*

〔74〕　至于这种范式是否合逻辑，则是另一个问题，容后于“第三章　抗辩权的教义争论”详论。

römischen Rechts)第五卷中阐释其抗辩权理论的。[75]

首先,值得一提的是其所用的术语。在当时的法律界,除了**拉丁语“*exceptio*”和其德语化形式“Exception”**,有一个**纯正的德语词“Einrede”**[76]也一直被使用。“Einrede”一词,最早的文献使用记录至少可追溯至12世纪,[77]并一直被用来指“反对”(Widerspruch)、“抗议”(Einspruch),尤其是指法律程序上的。[78] 因此,“Einrede”一词早已见于许多立法或法学书籍中,例如,1503年纽伦堡皇城改革(Reformation der kayserlichen Stat Nuremberg)、[79]1520年上巴伐利亚(Oberbayern)和下巴伐利亚(Niederbayern)亲王国的法院规例(Gerichtsordnung)、[80]1578年法兰克福改革(Frankfurter Reformation),[81]以及1509年的法律书《外行人指

---

〔75〕 Friedrich Carl von Savigny, System des heutigen römischen Rechts, Bd. 5, Berlin, 1841, §§226 - 229. 这四节标题如下:§.226“抗辩权:形式、历史”(Exceptionen. Form. Geschichte)、§.227“抗辩权:内容、种类”(Exceptionen. Inhalt. Arten)、§.228“抗辩权:不同见解”(Exceptionen. Abweichende Ansichten)、§.229“反抗辩、反反抗辩,诸如此类”(Replicationen, Duplicationen u. s. w.)。

〔76〕 Ulrike Köbler, Werden, Wandel und Wesen des deutschen Privatrechtswortschatzes, Peter Lang, 2010, S. 154 - 155. 正文这个自然段的脚注所引的文献,皆转引自乌尔里克·科布勒的此作。

〔77〕 格林(Grimm)兄弟编纂的《德语词典》第一版中,为“抗辩”(Dreinreden)含义上的“Einrede”所引的证据是马丁·路德(Martin Luther)亦即16世纪上半叶的文献(Grimm, *Deutsches Wörterbuch*, Band 2, Sp. 247),而在第二版中则有年代早得多的引证,指出马斯垂克(Maastricht)诗人亨里克·范·维尔德克(Heinrich von Veldeke)(1150~1190至1200)在其作品《埃涅阿斯》(Eneide,希腊罗马神话人物,来自拉丁文“*Aeneas*”和希腊文“Αἰνείας”,与“Einrede”词源无关)(1187/1189)中用了“einrede”一词:“不作抗辩”(„do ist nichein einrede wider.“)(Grimm, *Deutsches Wörterbuch*, 2. A., Band 7, Sp. 900)。Vgl. Ulrike Köbler, Werden, Wandel und Wesen des deutschen Privatrechtswortschatzes, Peter Lang, 2010, S. 154, Anm. 1117 und Anm. 1118.

〔78〕 Mecklenburgisches Urkundenbuch, hg. v. dem Verein für Mecklenburgische Geschichte und Alterthumskunde, Band 10, nr. 7248.

〔79〕 Reformation der kayserlichen Stat Nuremberg, V 5 (replication und einreden).

〔80〕 Gerichtsordnung im Fürstenthumb Obern und Nidern Bayrn anno 1520 aufgericht, Gesatz 5, 12, 13.

〔81〕 Der Statt Franckenfurt erneuwerte Reformation 1578, I 1 §.4 (eynrede und contradiction).

南》(*Layenspiegel*)。[82] 时代距离萨维尼较近的各邦立法亦然,诸如《马克西米利安[三世选帝侯]的巴伐利亚民法典》(*Codex Maximilianeus Bavaricus Civilis*)(1756 年)、[83]《特蕾西亚[皇后]法典》(*Codex Theresianus*)(1766 年)、[84]《普鲁士一般邦法》(*preußische Allgemeine Landrecht*)(1794 年)、[85]《巴登邦法》(*Badische Landrecht*)(1809 年),[86] 都有使用"Einrede"一词。**总体来说,学界的术语使用依然非常混乱**:首先,单是术语本身,便有拉丁语词源的"Exception"和德语词源的"Einrede",其次,诉讼法学者和实体法学者又各有使用习惯,更不用说每位著述者自己可能又有个人的特殊用词习惯。

以德语写作《当代罗马法体系》、以强调日耳曼民族精神著称的萨维尼,却是选择了拉丁式的词汇:除了拉丁语"*exceptio*"之外,他也以其德语化形式"Exception"一词来指称抗辩和抗辩权,两者夹杂混用。他认为,拉丁语源词和德语语源词应当分工:**在谈论罗马法的抗辩概念时,为了和罗马法原始文本保持对应,应采用拉丁语词源的"Exception"一词**;而原则上,在诉讼法上则应避免采用"Exception"一词,而是采用德语语源的"Einrede"(和"Einwendung"),[87] 这也许是因为诉讼法这种政治色彩较重的体制本来便较少受罗马法继受影响,而是在很大程度上保有德国自身的法庭传统。然而,这也只是萨维尼的建议而已。甚至他自己似乎也没有完全遵照这种用法,因为他把一些以程序法为依据的抗辩也称

---

〔82〕 Ulrich Tengler, *Layenspiegel*, K 2 (enntliche einreden), K 6 (einrede und exception).

〔83〕 Teil 1, Kapitel 6, §.20.

〔84〕 S. z. B. 3, 1, §.10, 129, 132; 3, 2, §.23, 208; 3, 4, §.6, 68, 70 usw.

〔85〕 Einleitung §.86, I 14 §.34.

〔86〕 例如,第 246 条和第 248 条的"诉讼不可受理抗辩"(Einrede der Unzulässigkeit der Klage)、第 1203 条的"分割抗辩"(Einrede der Theilung)、第 1666 条的"主债务人起诉抗辩"(Einrede der Ausklage des Hauptschuldners)、第 2021 条的"先诉抗辩"(Einrede der Vorausklage)、第 2223 条的"时效抗辩"(Einrede der Verjährung)与第 2262 条的"不诚实占有抗辩"(Einrede des unredlichen Besitzes)。

〔87〕 Friedrich Carl von Savigny, System des heutigen römischen Rechts, Bd. 5, Berlin, 1841, §.226, S. 168, §.228, S. 189.

作“Exception”。[88]

不过,虽然他偏好使用“*exceptio*”和“Exception”,却非常反对从中世纪开始便流传下来的“法律上抗辩”(*exceptio juris*)和“事实上抗辩”(*exceptio facti*)这两个术语(如前所述,那是注释学派的发明):“尤其应当避免被肆意妄为地发明的 *exceptio juris* 和 *exceptio facti* 这对表述,它们给人一种符合罗马法原始文本的假象,而且长期以来保持并加剧了概念混乱。”[89] 然而,下文将会证明,**萨维尼只是在术语上没采用它们而已,但注释学派当初用这对术语来厘清的那种抗辩范式(抗辩以对方有诉权为前提),却是完全被后世学者包括萨维尼自己继承了下来**。因此,这对术语虽然功成身退,但注释学派的“精神”是长存的。

(二)萨维尼对抗辩权概念的贡献

1. 贡献之一:明言抗辩是在主张权利

萨维尼的贡献之一,是明言抗辩是在主张权利(Recht)。[90] 这便明确地为“抗辩权”这个概念正了名。他在泛论被告的防御时指出,“Exception”这种防御是指“以一项被告的**反对权利**来进行反驳”、[91] 是指“以属于被告的一项**权利**来进行反对”。[92] 然后,他在论述抗辩权的首两节,各自的第一句又再次开宗明义地写道:“*Exceptio* 是罗马法术语,是

---

〔88〕 Friedrich Carl von Savigny, System des heutigen römischen Rechts, Bd. 5, Berlin, 1841, §.227, S.171. 详见下文萨维尼贡献之三。

〔89〕 Friedrich Carl von Savigny, System des heutigen römischen Rechts, Bd. 5, Berlin, 1841, §.229, S.189: „Besonders aber sind die willkührlich erfundenen Kunstausdrücke Exceptio juris und facti zu meiden, die durch einen falschen Schein von Quellenmäßigkeit täuschen, und daneben schon seit langer Zeit die Verwirrung der Begriffe erhalten und vermehrt haben.“此段中文译文,由笔者自行翻译。

〔90〕 申海恩教授也认为,“在 Savigny 之前,根本就未产生抗辩权概念(Einredebegriff)”。参见申海恩:《抗辩权概念选择的历史比较考察》,载《社会科学研究》2022 年第 2 期。

〔91〕 Friedrich Carl von Savigny, System des heutigen römischen Rechts, Bd. 5, Berlin, 1841, §.225, S.153–154: „Bestreitung durch ein **entgegenstehendes Recht** des Beklagten“.

〔92〕 Friedrich Carl von Savigny, System des heutigen römischen Rechts, Bd. 5, Berlin, 1841, §.225, S.152: „die Entgegensetzung dem Beklagten zustehenden **Rechts**“.

指被告的一种防御，其建基于被告一项**独立权利**的主张。"[93]"由于抗辩（Exception）的内容是被告的一项**独立权利**，因此与诉（Klage）的内容相近。"[94]随后，他又将以实体法规则为基础的"Exception"（亦即现今所谓的实体法意义上抗辩权）和债权和诉权类比，指其"有着类似债权的本性，如同诉权那样"。[95] 可见，萨维尼虽然有时仍然用"Exception"来指称抗辩，但有时明显也已经在"抗辩权"意义上使用"Exception"一词。如前所述，虽然罗马法原始文本有将被告的"*exceptio*"和被明确定义成权利的原告诉权（*actio*）相提并论，[96]其"抗辩权"含义几乎已呼之欲出，但始终没有明言"*exceptio*"是一项权利（*ius*），也从无使用"*ius exceptionis*"（抗辩权）这种表述。

在这里，萨维尼只是再向前踏出一步罢了。可是，这一步却不容忽视，尤其是对这样一个语义摇摆模糊的词汇而言。这一点从后来的一些著述便可见一斑。以萨维尼《当代罗马法体系》收录抗辩权理论的那一卷（第5卷）1841年出版10年后，阿恩茨的1852年第一版《学说汇纂教程》（*Lehrbuch der Pandekten*）为例，对"exceptio"的术语处理已经非常清晰，明确指出"*exceptio*"是一项权利（Recht），有时也特意使用"Exceptionsrecht"[97]以及一个罗马人并无使用过的拉丁语表述"*ius exceptionis*"

---

〔93〕 Friedrich Carl von Savigny, System des heutigen römischen Rechts, Bd. 5, Berlin, 1841, §. 226, S. 160：„Exceptio ist der Römische Ausdruck für diejenige Art der Vertheidigung eines Beklagten, welche auf der Behauptung eines **selbstständigen Rechts** desselben beruht. Sie führt diesen Namen, weil sie darauf abzweckt, eine Freysprechung als Ausnahme zu bewirken, ſelbſt wenn das vom Kläger behauptete Recht an sich vorhanden seyn sollte."此段中文译文，由笔者自行翻译。粗体为笔者所标示。

〔94〕 Friedrich Carl von Savigny, System des heutigen römischen Rechts, Bd. 5, Berlin, 1841, §. 227, S. 169：„Da der Inhalt der Exceptionen in einem **selbstständigen Recht** des Beklagten besteht, hierin also dem Inhalt der Klagen gleichartig ist."此段中文译文，由笔者自行翻译。粗体为笔者所标示。

〔95〕 Friedrich Carl von Savigny, System des heutigen römischen Rechts, Bd. 5, Berlin, 1841, §. 227, S. 171：„haben eine den Obligationen ähnliche Natur, eben ſo wie die Klagen". 此段中文译文，由笔者自行翻译。之所以提及债权，是因为诉权和债权息息相关，参见前注48。

〔96〕 关于这些原始文本，参见前注22、前注23。

〔97〕 Ludwig Arndts, Lehrbuch der Pandekten, J. G. Cotta, 1852, §. 101, S. 127, Anm. 1.

来强调其权利性质:"实体(民法)意义上的 *exceptio*(***ius exceptionis*[抗辩权]**)对应于诉权(Klagrecht),因此是反对诉权的一项**权利**。"[98]

2. 贡献之二:肯定德国法继受罗马法"*exceptio*"的意义

萨维尼的贡献之二,是他肯定了德国法继受罗马法"*exceptio*"的意义。在19世纪德国出现了一种观点,质疑德国普通法学继受罗马法"*exceptio*"概念的合理性。要言之,这种观点认为:罗马法的"*exceptio*"是产生自程式程序制度,亦即在"通常审判"(*ordo iudiciorum*)中由法务官随机应变地在责令条款中加设例外(*exceptio*),以缓和严格依据市民法所致的僵化不公,因而是法务官法修正市民法的一种机制,所以,"*exceptio*"这个概念必须依赖于这样的二元法源体系,但随着程式程序制度被废除,身为公职人员的审判员已变为根据一元的市民法进行审判,亦即所谓"非常审理"(*cognitio extra ordinem*)制度,故"*exceptio*"即成为纯粹的历史残余,哪怕是在罗马法上也已经没有了存在空间,而就算后期罗马法如优士丁尼一世时期的法律人继续使用"*exceptio*"这个术语,也无非是因循传统术语而已。而且,随着"*exceptio*"从例外渐被接纳成常规,实际上已经和根据市民法本身已能提出的那些防御方法无异,故没有特殊性可言,甚至大可以把一切防御方法都称为"*exceptio*"。进一步言之,若连罗马法也是如此,就更不用说德国法了,因为德国法庭根本并不奉行这样的二元法源体系,因此,根据这种观点,德国普通法学继受"*exceptio*"是盲目追随罗马法而无视德国现况的多余之举。

这种观点,以萨维尼的同代人迈克尔·阿尔布雷希特(Michael Albrecht)(1807~1878)[99]为首。因此,下文将先介绍阿尔布雷希特的观点,然后再论述萨维尼的反驳。由于萨维尼在书中只有提及阿尔布雷希特,但并无清楚展示其具体论述,故为了更准确地把握阿尔布雷希特

---

〔98〕 Ludwig Arndts, Lehrbuch der Pandekten, J. G. Cotta, 1852, §. 101, S. 126: „*Exceptio* im materiellen (civilrechtlichen) Sinn (***ius exceptionis***), entsprechend dem Klagrecht, ist also ein dem letzten entgegenstehendes **Recht**". 此段中文译文,由笔者自行翻译。粗体为笔者所标示。

〔99〕 Josef A. Michael von Albrecht, Die Exceptionen des gemeinen teutschen Civilprocesses geschichtlich entwickelt, Weber, 1835.

的见解，下文将不时引用原文进行检视。

在距离萨维尼《当代罗马法体系》出版约 5 年前，亦即 1835 年，阿尔布雷希特发表了《德国普通民事诉讼抗辩史论》(*Die Exceptionen des gemeinen teutschen Civilprocesses geschichtlich entwickelt*)。当中，他在谈论所谓"*exceptio* 的真正本质"[100] 时便指出，由于"*exceptio*"的功能在于，法务官在程式中为责令条款加插条件，向被告赋予"*exceptio*"，从而修正市民法，但随着这种修正活动的开展，**那些原本属于例外的修正方案，不久后便会不再是例外，而是成了常规，因而失去其"真正本性"**："*Exceptio* 的真正本性只会在很短的一段时间内维持其整全完好。对这些防御手段的需求是如此巨大、如此广泛、如此普遍地被感受到，而且其获满足的障碍是如此之少，以致**这种赋予的不稳定本性会因为习惯而很快得以稳固，并一点一点地在不久后便必定会被合法化**。"[101]"正因如此，在我们所知的那些法学家的著作中，已不再能发现具有初始纯粹性的 *exceptio* 学说。即使是在那些法学家的时代也好，随着告示被持续接受，**成为陈规而定型(stereotyp)**并变得司空见惯的这种法务官保护，也**被承认为法律了**，而且这些法学家也由此推衍出 *exceptio* 理论上一些结论，**这使得这种防御**

[100] Josef A. Michael von Albrecht, Die Exceptionen des gemeinen teutschen Civilprocesses geschichtlich entwickelt, Weber, 1835, S. 72: „das eigenthümliche Wesen der exceptio".

[101] Josef A. Michael von Albrecht, Die Exceptionen des gemeinen teutschen Civilprocesses geschichtlich entwickelt, Weber, 1835, S. 82: „Die wahre Natur der exceptio erhielt sich nur auf sehr kurze Zeit in ihrer Integrität. Das Bedürfniss nach diesen Vertheidigungsmitteln war so gewaltig und so umfassend, es war so allgemein gefühlt und fand inner der Grenzen, in welchen es befriediget wurde, so wenig Hindernisse, dass **sich die prekäre Natur der Verleihung durch die Gewohnheit in Kürze erkräftigen und nach und nach alsbald zur rechtlichen werden musste**."此段中文译文，由笔者自行翻译。粗体为笔者所标示。

手段在绝大多数方面上都等同于那些市民法异议(Civileinreden)[102]**。**"[103]总言之,由于"*exceptio*"的"真正本性"在于法务官根据衡平理念修正市民法,因此在"*exceptio*"逐渐被承认是真正的法律后,"*exceptio*"便已完成使命,失去特殊意义,不再能被视为被告的特殊防御方法,故不应再将"*exceptio*"区别于其他防御方法。

依其之见,在罗马法依然奉行程式程序时尚是如此,则当程式程序在罗马法上被废除后,"*exceptio*"机制就更是成为历史,注定消失,彻底没有立足之地了。"**在程式程序被废除之后、当最后一道屏障崩塌**、当*exceptio*的形式和实质特性都消失了,才到了意识到这种逐渐消亡的时候,而**现在理论的任务,便是要揭示这两类异议的隐含共性**,推导出任何进一步的必要结论,建构一个不同的科学体系。"[104]然而,阿尔布雷希特认为,这个目标最终并没有实现,因为在程式程序被废除后,法学与创制法律(*jura condere*)的活动同时也日渐式微:"人们不是对那些已有变化和新近构筑的法律材料进行净化、不是富有生命力地深造法律,而是费力地把

〔102〕 阿尔布雷希特在这里用了"Einrede"一词,但它显然并不是指"*exceptio*",而是指其余的防御手段(例如,否定对方有权利),因此并不是在现今意义上使用"Einrede"一词。为免发生不必要的误解,笔者在此译为"异议"。

〔103〕 Josef A. Michael von Albrecht, Die Exceptionen des gemeinen teutschen Civilprocesses geschichtlich entwickelt, Weber, 1835, S. 82 – 83: „Ebendieses brachte es mit sich, dass die die Lehre der Exceptionen sich schon in den Schriften der Juristen, die uns bekannt find, nicht mehr in ihrer ursprünglichen Reinheit findet. Schon in den Zeiten jener Juristen war namlich der prätorische Schultz, welcher durch die fortwährende Reception der Edicte **sterotyp** geworden und in die Gewohnheit übergegengen war, **als Recht anerkannt**, und sie selbst haben daraus in Ansehung der Lehre der Exceptinen Consequengen abgeleitet, **die jene Vertheidigungsmittel den meisten Beziehungen nach den Civileinreden gleichstellten.**"此段中文译文,由笔者自行翻译。粗体为笔者所标示。

〔104〕 Josef A. Michael von Albrecht, Die Exceptionen des gemeinen teutschen Civilprocesses geschichtlich entwickelt, Weber, 1835, S. 83 – 84: „**Später nach Aufhebung des Formularsprocesses, als die letzte Schranke gefallen war**, als die formellen wie die materiellen eigenthümlichen Merkmale der exceptio sich verloren hatten, erst da war es an der Zeit, sich dieses allmälig herbeigeführten Unterganges bewusst zu werden, und **jetzt war es die Aufgabe der Theorie, die stillschweigend vorhandene Einigung beider Einredegattungen** auszusprechen, die allenfalls weiters nöthigen Consequenzen zu ziehen, und ein anderes wissenschaftliches System zu bilden."此段中文译文,由笔者自行翻译。粗体为笔者所标示。

逝者的声音汇总起来，而且在适用上把旧的和新的都混在一起。由于欠缺有生产力的法学，所以从程式程序被废除以来，一直到优士丁尼时期，都再不能达致**真正的法律意识**。然而，即使是优士丁尼也并没有解决这种混乱和需要。"[105]这是因为，优士丁尼下令编纂的汇编《民法大全》只是历代法学理论的汇集，内有大量历史产物残留："他的汇编本身并不是他那个时代实务法律的理论；他的意图只是**结集**来自更好时代的仍然有用的东西、从那时起便已积累起来的东西，以及他自己在个别问题上所弥补平衡的东西和方式而已。"[106]阿尔布雷希特指出，《学说汇纂》只是提供了一些法学著作的摘录，虽然在那时许多都仍是实用的，但也都已经"纯属历史"（blos historisch）。它并无排除一切历史性的东西（alles Historische），而只是包括了大部分仅仅间接地仍然有用或能够说明现况的东西。同样，《法典》（*Codex*）也只是按时序地列出敕令而已，只是排除了那些已经完全可有可无、不再有任何间接用处，甚或连用来说明历史背景也不能的那些。最后，连《法学阶梯》也并不是当时实务法律的理论（Theorie des damals practischen Rechtes），而只是对那些更精细著作的介绍，只是它们内容的综合概述而已。[107]因此，在优士丁尼法学中，虽然仍有使用"*exceptio*"这个表

---

[105] Josef A. Michael von Albrecht, Die Exceptionen des gemeinen teutschen Civilprocesses geschichtlich entwickelt, Weber, 1835, S. 84：„Anstatt einer Läuterung des veränderten und neu herangebildeten Rechtsstoffes, anstatt einer lebendigen Fortbildung des Rechts zählte man jetzt mühselig die Stimmen der Todten zusammen, und verwirrte sich in der Anwendung des Aeltern und des Neuern. Dieser Mangel einer productiven Jurisprudenz hatte denn die Folge, dass in Rom seit dem Verschwinden des Formularprocesses bis auf Justinian kein **wahres Rechtsbewußtseyn** mehr errungen werden konnte. Aber auch Justinian half der Verwirrung und dem Bedürfnisse nicht ab."此段中文译文，由笔者自行翻译。粗体为笔者所标示。

[106] Josef A. Michael von Albrecht, Die Exceptionen des gemeinen teutschen Civilprocesses geschichtlich entwickelt, Weber, 1835, S. 84：„Seine Compilation selbst aber ist keine Theorie des practischen Rechtes seiner Zeit；seine Absicht gieng auch nur darauf, dasjenige zu sammeln, was aus den bessern Zeiten noch vorhanden war, was sich seither aggregirt, und was und wie er es selbst in einzelen Puncten ausgeglichen hatte."此段中文译文，由笔者自行翻译。粗体为笔者所标示。原文用字距来强调"Theorie"（理论）和"sammeln"（集结）二词。

[107] Josef A. Michael von Albrecht, Die Exceptionen des gemeinen teutschen Civilprocesses geschichtlich entwickelt, Weber, 1835, S. 84－85.

述，但已是徒具其名，因循守旧地使用旧时代表述方法罢了。

因此，阿尔布雷希特总结道，不应固守“*exceptio*”的原初概念，而是应当将其扩张，以泛指被告的各种防御手段：

> 本书的研究结论是：抗辩的特有本质（das characteristische Wesen der *exceptio*），在后期罗马法上已经丧失了，这不只是就其主要特征而言，而且是就一切的概念推论而言；正因如此，原先的抗辩依据（Exceptionsgründe）和更早期已经有的市民法防御依据（civilrechtliche Vertheidigungsgründe）之间的差异，已经完全消失了，无论是就实体法效力还是程序法效力而言皆然，而且抗辩依据也已和其他防御依据被置于同等地位；虽然抗辩这个名称没有消失，但它已同样成为那些原本根据市民法便已可提出的异议的术语；虽然，建基于昔日那种本真性（die alte Eigenthümlichkeit）的抗辩理论，依然见于优士丁尼汇编，但这并不能妨碍适用上的正确观点。因此，从《民法大全》所得的抗辩概念如下：
>
> **抗辩是指针对诉提出的任何异议。**〔108〕

---

〔108〕 Josef A. Michael von Albrecht, Die Exceptionen des gemeinen teutschen Civilprocesses geschichtlich entwickelt, Weber, 1835, S. 108: „Das Resultat der in dem gegenwärtigen Buche angestellten Betrachtungen besteht nun darin, dass das characteristische Wesen der *exceptio* im spätern römischen Rechte nicht blos in seinen Hauptmerkmalen, sondern auch in allen Folgerungen des Begriffes untergegangen sey; dass ebendaher der Unterschied der ehemaligen Exceptionsgründe von den altern civilrechtlichen Vertheidigungsgründen sowohl in den materiellrechtlichen als processualischen Wirkungen völlig verschwunden, und die Exceptionsgründe den anderen Defensionsgründen ganz gleichgestellt worden seyen; dass sich zwar der Name *exceptio* nicht verloren, derselbe aber auch der technische Ausdruck für diejenigen Einreden geworden sey, welche ursprünglich nach Civilrecht schon zu Gebote gestanden hatten; dass sich die auf die alte Eigenthümlichkeit gebaute Theorie der Exceptionen zwar noch in der Iustinianischen Compilation darstelle, diese aber dem richtigen Gesichtspuncte für die Anwendung keinen Eintrag thun könne. Und so ist denn der Begriff für die Exceptionen im Resultate des Corpus juris dieser: *Exceptio* heißt jede Einrede, welche einer Klage entgegengestellt wird."此段中文译文，由笔者自行翻译。粗体为笔者所标示。原文用字距（并独立成段）来强调“*Exceptio* heißt jede Einrede, welche einer Klage entgegengestellt wird”（抗辩是指针对诉提出的任何异议）一句。

然而,萨维尼认为阿尔布雷希特的解读是错的。

阿尔布雷希特认为"*exceptio*"的"真正本质"在于法务官法对市民法的修正,故在程式程序被废除后已无立足之地。然而,依萨维尼之见,由于在程式程序中"*exceptio*"是程式的构成部分(被加插入程式的责令例外条件),因此在程式程序被废除后,这种意义上的"*exceptio*"固然已不复存在,但另一方面,"*exceptio*"实质上依然作为被告向官方裁判员所作的一种声请而存续下来。换言之,从早期"*exceptio*"那里被剥离的只是程序性质的因素,而其实质内涵依旧不变,仍然是指被告以自身权利来对抗原告诉权的一种防御方法。因此,"形式"虽灭,"实质"犹在。所以,在《民法大全》中仍然出现"*exceptio*"这个术语,并不是"人们保留了旧时代的表述,但概念本身已经消失"[109]云云:

> 随着通常审判(*ordo judiciorum*)制度的消亡,这种程序形式上的"Exception"同样也结束了。它们不再是由法务官给审判员制定的程式里的一部分,而是变成了如同我们现在这样,只是被告向公职法官所作的声请。**但假如有人认为昔日"Exception"的内在本质(das innere Weſen der alten Exceptionen)会消失甚至只是本质上起了改变,那就错了。**从早期的"Exception"那里消失的,只是**仅属于程序的东西(Dasjenige, was lediglich dem Prozeß angehört hatte)**,亦即审判员因应不同类诉讼而对它们拥有的不同权力。但是,**它们依然如同原本那样,是被告建基于其独立权利的防御。**因此,若优士丁尼法律书籍中的"Exception"理论多半都是用昔日法学家不变的话来阐述,它也绝不能像某些人所想的那样,被视为轻率和只是表

〔109〕 Friedrich Carl von Savigny, System des heutigen römischen Rechts, Bd. 5, Berlin, 1841, §.226, S.182:„man behielt die Ausdrücke der älteren Zeit bey, während die Begriffe selbst verschwunden waren."此段中文译文,由笔者自行翻译。

面地维持一个已经消亡的法律制度。[110]

可见，**有别于阿尔布雷希特，萨维尼认为“*exceptio*”的“真正本质”并非在于法务官法对市民法进行修正，而是在于“*exceptio*”是建基于被告独立权利的防御方法，因而有别于其他防御方法是直接针对原告的权利**："*exceptio*"是在不否定原告权利的前提下以被告自身权利予以对抗，而不是像其他防御方法那样否定原告权利，包括主张原告自始至终都无权利，或曾经有但现已无权利。[111]这种“*exceptio*”的实质内涵从未变过。因此，“*exceptio*”自始至终都是独特的一类防御方法，故应当将这种独特性凸显出来而非加以埋没，将“*exceptio*”等同于其余防御方法。甚至，如同萨维尼所言，“*exceptio*”这个源自程式程序制度的术语，在此制度被废除后，仍然在某种意义上标志了这种防御方法的独特性：在程式程序中，它是责令规则的“例外”，故名“*exceptio*”；在程式程序被废除后，它依然是某种例外，也就是以自身权利对抗原告权利，令自己“例外地”不必履行义务。

> 最后，也不能认同“*exceptio*”这个名称在其真正含义消失之后，被轻率地在优士丁尼法中保留了下来，因而应当被摒弃。这个名称固然是和旧有的诉讼程式有直接关系，而这种旧有的诉讼程式在优士丁尼时代已经消失了。然而，程式的措辞并不

---

〔110〕 Friedrich Carl von Savigny, System des heutigen römischen Rechts, Bd. 5, Berlin, 1841, §. 226, S. 165－166: „Mit dem Untergang des ordo judiciorum hörten auch die Exceptionen in der angegebenen Prozeßform auf. Sie waren nun nicht mehr ein Stück der vom Prätor abgefaßten, an den Judex gerichteten, formula, ſondern ſie wurden das, was ſie bey uns ſind, bloße Anträge des Beklagten an den obrigkeitlichen Richter. **Es iſt jedoch irrig, wenn Manche annehmen, daß damit das innere Weſen der alten Exceptionen verſchwunden, oder auch nur weſentlich verändert worden wäre.** Verſchwunden war allerdings **Dasjenige, was** an den Exceptionen der früheren Zeit lediglich **dem Prozeß angehört hatte**, alſo namentlich die verſchiedene Macht, welche in Beziehung auf ſie der Judex, je nach den verſchiedenen Arten der Klagen, gehabt hatte. Dagegen **blieben ſie Das, was ſie von jeher geweſen waren, Vertheidigungen des Beklagten, auf ſelbſtſtändige Rechte deſſelben gegründet.**" 此段中文译文，由笔者自行翻译。粗体为笔者所标示。

〔111〕 详见下文所述的萨维尼贡献之三。

> 是偶然的，而是**表达了法律关系的内在本质**，而且这内在本质也维持不变。**即使是现在，“*exceptio*”也始终是指称“诉权实际所致的义务”的例外关系**，尽管这种例外已不再与为了常规责令而给予审判员的指示有关。[112]

正是因为萨维尼认为“*exceptio*”本质在于“以被告权利对抗原告权利”，而非如同阿尔布雷希特那样认为在于“法务官法对市民法的修正”，因此，萨维尼并不认同“Exception 的真正本性只会持续一段短时间，因为一旦人们将法务官法视为真正的法律(als ein eigentliches jus anzusehen)，其本性便会起了变化”云云，[113] 因为哪怕当初的例外方案被承认为法律也好，“*exceptio*”也依然是“以被告权利对抗原告权利”，没有任何变化。也正因如此，所以**这样的“真正本质”即使是在程式程序制度步入历史之后，仍然存在，哪怕是在“非常审理”实行时期也好，在优士丁尼时代也好，甚至在当时的德国普通法学上也好，“*exceptio*”都可以作为具备这种本质(以被告权利反对原告权利)的机制而存在。这就是为何德国普通法学继受“*exceptio*”这个概念，并不是盲目崇古、“崇罗”之举。**

阿尔布雷希特一直强调“*exceptio*”是“法务官法对市民法的修正”，但**萨维尼指出这样将“*exceptio*”局限于针对市民法诉权的法务官抗辩，**

---

〔112〕 Friedrich Carl von Savigny, System des heutigen römischen Rechts, Bd. 5, Berlin, 1841, §. 226, S. 168: „Es kann endlich auch Das nicht zugegeben werden, daß der Name *Exceptio* im Juſtinianiſchen Recht, nachdem ſeine eigentliche Bedeutung verſchwunden ſey, auf gedankenloſe Weiſe beybehalten worden wäre, und ſchon deshalb verworfen werden müßte. Allerdings war die unmittelbare Beziehung jenes Namens die auf die alten Klagformeln, und dieſe war zu Juſtinians Zeit verſchwunden. Allein die Faſſung der Formeln war nicht zufällig, vielmehr **drückte ſie das innere Weſen der Rechtsverhältniſſe aus,** und dieſes iſt unverändert geblieben. **Noch jetzt alſo bezeichnet *Exceptio* ſtets das Verhältniß einer Ausnahme von der aus der Klage eigentlich hervorgehenden Verpflichtung**, obgleich dieſe Ausnahme nicht mehr auf die Anweiſung an einen Judex zur regelmäßigen Condemnation ſich bezieht.“此段中文译文，由笔者自行翻译。粗体为笔者所标示。

〔113〕 Friedrich Carl von Savigny, System des heutigen römischen Rechts, Bd. 5, Berlin, 1841, §. 226, S. 182: „Die Exceptionen in jener eigenthümlichen Natur erhielten ſich nur kurze Zeit. Schon als man anfieng, das prätoriſche Recht als ein eigentliches jus anzuſehen, hatte ſich ihr Weſen verändert.“此段中文译文，由笔者自行翻译。

本就失之过窄。这正是因为,"*exceptio*"本质并不是"法务官法对市民法的修正",所以虽然在古典罗马法上"市民法诉权 vs 法务官抗辩"这一种对立是最常见和最重要的,但我们其实不只可以设想这一种对立,而是总共可以识别出四种组合,它们是由"市民法诉权"(Civilklage)、"市民法抗辩"(Civilexception)、"法务官诉权"(prätorische Klage)、"法务官抗辩"(prätorische Exception)四者配搭而成,也无疑有被实际应用,而且萨维尼也为这四类组合列出了各自的例子,以示抗辩的本质并不能只被约化为"法务官法对市民法的修正":[114]

其一,市民法诉权 vs 市民法抗辩:例如,"以消费借贷或约定为由的退还诉权"(*condictio* aus Darlehen oder Stipulation) vs"马其顿尼亚努姆元老院(*senatusconsultum Macedonianum*)抗辩"(*exceptio senatusconsulti Macedoniani*)、"维勒雅努姆元老院(*senatusconsultum Velleianum*)抗辩"(*exceptio senatusconsulti Vellejani*)、"普拉埃托里乌斯(Plaetorius)法抗辩"(*exceptio legis Plaetoriae*);"物的索还诉权"(*rei vindicatio*) vs"齐恩齐乌斯(Cincius)法抗辩"(*exceptio legis Cinciae*)。

其二,市民法诉权 vs 法务官抗辩:例如,"退还诉权"(*condictio*)或"物的索还诉权"(*rei vindicatio*) vs"欺诈抗辩"(*exceptio doli*)、"协定抗辩"(*exceptio pacti*)、"宣誓抗辩"(*exceptio jurisjurandi*)、"事情既判抗辩"(*rei judicatae*)。

其三,法务官诉权 vs 市民法抗辩:例如,"(债务)改定诉权"(*actio constitutoria*)和"抵押诉权"(*actio hypothecaria*) vs"维勒雅努姆元老院抗辩";"普比利齐乌斯(Publicius)诉权"(*Publiciana actio*) vs"支配抗辩"(*exceptio dominii*);"特有产诉权"(*actio de peculio*) vs"特列贝尼亚努姆元老院(*senatusconsultum Trebellianum*)抗辩"(*exceptio senatusconsulti Trebelliani*);某些法务官债务诉权(Irgend eine prätoriſche Schuldklage) vs

[114] Friedrich Carl von Savigny, System des heutigen römischen Rechts, Bd. 5, Berlin, 1841, §.226, S.173-174.

财产让与（*cessio bonorum*）所致的"尤利乌斯（Julius）法抗辩"（*exceptio legis Juliae*）。

其四，法务官诉权 vs 法务官抗辩："普比利齐乌斯诉权"vs"抵押抗辩"（*exceptio hypothecaria*）、"宣誓抗辩"、"事情既判抗辩"；"欺诈诉权"（*actio doli*）或"事因恐惧诉权"（*actio quod metus causa*）vs"基于事实的抗辩"（*exceptio in factum*）。

依萨维尼之见，由于阿尔布雷希特把抗辩的"真正本质"视为法务官法对市民法的修正，因而他会认为只有反对市民法诉权的法务官抗辩才是"真正的抗辩"（die eigentliche und wahre Exception），而其他的抗辩都"只不过是通过模仿而引入的不真正抗辩"（nur uneigentliche, nachahmungsweiſe eingeführte Exceptionen），但这是没有道理的：反对市民法诉权的法务官抗辩"这种应用情形固然是最常见和应用上最重要的，但被武断地认为是原初唯一的，而其他的则被说成只是一些不真正的扩展"。[115] **既然抗辩这个概念本就不应被局限为"反对市民法诉权的法务官抗辩"，那么阿尔布雷希特的"抗辩随着程式程序被废除而消失"之说，便也是没有理据的。**归根究底，阿尔布雷希特是过分重视法务官的立法职能，而忽略了"*exceptio*"的实质内涵，以致认为"反对市民法诉权的法务官抗辩"才是唯一的、真正的"*exceptio*"。

萨维尼认为，**阿尔布雷希特的这种想法，跟中世纪法学家的想法，分别走向了两个相反的极端，两者都是错的**：中世纪法学家发明了流行的"法律上抗辩"（*exceptio iuris*）和"事实上抗辩"（*exceptio factis*）之分，这种做法是无视罗马法历史因素，试图向纯粹的历史存在强加普遍性，这是由于，罗马人并不会将被告的任何防御都称为抗辩，因为他们并不会把否定诉权（例如，主张自己已清偿了债务）的防御归类为抗辩，所以中

---

〔115〕 Friedrich Carl von Savigny, System des heutigen römischen Rechts, Bd. 5, Berlin, 1841, §.226, S. 166: „man hat nämlich denjenigen Fall der Anwendung, welcher allerdings der häufigſte, und für die Anwendung der wichtigſte war, willkührlich für den ursprünglich einzigen gehalten, zu welchem sich alle übrigen blos als uneigentliche Erweiterungen verhalten haben sollen. " 此段中文译文，由笔者自行翻译。

世纪法学家的所谓“事实上抗辩”是不合罗马法的概念,乃**过分扩展了抗辩的概念,失之过宽**;至于阿尔布雷希特则刚好相反,因为他是过分强调了历史因素,太重视法务官法修正市民法这种机制的暂时性,故无视了抗辩之于其他防御方法的真正独特性,并不在于法务官法对市民法的修正,而是被告以自身权利对抗原告权利,所以是**过分限缩了抗辩的概念,失之过窄**。“在其他学说上法律制度的历史因素经常被忽视,导致人们误以为仅在历史上存在的东西有普遍意义。但反过来,在这里,人们却也似乎没有完全摆脱相反的错误。**历史上被构建出来的法律制度,其真正普遍持久的核心被忽视了,并被错误地视为一种暂时的、早已消失的现象**。”〔116〕这种观点“在阿尔布雷希特的著作中得到了最充分的发展”,〔117〕而之所以有这种片面的观点,归根究底正是因为他错误地认为“针对市民法诉权的法务官抗辩必须是唯一的真正抗辩”。〔118〕

再者,即使是从“*exceptio*”这个概念背后的衡平(*aequitas*)理念这个角度来看,也可以得出,“*exceptio*”不应该只是局限于程式程序制度,所以不会仅因程式程序制度被废除而消失。这是因为,衡平思想并不是只能见于程式程序制度,也不是只能以法务官的职能来实现,而是贯穿整个法律体系的思想。在法务官获赋予职权缓和市民法的僵化之前,罗马法上也不可能完全没有衡平手段。假如认为在“*exceptio*”出现之前的时代,罗马民族是个不会出现不当自利现象(kein unredlicher Eigennutz erschienen wäre)要衡平介入的进步社会,或者反过来,认为虽然那时有

---

〔116〕 Friedrich Carl von Savigny, System des heutigen römischen Rechts, Bd. 5, Berlin, 1841, §. 226, S. 180: „Anstatt aber daß in anderen Lehren das historische Element der Rechtsinstitute häufig überſehen, und dadurch Demjenigen, welches nur ein historisches Daseyn hatte, eine allgemeine Bedeutung fälschlich beygelegt worden ist, scheint man sich hier von dem entgegengesetzten Fehler nicht ganz frey gehalten zu haben. **Der wahrhaft allgemeine bleibende Kern des historisch gebildeten Rechtsinstituts ist überſehen, und als eine vorübergehende, längst verschwundene Erscheinung mit Unrecht behandelt worden.**“此段中文译文,由笔者自行翻译。粗体为笔者所标示。

〔117〕 Friedrich Carl von Savigny, System des heutigen römischen Rechts, Bd. 5, Berlin, 1841, §. 226, S. 180, Anm. c.

〔118〕 Friedrich Carl von Savigny, System des heutigen römischen Rechts, Bd. 5, Berlin, 1841, §. 226, S. 180.

这样的不当自利现象，但要么人们浑然不觉，要么当时是个不知道该如何保护自己和他人的未开化时代的话，这些想法都不符合"历史概率"(historische Wahrscheinlichkeit)或者说在历史上不太可能是这样。实际上，即使在旧的法定诉讼制度中，衡平思想也没有被否定。[119]以衡平理念为出发点，若根据既定法律，被告身处不公平的地位，便应当得到法律体系的衡平救济：要么是废除对方诉权，要么是为被告创设诉权让他获得补偿，要么就是维持原告诉权存在，但同时向被告赋予独立权利来妨碍原告诉权。最后一种，便是"*exceptio*"的机制。作为一种实现衡平的手段，**"*exceptio*"的本质并非以法务官法来实现衡平，而是用一种以被告权利为基础的防御方法来实现衡平**。前者只是形式，后者才是实质："抗辩的程序**形式**"(Prozeß**form** der Exceptionen)是一回事，但关乎衡平的法律规则的**实质**发展(**materielle** Ausbildung)则是另一回事。[120]

笔者认为，阿尔布雷希特和萨维尼二人之所以有不同结论，归根究底是因为他们对"*exceptio*"的独特性(亦即他们所谓的"真正本质"、"特有本质"或"本真性")理解有所不同：**阿尔布雷希特只强调"*exceptio*"的某种"程序特征"(作为被法务官加插入程式里的责令条件)，但萨维尼除注意其"程序特征"之外，更强调其某种"实体特征"，也就是这种防御方法自始至终都是指被告以一项独立权利来对抗原告的权利**。二人有不同的前设，那么对何谓"*exceptio*"的"本质"有不同的结论，也是很自然的事情。这场争论本身也许没有谁对谁错之分。阿尔布雷希特想将"*exceptio*"的概念扩展，以涵盖任何防御方法，这种做法固然是不合乎罗马法原始文献的，但其实德国普通法学在各方各面都无不是在改变罗马法原貌，有时更是翻天覆地的改写。"不合乎罗马法原始文献"似乎不应该是阿尔布雷希特错的理由。德国普通法学究竟是像现今罗马法研究者那样旨

[119] Friedrich Carl von Savigny, System des heutigen römischen Rechts, Bd. 5, Berlin, 1841, §.226, S.181.

[120] Friedrich Carl von Savigny, System des heutigen römischen Rechts, Bd. 5, Berlin, 1841, §.226, S.182.

在"还原"罗马法原貌,还是旨在从罗马法中撷取精华以应用于当代,有时可能连德国普通法学家自己也说不清。也正因如此,**即使是在萨维尼《当代罗马法体系》出版几十年后,德国法学界依然不乏声音,继续反对德国法继受罗马法上的抗辩概念,而理由正是德国法并不像罗马法(而且只是某个时期的罗马法)那样,奉行市民法和法务官法二元(Duplicität)法源体制**。例如,在30年后的1871年,亦即《德国民法典》起草工作正式开展前夕(第一委员会在1874年被正式任命负责起草民法典),弗里多林·艾瑟尔(Fridolin Eisele)(1837~1920)便依然在其专著《抗辩的实体基础:一部罗马法研究》(*Die materielle Grundlage der Exceptio: Eine römisch-rechtliche Untersuchung*)一书中反对继受罗马法的"*exceptio*":

> **罗马法在德国是作为一个完全的单一体被继受,易言之,它在德国这里生效时并没有保留其市民法和官职法[121]的二元性(Duplicität)**。如果这一点是真确和无可置疑的,而且,如果如同我们所主张的那样,"*exceptio*"的实体概念也只是建基于那样的二元性,那么结论便是:
>
> **在当代罗马法上并不存在初始和真正意义上的"*exceptio*"**;相反,在当代法上依然被设想成是"*exceptio*"的东西,不同于罗马人们用"*exceptio*"这个概念来指称者。[122]

---

[121] 本书按:官职法(ius honorarium)在这里被用作法务官法的同义词。

[122] Fridolin Eisele, Die materielle Grundlage der Exceptio: Eine römisch-rechtliche Untersuchung, Weidmann, 1871, S. 121: „Wenn es wahr ist-und es kann nicht bestritten werden-dass das römische Recht in Deutschland als ein durchaus einheit-liches recipirt worden ist, dass es also so, wie es hier Geltung erlangte, seine Duplicität als ius civile und honorarium nicht beibehalten hat; und wenn ferner wahr ist, was wir behaupten, dass auch der materielle Begriff der *exceptio* lediglich auf jener Duplicitat beruht: so folgt daraus: eine *exceptio* in dem ursprünglichen und wahren Sinne gibt es im heutigen römischen Recht nicht; das aber, was man noch für das heutige Recht als *exceptio* annimmt, ist etwas Anderes, als was die Römer mit dem Begriff der *exceptio* verbunden haben."此段中文译文,由笔者自行翻译。粗体为笔者所标示。

依艾瑟尔之见，由于"*exceptio*""纯属罗马法二元时期的历史现象"（eine blos historische Erscheinung des römischen Rechts in der Periode seiner Duplicität），因此，"**完全摒弃源自罗马法二元性的一切法律制度，会是未来立法的迫切需求**"。[123] 但无论如何，历史告诉我们，在萨维尼（以及温德沙伊德，详见下文）巨大的影响力下，反对说最终并未获得普遍附和。

3. 贡献之三：进一步巩固"抗辩权 vs 诉权"范式

萨维尼的贡献之三，是他进一步巩固"抗辩权 vs 诉权"范式。其实早在中世纪，注释学派已经用"诉权本体"和"诉权作用"之分，证成过"抗辩可能 vs 诉权"范式。[124] 承上文所述的其贡献一，萨维尼只是让"*exceptio*"的权利性质更加清楚，促成"抗辩权 vs 诉权"范式而已。最基础的工作，其实早已经由注释学派完成。然而，萨维尼对这种范式的稳固确立而言，也是功不可没。相较于上一点贡献亦即肯定德国法继受罗马法"*exceptio*"的意义较倾向宏观的理念，这一点贡献则较倾向微观的法学技术论证。

他在泛论"被告的防御"（Vertheidigung des Beklagten）[125] 时指出，防御分为两类：第一类防御是"否定"（Verneinung），即**否定**原告所主张权利目前**存在**（**die Verneinung** des gegenwärtigen **Daseyns** des vom Kläger behaupteten Rechts）；第二类防御是"抗辩"（Exception），即以属于被告的一项权利来进行反对（die Entgegensetzung dem Beklagten zustehenden Rechts），从而"引致被假定**存在**的原告权利**在诉权效力上被阻碍**"（das Recht des Klägers, dessen **Daseyn** vorausgesetzt, **in seiner Klagwirkung**

[123] Fridolin Eisele, Die materielle Grundlage der Exceptio: Eine römisch-rechtliche Untersuchung, Weidmann, 1871, S. 128: „einer zukünftigen Gesetzgebung wäre es dringend zu wünschen, wenn sie sich aller aus der Duplicität des römischen Rechts herstammenden Rechtsinstitute) gänzlich entschlüge."此段中文译文，由笔者自行翻译。粗体为笔者所标示。

[124] 参见本章"第二节　中世纪法：注释学派的决定性改造与奠基"。

[125] Friedrich Carl von Savigny, System des heutigen römischen Rechts, Bd. 5, Berlin, 1841, §. 225.

gehemmt wird)。[126] 笔者认为,由此可见,虽然萨维尼反对中世纪流传下来的"事实上抗辩"和"法律上抗辩"这对术语,但他在这里的两大区分,其内涵其实完全便是注释学派的区分:要么原告诉权不存在(注释学派所谓"诉权自身本体不生效"),要么原告诉权存在但不生效(注释学派所谓"诉权作用不生效")。根据萨维尼所言,"妨碍诉权"(die Klage hindern)正是抗辩权的效力[127](Wirkung/Wirksamkeit;两者被萨维尼用作同义词),[128]因此,"抗辩权 vs 诉权"范式若从效力对抗的角度来看,便是**"抗辩权效力"vs"诉权效力"**的意象,虽然他并未明言,但这其实也

---

〔126〕 Friedrich Carl von Savigny, System des heutigen römischen Rechts, Bd. 5, Berlin, 1841, §.225, S.152.

〔127〕 Friedrich Carl von Savigny, System des heutigen römischen Rechts, Bd. 5, Berlin, 1841, §.227, S.175-176. 抗辩权的一种重要分类法,亦即"延缓型或称暂时型(*dilatoriae oder temporales*)抗辩权"以及"杜绝型或称永久型(*peremptoriae oder perpetuae*)抗辩权",正是以抗辩权妨碍效力的持续性为准:"有些抗辩权**只在某段时间或因某种情事而发生效力**,因此当时限届至或情事有变,它们便不再妨碍诉权;例如:期限协定抗辩(*exceptio pacti in diem*),若诉讼是在偿付日之前提起;公堂抗辩(*fori exceptio*),若诉讼在不正确的法院提起;以及总的来说,那些只建基于诉讼规则的抗辩权。至于其他的大多数抗辩权,并无此限制,故**可以在任何时间和在任何情事下发生效力**。前者谓之延缓型抗辩权或暂时型抗辩权,后者谓之杜绝型抗辩权或永久型抗辩权。"(„Manche derselben sind **blos für eine gewisse Zeit, oder für gewisse Umstände wirksam**, so daß sie die Klage nicht mehr hindern, wenn die Zeit abgelaufen ist, oder die Umstände verändert sind; so z. B. die exceptio pacti in diem, wenn vor Eintritt des Zahlungstags geklagt wird: die fori exceptio, wenn die Klage vor einem unrichtigen Gericht angeſtellt ist, so wie überhaupt die auf bloße Prozeßregeln gegründeten Exceptionen — Andere, und zwar die meisten, haben eine solche Beschränkung nicht, so daß **sie zu jeder Zeit und unter allen Umständen wirken können**. — Die erſten heißen dilatoriae oder temporales, die zweyten peremptoriae oder perpetuae.")此段中文译文,由笔者自行翻译。粗体为笔者所标示。Vgl. Friedrich Carl von Savigny, System des heutigen römischen Rechts, Bd.5, Berlin, 1841, §.227, S.175-176. 这跟罗马法上的分类法无异,参见本章"第一节 罗马法:抗辩之作为'例外'(*exceptio*)"最后所节录的《法学阶梯》引文。但有时候,"*temporalis exceptio*"的"*temporalis*"则不是指暂时,而是指时间,因此不是"延缓型抗辩"的同义词,而是指"时间抗辩",也就是诉权时效(Klagverjährung)抗辩亦即"*praescriptio*",其与"欺诈抗辩""协定抗辩"等在同一个层面。同理,时效抗辩以外的抗辩(die unverjährbare Exception),有时也会被称为"*perpetua exceptio*",但它不是指"永久型抗辩",而只是指无关时间的那些抗辩而已。不过,这些另类意义上的术语并非主流,参见 Friedrich Carl von Savigny, System des heutigen römischen Rechts, Bd.5, Berlin, 1841, §.227, S.175, Anm. s。

〔128〕 例如,在下注所引段落中,萨维尼便使用了形容词"wirksam"和动词"wirken"。对照上文下理,它们所表达的意义并无不同。"Wirksamkeit"和"Wirkung"分别是两者的名词化。

不过是注释学派“*exceptionis ops*”和“*actionis ops*”的现代德语版表述而已。与此相应，萨维尼认为，法务官通过抗辩来阻止责令，这也没有真的毁灭了（原告的）权利（ohne eigentlich ein Recht zu vernichten）。[129]

详言之，“否定”又分为两种：其一，指向整个过去（auf die ganze Vergangenheit gerichtet seyn），因而排除了权利在任何时间的存在（das Daseyn des Rechts für alle Zeiten ausschließen），此即“绝对否定”（absolute Verneinung），例如，在被诉请索还财产时否认有获交付过，或在被诉请履行债务时否认有订立过合同；其二，承认权利早前存在，而只是主张其后来被毁灭（dessen früheres Daseyn zugeben, und nur die spätere Vernichtung behaupten），此即“相对否定”（relative Verneinung），例如，在被诉请索还财产时主张原告的确拥有过此财产但后来出售了，或在被诉请履行债务时主张已经偿付。至于抗辩的例子则有：在索还之诉上以对物权或合同为据的抗辩（die Exception aus einem *jus in re* oder einem Contract）；在普比里修斯之诉（*actio Publiciana*）上的支配抗辩（*exceptio dominii*）；在任何诉讼上的事情既判抗辩（*exceptio rei judicatae*）。[130]

之所以说萨维尼巩固了“抗辩权 vs 诉权”范式，不只是因为他比较系统地梳理了各种防御，更是因为，他详细地驳斥了在 19 世纪德国学界出现的一些声音，这些声音认为，罗马法上抗辩概念（“责令减免条件”[131]“被告主张的反向埋解”[132]）之宽泛足以把那些对权利的“否定”亦即“主张对方目前无权利”也包括在内，至少是包括那些“相对否定”在内，换言之，被告主张原告虽曾有但现在没有权利，这样的主张都属于抗辩。例如，与萨维尼同时代的德国法学家米伦布鲁赫（Mühlenbruch）（1785～1843）在其《学说汇纂法教程》（*Lehrbuch des Pandekten – Rechts*）

---

[129] Friedrich Carl von Savigny, System des heutigen römischen Rechts, Bd. 5, Berlin, 1841, §.227, S. 172.

[130] Friedrich Carl von Savigny, System des heutigen römischen Rechts, Bd. 5, Berlin, 1841, §.225, S. 153–154.

[131] D. 44, 1, 22 pr. (Paulus). 此段落的全文，参见前注 11。

[132] Gai *Institutionum Commentarius* Ⅳ, 119. 此段落的全文，参见前注 12。

中,便虽然承认罗马人没有用过“清偿抗辩”(*solutionis exceptio*)这个表述,但他认为我们是可以用的:“顺带一提,人们可以乐于承认,若被告主张他已经履行了他被要求做的,这样的主张几乎不会被罗马人称为 *exceptio*(但我们则称之为‘清偿抗辩’)。”[133]

然而,萨维尼认为,诸如“清偿抗辩”这样的名称,都是误用术语。萨维尼的论证如下:在罗马法上,一切的抗辩之于责令的积极指示而言都是消极表述,或者说是责令的条件(eine Bedingung der *Condemnatio*),而由于责令又是以“诉求属实”为前提的(unter Voraussetzung der Wahrheit der *Intentio*),所以责令的条件有二:“诉求”本身是“主条件”(“若显得怎样怎样”;*si paret*),而“抗辩(例外)的不存在”(die Nichtexistenz der Exception)则是被附加的“次条件”(Nebenbedingung),因此,“抗辩是在诉求和责令中被表达的意欲的一项限制或者说条件,亦即这种意欲以外的东西,其并非已包含在这种意欲之内。然而,**每项否定**,无论是绝对否定还是相对否定,**却都是直接指向这种意欲本身**。因为任何主张已经清偿债务的人,都是想说:*se dare non oportere*(若不必给予),**因此径直是在否定诉求,而不是想为责令设条件**”。[134] 简言之,被告主张其已清偿债务,这样的主张不是抗辩,因为他是在主张对方没有权利(虽然曾经有过),而不是肯定了对方有权利,但为其加设限制,或者如同萨维尼所言,那并非只是旨在“妨碍诉权”而已,而是想否定对方诉权的存在。所以,

---

[133] Christian Friedrich Mühlenbruch, Lehrbuch des Pandekten – Rechts: Nach der Doctrina Pandectarum deutsch bearbeitet, Erster Theil, C. A. Schwetschke, 1839, §. 137, S. 256, Anm. 2: „Daß übrigens die Römer des Beklagten Behauptung: es habe bereits erfüllt, was von ihm gefordert werde (die von uns s. g. exceptio solutionis), schwerlich als exceptio bezeichnet haben würden, kann man gern zugeben.“此段中文译文,由笔者自行翻译。

[134] Friedrich Carl von Savigny, System des heutigen römischen Rechts, Bd. 5, Berlin, 1841, §. 226, S. 162, Anm. c): „[...] die Exception für eine Einschränkung oder Bedingung des in der Intentio und Condemnatio ausgedrückten Gedankens, also für etwas außer dieſem Gedanken Liegendes, in ihm nicht schon Enthaltenes. **Jede Verneinung** aber, sowohl die absolute als die relative, **bezieht sich unmittelbar auf jenen Gedanken selbst**. Denn auch wer die Zahlung einer Schuld behauptet, will damit sagen: se dare non oportere, **verneint also die Intentio geradezu, und will nicht condicionalem facere condemnationem**.“此段中文译文,由笔者自行翻译。粗体为笔者所标示。

抗辩固然是被告的一项防御(I. 4, 13 pr.),[135]但不是每项防御都可被称为抗辩,而是只有特定一类防御称得上是抗辩。**对权利的"绝对否定"和"相对否定"都不是抗辩。因此,诸如"清偿抗辩""取得时效抗辩"(*exceptio usucapionis*)等表述都是不合乎抗辩这个概念的。**[136] 萨维尼甚至认为,罗马法原始文本(D. 12, 6, 56)提到"抗辩防御"(*exceptionis defensio*),便是在暗示除抗辩之外,尚有其他类型的防御。[137]虽然,罗马法有文本似乎对"*exceptio*"一词有更宽泛的用法,因为在D. 22, 3, 18, 1将"*exceptio*"用于欺诈后,D. 22, 3, 18, 2紧接着在谈论继承人身份的有无时,也使用了"*excipere*"一词[138]("*exceptio*"的动词形式[139]),但萨维尼则辩解说,动词"*excipere*"不能被认为是真正的术语,因此其用法不那么严格,而且也没有人认为罗马人会把这个文本所谈论的"绝对否定"称为"*exceptio*",或认为我们能称之为"*exceptio*",所以这段话无论如何都不能用来证明"*exceptio*"这个表述可被扩用于"相对否定"从而证成所谓"清偿抗辩"这样的用法。[140]

不难发现,**虽然萨维尼的论述对象是罗马法,但其理论核心已经和预设对方权利存在的当代实体法意义上抗辩权概念相差无几了,区别只**

---

[135] I. 4, 13 pr.:"抗辩是为了被诉者的防御而设的"(*comparatae sunt autem exceptiones defendendorum eorum gratia cum quibus agitur*)。此段中文译文,由笔者自行翻译。Gai *Institutionum Commentarius* Ⅳ, 116有相同表述,但顺便一提,据萨维尼所言,在手稿中是写"*reorum*"亦即"被告的",而不是"*eorum*"亦即"他的",故这句是"抗辩是为了被诉的被告的防御而设的"。Vgl. Friedrich Carl von Savigny, System des heutigen römischen Rechts, Bd. 5, Berlin, 1841, §. 226, S. 162, Anm. d. 不过,无论真正版本是哪个,都丝毫不影响解读。

[136] Friedrich Carl von Savigny, System des heutigen römischen Rechts, Bd. 5, Berlin, 1841, §. 226, S. 162.

[137] Friedrich Carl von Savigny, System des heutigen römischen Rechts, Bd. 5, Berlin, 1841, §. 226, S. 162, Anm. e.

[138] D. 22, 3, 18, 2: "[...] *qui excepit se non respondisse*"(抗辩道他无回应的人[……]).

[139] 参见本章"第一节　罗马法:抗辩之作为'例外'(*exceptio*)"一开始对"*exceptio*"的词源分析。

[140] Friedrich Carl von Savigny, System des heutigen römischen Rechts, Bd. 5, Berlin, 1841, §. 226, S. 162, Anm. f.

是在于萨维尼仍然是在谈论诉权而非请求权罢了。后来的法律人,基本上只是以更贴近现代法学的表述,来复述萨维尼的见解而已。再以萨维尼此作10年后阿恩茨的《学说汇纂教程》为例,阿恩茨便明确指出,被告的防御(Vertheidigung)有几种,但"否定原告权利存在"并不属于实体法意义上的抗辩,因为实体法意义上的抗辩必然预设了对方权利存在,只不过是排除其发生效力(Wirksamkeit)而已:"被告可以通过以下方法针对诉讼进行防御:1)断然否认原告所声称的权利所依据的事实,或2)提出其他事实表明该权利并未被创设,或者后来被废除了,即目前根本**不存在(nicht bestehe)**,或3)指出一项冲突的权利,使诉讼不能成功地对他提起,即使诉讼所依据的**权利自身存在(Recht an sich bestehe)**。前两种防御的共通点是,它们都是完全**否定**原告**权利目前存在**,但最后一种防御则是**以一项权利来反对一项权利(dem Rechte ein Recht entgegensetzt),从而彻底或暂时排除由它[指权利]所产生的诉权发生效力**。这种异议(Einwendung)便是*Exceptio*,狭义的Einrede。[……]实体(民法)意义上的*Exceptio*(*ius exceptionis*[抗辩权])对应于诉权(Klagrecht),因此是反对诉权的一项权利,即使诉权**自身成立(an sich begründet)**,也完全或部分不生效力。"[141]而且,阿恩茨也反对"清偿抗辩"这种表述,并认为

---

[141] Ludwig Arndts, Lehrbuch der Pandekten, J. G. Cotta, 1852, §. 101, S. 126: „Der Beklagte kann sich gegen die Klage vertheidigen, indem er entweder 1) die Thatsachen, wodurch das angebliche Recht des Klägers begründet seyn soll, schlechthin läugnet, oder 2) andere Thatsachen aufführt, aus denen sich ergibt, dass jenes Recht gleichwohl nicht entstanden oder später wieder aufgehoben sey, also gegenwärtig gar **nicht bestehe**, oder 3) auf ein entgegenstebendes Recht sich beruft, vermöge dessen die Klage, wenn gleich das ihr zum Grunde liegende **Recht an sich bestehe**, gleichwohl nicht mit Erfolg gegen ihn angestellt werden könne. Die beiden ersten Arten der Vertheidigung kommen darin überein, dass sie **das gegenwärtige Daseyn des Rechts** des Klägers ganz **verneinen**, während die letzte **dem Rechte ein Recht entgegensetzt, kraft dessen die Wirksamkeit der aus jenem hervorgehenden Klage überhaupt oder zur Zeit ausgeschlossen wird**. Eine Einwendung dieser Art ist Exceptio, Einrede im engern Sinne [...] *Exceptio* im materiellen (civilrechtlichen) Sinn (*ius exceptionis*), entsprechend dem Klagrecht, ist also ein dem letzten entgegenstehendes Recht, wodurch dieses, wenn gleich **an sich begründet**, ganz oder theilweise unwirksam gemacht wird. "此段中文译文,由笔者自行翻译。粗体为笔者所标示。

D. 22, 3, 18, 2 所提到的“excipere”是在广义上使用的。[142] 这些见解都与萨维尼的如出一辙。毫不意外的是，阿恩茨在脚注中便将萨维尼的《当代罗马法体系》列为参考文献，[143] 足见萨维尼后来者的影响力，这也是本书花篇幅详述萨维尼论证的原因。然而，如前文所述，**其实这一切早在注释学派那里便已经打好了坚实基础：中世纪注释学派带有哲学色彩的拉丁语表述“诉权自身本体”（*actio in sui subtantia*），[144] 在 19 世纪德国普通法学上只是换成了比较日常化的德语“诉权自身”（Klagrecht an sich）罢了。**注释学派的贡献遗传到那个时代，却又在那个时代被遗忘，而没有出现在文献引用上，终究成为少数人的记忆。

4. 贡献之四：促成抗辩权进入权利一般理论

萨维尼的贡献之四，是他为抗辩权进入权利一般理论铺好了路。不容忽视的一点是，抗辩在萨维尼《当代罗马法体系》中的位置，是处于“法律关系”这一编“权利侵害”这一章下，紧接在诉（Klage）[145] 之后：

第二编	Zweytes Buch.
法律关系	**Die Rechtsverhältnisse.**
第四章 **权利侵害**	Viertes Kapitel. **Verletzung der Rechte.**
§. 204. 概述	§. 204. Einleitung
§. 205. **诉**	§. 205. Klage
[……]	[...]
§. 226. **抗辩**：形式. 历史	

[142] Ludwig Arndts, Lehrbuch der Pandekten, J. G. Cotta, 1852, §. 101, S. 127, Anm. 1: „in weiterer Bedeutung“.

[143] Ludwig Arndts, Lehrbuch der Pandekten, J. G. Cotta, 1852, §. 101, S. 127, Anm. 1: „Sav. S. 163 – 165“.

[144] 参见本章“第二节 中世纪法：注释学派的决定性改造与奠基”。

[145] Friedrich Carl von Savigny, System des heutigen römischen Rechts, Bd. 5, Berlin, 1841, §§ 205 – 225.

	§. 226. **Exceptionen**. Form. Geſchichte
§.227. 抗辩:内容.种类	§.227. Exceptionen. Inhalt. Arten
§.228. 抗辩:不同见解	§.228. Exceptionen. Abweichende Ansichten
§.229. 反抗辩、反反抗辩,诸如此类	§.229. Replicationen, Duplicationen u. s. w.
[……]	[...]

关键在于萨维尼对诉权的理解,他认为诉权(Actionenrecht[146]或Klagrecht[147])是权利受侵害后变更而成的:权利会以一个"新形态"(neue Gestalt)[148]或者说"特殊形态"(besondere Gestalt)[149]示于人前,那便是"防御状态"(Zustand der Vertheidigung)。[150] 因此,诉权是权利的一种发展历程或者说变形(Entwicklungsprozeß oder Metamorphose)。[151] **可见,诉权共通于各项权利,而且只是权利的一种表现**。既然如此,在基因上和诉权成双成对的抗辩权,在萨维尼的体系下,便得以随着诉权进

〔146〕 Friedrich Carl von Savigny, System des heutigen römischen Rechts, Bd. 5, Berlin, 1841, §.205, S.2.

〔147〕 Friedrich Carl von Savigny, System des heutigen römischen Rechts, Bd. 5, Berlin, 1841, §.205, S.5.

〔148〕 Friedrich Carl von Savigny, System des heutigen römischen Rechts, Bd. 5, Berlin, 1841, §.205, S.2.

〔149〕 Friedrich Carl von Savigny, System des heutigen römischen Rechts, Bd. 5, Berlin, 1841, §.205, S.3–6.

〔150〕 Friedrich Carl von Savigny, System des heutigen römischen Rechts, Bd. 5, Berlin, 1841, §.205, S.2.

〔151〕 Friedrich Carl von Savigny, System des heutigen römischen Rechts, Bd. 5, Berlin, 1841, §.205, S.3.

入权利一般理论。而且,他强调,罗马法原始文本,即使是优士丁尼一世(Iustinianus Ⅰ)《法学阶梯》这部提及抗辩种类最多的教科书[比盖尤斯(Gaius)《法学阶梯》提到的数量多],所点名提到的那些抗辩种类,只是在例示最重要的那些像是欺诈抗辩(*doli exceptio*)和协定抗辩(*pacti exceptio*)而已,而绝非穷尽列举。萨维尼之所以强调这一点,是因为优士丁尼一世《法学阶梯》是在谈论完各种抗辩后,才写了一句"提及此等例子即足矣。对许多不同因由而言,抗辩都是必需的,这可见于大部头的《学说汇纂》诸卷"。(I.4, 13, 6)[152] 而且,也不见得抗辩种类只能限于《法学阶梯》和《学说汇纂》所提到的那些。萨维尼指出,假如这一句"概述"(die allgemeinen Übersichten)是写在一个开头,而不是谈论完各种抗辩后才写,那便绝不会令人误解了,而且偏偏正是因为优士丁尼一世《法学阶梯》的例子量比盖尤斯《法学阶梯》多,所以容易让人产生错觉,误认为前者所提到的是完备的列举,这便让 I.4, 13, 6 那一句话"更隐蔽和更易被忽视"(versteckter, und kann leichter übersehen werden)。[153] 萨维尼这种对抗辩权"开放性"的提醒,同样**有助于抗辩权的一般理论化**。

若再次以 10 年后的阿恩茨(Arndts)教科书为例加以检视,显然可见的是,抗辩权的确**朝着这种一般理论化的方向**走得更远。在阿恩茨那里,诉权和抗辩权成对地一同被收入"权利的行使与保护"这一章中,[154] 而且在探讨抗辩权的概念时,[155] 已经非常直接简练、开宗明义地指出了

---

[152] I.4, 13, 6:"*Haec exempli causa rettulisse sufficiet. alioquin quam ex multis variisque causis exceptiones necessariae sint, ex latioribus digestorum seu pandectarum libris intellegi potest.*"此段中文译文,由笔者自行翻译。如前所述,《学说汇纂》也提到了另一些抗辩,例如,D. 21. 3: *De exceptione rei venditae et traditae*(论出卖交付物抗辩)。参见本章"第一节 罗马法:抗辩之作为'例外'(*exceptio*)"。

[153] Friedrich Carl von Savigny, System des heutigen römischen Rechts, Bd. 5, Berlin, 1841, §.227, S.172, Anm. k.

[154] Ludwig Arndts, Lehrbuch der Pandekten, J. G. Cotta, 1852, Erstes Buch, Fünftes Capitel. „Ausübung und Schutz der Rechte"(§.92 ff.).

[155] Ludwig Arndts, Lehrbuch der Pandekten, J. G. Cotta, 1852, §.101, S.126.

抗辩权的定义,在正文中**丝毫没有纠缠于罗马法原始文本的复杂论证或个别种类**,而是直陈抗辩权的概念本身:抗辩是"**以一项权利来反对一项权利,从而彻底或暂时排除由它[指权利]所产生的诉权发生效力**。[……]实体(民法)意义上的 *Exceptio*[*ius exceptionis*(抗辩权)]对应于诉权,因此是反对诉权的一项权利,即使诉权**自身成立**,也完全或部分不生效力"。[156]

5. 小结:萨维尼抗辩权理论的"旧时代"特征

以上四点乃萨维尼在抗辩权理论上的贡献。然而,**他的抗辩权概念可谓依然是属于旧时代的。**这当然不只是因为他依然采用拉丁语"*exceptio*"的德语化形式"Exception"作为抗辩权的术语,而是有两点实质原因:其一,**其抗辩权概念依然未完全摆脱程序法,**[157]相反,他明言"决定抗辩内容[158]的法律依据有时是建基于诉讼法规则(Regeln des Prozesses)",[159]换言之,他所理解的抗辩权,有些是以诉讼法为依据的,例如公堂抗辩、诉讼代理人抗辩、代讼人抗辩、预审抗辩(*exceptio fori*,

---

〔156〕 Ludwig Arndts, Lehrbuch der Pandekten, J. G. Cotta, 1852, §. 101, S. 126: „[…] **dem Rechte ein Recht entgegensetzt, kraft dessen die Wirksamkeit der aus jenem hervorgehenden Klage überhaupt oder zur Zeit ausgeschlossen wird**. Eine Einwendung dieser Art ist *Exceptio*, Einrede im engern Sinne [...] *Exceptio* im materiellen (civilrechtlichen) Sinn (*ius exceptionis*), entsprechend dem Klagrecht, ist also ein dem letzten entgegenstehendes Recht, wodurch dieses, wenn gleich **an sich begründet**, ganz oder theilweise unwirksam gemacht wird."此段中文译文,由笔者自行翻译。粗体为笔者所标示。

〔157〕 正如申海恩教授所言,"截然区分实体法与程序法,进而考虑将抗辩权归入程序法还是实体法这样的问题在 Savigny 的思想中可能根本就未曾产生过"。参见申海恩:《抗辩权概念选择的历史比较考察》,载《社会科学研究》2022 年第 2 期。

〔158〕 "**抗辩的内容**是被告的一项独立权利",参见 Friedrich Carl von Savigny, System des heutigen römischen Rechts, Bd. 5, Berlin, 1841, §. 227, S. 169: „Da **der Inhalt der Exceptionen** in einem selbstständigen Recht des Beklagten besteht"。此段中文译文,由笔者自行翻译。粗体为笔者所标示。

〔159〕 Friedrich Carl von Savigny, System des heutigen römischen Rechts, Bd. 5, Berlin, 1841, §. 227, S. 171: „Der den Inhalt der Exception bestimmende Rechtsgrund hat seinen Sitz zuweilen in Regeln des Prozesses."

procuratoria, *cognitoria*, *praejudicialis*)、[160] 事情既判抗辩(*exceptio rei judicatae*),[161] 虽然他认为"它更常建基于实体法规则(materiellen Rechtsregeln),而且那有更重要的影响"。[162] 因此,其抗辩权概念和当代实体法意义上的抗辩权概念仍有一定的差距。根本原因在于,他所理解的抗辩权依然是用以对抗诉权的,这便注定了其抗辩权概念不可能不包含诉讼因素。其二,承上点,由于他的观念依然脱离不了罗马法上的诉权理论,因此,**他的论述对象便依然只能是罗马法上的各种抗辩**。[163]

三、新时代之始:温德沙伊德的抗辩权(Einrede)概念

(一)术语选用:温德沙伊德所坚持的德语精神

温德沙伊德是在其 1862 年出版(第 1 版)的《学说汇纂法教程》(*Lehrbuch des Pandektenrechts*)第一卷中论述其抗辩权概念的。[164] 首先值得一提的是,在术语上,他并没有像萨维尼等某些前人那样,使用罗马法上拉丁语"*exceptio*"渊源的德语变体"Exception",而是**选用了"纯正"的德语"Einrede"**。[165] 众所周知,在德国法学上,"Einrede"一词最终也一直被沿用至今,取代了"Exception"。他之所以取"Einrede"而弃"Exception",并不是肆意或偶然的一种选择,而是确有说明原因。如前

---

〔160〕 Friedrich Carl von Savigny, System des heutigen römischen Rechts, Bd. 5, Berlin, 1841, §. 227, S. 171, Anm. e.

〔161〕 Friedrich Carl von Savigny, System des heutigen römischen Rechts, Bd. 5, Berlin, 1841, §. 225, S. 154.

〔162〕 Friedrich Carl von Savigny, System des heutigen römischen Rechts, Bd. 5, Berlin, 1841, §. 227, S. 171: „häufiger aber, und mit wichtigerem Einfluß, in materiellen Rechtsregeln".

〔163〕 Friedrich Carl von Savigny, System des heutigen römischen Rechts, Bd. 5, Berlin, 1841, §. 227, S. 173 – 174.

〔164〕 Bernhard Windscheid, Lehrbuch des Pandektenrechts, Bd. 1, Buddeus, 1862, §§ 47 – 48, S. 101 – 105.

〔165〕 在距离温德沙伊德时代较近的立法中,《奥地利一般民法典》(österreichische Allgemeine Bürgerliche Gesetzbuch)(1811)没有采用过"Einrede"这个表述,而《萨克森民法典》(sächsische Bürgerliche Gesetzbuch)(1863)举例而言则在第 167 条、第 170 条规定了时效抗辩(Einrede der Verjährung)。Vgl. Ulrike Köbler, Werden, Wandel und Wesen des deutschen Privatrechtswortschatzes, Peter Lang, 2010, S. 155.

文所述,萨维尼认为应当采用"Exception",理由是这样能更好地和罗马法对应,但温德沙伊德则表示反对,而且反对的理由也非常直接:"Einrede"是德语语源的词,而**"Exception"则是"非德语式"(undeutsch)的**:

> 萨维尼(参见第 189 页)建议道,将罗马式表述"Exception"保留用于实体意义上的"Einrede"。**采用[Exception]这个表述的唯一障碍是,它是非德语式的,别无其他;但在我眼中那已经够了。将德语式表述"Einrede"用于罗马法上的"*exceptio*",我也看不出来有任何弊病。**在许多情形下,语境将可以排除掉任何误解;如果人们认为有理由要避免误解的话,也可以为"Einrede"加上"诉讼意义上的""诉讼的",或者"实体法意义上的""实体的""本义的",以作辅助。[166]

另外,有没有可能采用一个从未被法律语言采用的德语"Einwand",从而彻底回避一直以来的术语乱状,推倒重来?温德沙伊德认为不可行,其理由同样是出于所谓**"德语精神"(Geist der deutschen Sprache)**,而且理由刚好与"Exception"相反,因为"Exception"是德语不常用,而"Einwand"则是德语太常用了,无法与日常语言保持距离:

> 人们可能会考虑采用"Einwand"这个无论如何尚未被法律

〔166〕 Bernhard Windscheid, Lehrbuch des Pandektenrechts, Bd. 1, Buddeus, 1862, §. 47, S. 104, Anm. 8: „Savigny (V. S. 189) hat vorgeschlagen, für die Einrede im materiellen Sinne des Wortes den römischen Ausdruck ' Exception ' beizubehalten. **Es steht diesem Ausdruck nichts entgegen, als daβ er undeutsch ist; aber dieβ ist in meinen Augen auch genug. Ich sehe in der Verwendung des deutschen Ausdrucks 'Einrede' auch für die römische *exceptio* keinen Uebelstand.** In sehr vielen Fällen wird der Zusammenhang jedes Missverständnis ausschlieβen; wo man glaubt, Ursache zu haben, sich gegen Missverständnis noch besonders zu schützen, mag man sich durch einen Zusatz: im prozessualischen Sinne, prozessualiche Einrede—im Sinne des materiellen Rechtes, im materiellen Sinne, im engeren Sinne, helfen."此段中文译文,由笔者自行翻译。粗体为笔者所标示。

语言采用的德语表述，来指称罗马法上的“*exceptio*”。然而，这有违**德语精神**，因为德语非常普遍地以这个表述来指称任何反驳。[167]

（二）温德沙伊德对抗辩权概念的贡献

1. 贡献之一：更准确地澄清抗辩权的内涵

温德沙伊德的贡献之一，是他相较于萨维尼，更准确地澄清了抗辩权的内涵。虽然萨维尼明确指出抗辩是在主张一项权利，[168]但从他所举的例子诸如“以对物权或合同为据的抗辩”（die Exception aus einem *jus in re* oder einem Contract）、“支配抗辩”（*exceptio dominii*）[169]等来看，究竟萨维尼是不是直接将作为抗辩依据的那项权利诸如对物权、支配权等，视同抗辩权本身，这一点并不十分清楚，甚至看来似乎萨维尼真的是这样理解的。温德沙伊德便一针见血地批评道：

经由萨维尼而广被接纳的那种看法认为，“*exceptio*”的本质在于一项反对着诉权的独立权利的主张，这种看法是站不住脚的。至少，若人们想不将这“独立权利”理解为有别于**“要求拒绝原告请求权的权能”（die Befugniβ, die Zurückweiseng des**

[167] Bernhard Windscheid, Lehrbuch des Pandektenrechts, Bd. 1, Buddeus, 1862, §. 47, S. 104, Anm. 8: „Man könnte daran denken, den deutschen Ausdruck ‘Einwand’, welcher jedenfalls von der Rechtsprache noch nicht in Besitz genommen ist, zur Bezeichnung der römischen *exceptio* zu verwerthen. Aber dem widerspricht der **Geist der deutschen Sprache**, welche diesen Ausdruck ganz allgemein für jede Entgegnung gebraucht.“此段中文译文，由笔者自行翻译。粗体为笔者所标示。

[168] Friedrich Carl von Savigny, System des heutigen römischen Rechts, Bd. 5, Berlin, 1841, §. 226, S. 161.

[169] Friedrich Carl von Savigny, System des heutigen römischen Rechts, Bd. 5, Berlin, 1841, §. 225, S. 153 – 154.

klägerischen Anspruchs zu verlangen),便是这样。[170]

因此,**在温德沙伊德看来,抗辩权并不等同于作为其来源的那项权利。**后者有自己本身的功能,只不过有时可产生抗辩权,而抗辩权则是用以对抗请求权的。例如,用益权和债权本身都有自己的功能,但都可产生抗辩权,用来对抗某些请求权。而且,抗辩权的来源,或者用温德沙伊德的话来说,阻碍请求权的因由(der Umstand welcher den Anspruch hemmt),除可以是一项权利之外,尚可以是一件事情,前者如用益权对抗着所有权请求权(Nieβbrauch gegenüber dem Eigenthumsanspruch)、对立债权对抗着债权请求权(Gegenforderung gegenüber dem Forderungsanspruch),后者如欺诈抗辩权(*exceptio rei venditae et traditae*)或出卖交付物抗辩权(*exceptio rei venditae et traditae*)的情形。[171] 若抗辩权来自一件事情,则更没有将抗辩权和另一项权利混淆的余地。

但另一方面,在温德沙伊德的论述中,究竟抗辩权是不是一项权利(Recht),这个问题却不是太清晰的,尤其是当抗辩权来源于一项权利时,究竟抗辩权这种权能是构成一项独立权利,抑或只是另一项权利的权能?这一点到后来学界才有更加清楚的阐释,容后详论。[172]

---

〔170〕 Bernhard Windscheid, Lehrbuch des Pandektenrechts, Bd. 1, Buddeus, 1862, §. 47, S. 102 – 103, Anm. 2: „Unhaltbar ist die durch Savigny zu einer weit verbreiteten Anerkennung gelangte Ansicht, daβ das Wesen der *exceptio* in der Geltendmachung eines der Klage entgegenstehenden selbständigen Rechtes bestehe, wenigstens wenn man unter diesem ‚selbständigen Rechte' etwas Anderes verstehen will, als eben **die Befugniβ, die Zurückweiseng des klägerischen Anspruchs zu verlangen**. "此段中文译文,由笔者自行翻译。粗体为笔者所标示。

〔171〕 Bernhard Windscheid, Lehrbuch des Pandektenrechts, Bd. 1, Buddeus, 1862, §. 47, S. 102, Anm. 2.

〔172〕 参见"第三章 抗辩权的教义争论"的"第二节 抗辩权的本质:抗辩权是否属于权利"。

2. 贡献之二：将“诉权 vs 抗辩权”范式转换成“请求权 vs 抗辩权”范式

温德沙伊德的贡献之二，也是其最大的贡献，便是他将此前的“诉权 vs 抗辩权”范式，变换成现今的“请求权 vs 抗辩权”范式。实际上，之所以说其抗辩权概念是“新时代之始”，是因为当代意义上的抗辩权，亦即对抗请求权(Anspruch)效力的权利，这个概念便是直接来源于他。原因无他，因为众所周知，他便是请求权概念的创始人。因此，这个新时代本身便是由他所开创。而且，**这绝不只是术语的置换那么简单。关键在于，请求权有别于诉权，是撇除了诉讼法因素后提纯而成的实体法概念。**[173]在萨维尼看来，诉权是权利受侵害后的新形态、新阶段，这种新形态或阶段便是起诉的可能性；但在温德沙伊德看来，请求权则是原本便固有于权利的“权利本质内容”(wesentliche Inhalt der Rechte)。[174] 换言之，**诉权是权利受侵害后的新阶段，但请求权则自始至终是权利本质内容。**因此，比起前者，后者可谓是权利更为内在或者说根本的表现，也是更为抽象的东西，因为它甚至无须诉讼的介入。与此相应，和请求权相对的抗辩权，同样也不再带有诉讼法因素。这一点已经和萨维尼的想法大相径庭了。**总体来说，“请求权 vs 抗辩权”范式的奠立，促成了抗辩权“内在”和“外在”两方面的纯化：其一，是抗辩权本身概念内涵的纯化；其二，是抗辩权相对体系位置的纯化。**关于第一个方面，在萨维尼那里，抗辩权包括那些以诉讼法规则为依据的，诸如公堂抗辩权、诉讼代理人抗辩权

---

〔173〕 申海恩教授同样指出了这一点：“按照 Windscheid 的理论，罗马法上的诉(*actio*)已经不再是程序法上的诉权(Klagrecht)，而转变为实体法上的请求权(Anspruch)；相应地，罗马法上的抗辩(*exceptio*)也就不再是对诉权的防御(Verteidigung gegen das Klagrecht)，而是在特定情形下对请求权之法律确认的取消(Zuruecknahme der rechtlichen Anerkennung des Anspruchs)。就此，Windscheid 将抗辩权(Einrede)理解为法体系中请求权的对立物，如同请求权一样，抗辩权(Einrede)不再是 Savigny 所理解的程序法—实体法二位一体的制度了。”参见申海恩：《抗辩权概念选择的历史比较考察》，载《社会科学研究》2022 年第 2 期。

〔174〕 Bernhard Windscheid, Lehrbuch des Pandektenrechts, Bd. 1, Buddeus, 1862, §. 43, S. 90.

等;[175]但在温德沙伊德对抗辩权的通篇论述中,已不见有这样的类型。关于第二个方面,在温德沙伊德之前,由于抗辩权所对抗的是诉权,因此,学界仍然是在“诉讼防御手段”的框架下谈论抗辩权的。即使温德沙伊德之前不久的论著,也依然如是。比温德沙伊德《学说汇纂法教程》第1版出版(1862年)只早了10年出版的阿恩茨第1版《学说汇纂教程》(1852年),在论述抗辩权的一开始便是以诉讼防御手段的类型为切入点的。[176] 但在温德沙伊德那里,这样的诉讼法“引子”已被完全根除。[177] **可见,随着抗辩权的对立项从诉权换成请求权,抗辩权本身也连动地悄然发生了变化。而且,这种变化是不太显眼的,以致容易被忽略,原因有二:其一,这种变化是在抗辩权这个始终不变的名称(尽管有拉丁式和德式名称)掩藏下发生的。尤其是汉语上只有“抗辩权”一词可用,这无形中为汉语法学界加设了额外一重障碍。因此,本书在术语上强调萨维尼的是“Exception”,而温德沙伊德的是“Einrede”,正是试图通过术语上的差异,来突出两人抗辩权概念的差异。其二,即使是温德沙伊德本人,也完全没有解释或强调他对抗辩权的改造,甚至还将诉权所受的阻碍比拟成请求权所受的阻碍,[178]也就是说,他只强调了其抗辩权概念和旧有抗辩权概念的相同点,而没有强调不同点,这便使人更易忽视抗辩权概念的变化。**

不过,在温德沙伊德的理论中,有一点依旧不变:如同注释学派的“*exceptio iuris*”、萨维尼的“Exception”以及温德沙伊德前许多法学家(例如,阿恩茨)的抗辩权概念那样,**温德沙伊德的抗辩权仍然是用以阻碍对方权利的效力,因而必然预设了对方权利的存在**。就此而言,请求权所

---

[175] Friedrich Carl von Savigny, System des heutigen römischen Rechts, Bd. 5, Berlin, 1841, §. 227, S. 171, und Anm. e.

[176] Ludwig Arndts, Lehrbuch der Pandekten, J. G. Cotta, 1852, §. 101, S. 126. 请参照上文在论述萨维尼理论时所节录的阿恩茨著作引文。

[177] Bernhard Windscheid, Lehrbuch des Pandektenrechts, Bd. 1, Buddeus, 1862, §. 47, S. 101 – 102.

[178] Bernhard Windscheid, Lehrbuch des Pandektenrechts, Bd. 1, Buddeus, 1862, §. 47, S. 102, Anm. 1.

受的阻碍和诉权所受的阻碍，并无两样："在罗马法上，诉权仿如请求权本身那样，所以，对请求权的这种阻碍，仿如对诉权的阻碍。"〔179〕这里的"阻碍"（Hemmung）〔180〕并不是指阻碍请求权被创设出来，而是指阻碍已被创设的请求权获得实现。用温德沙伊德的原话来说，便是"请求权首先必须被产生出来，以便存在"（Der Anspruch muβ，um vorhanden zu sein，erst erzeugt werden）、"请求权自身是成立的"（ein Anspruch ist an und für sich begründet）。**抗辩权之于请求权只是一种阻碍，或者说只是针对请求权起着一种"阻碍力量"（die hemmende Kraft），〔181〕故抗辩权一旦被消除，请求权便"可以获得完全力量"（volle Kraft gewinnen kann）。〔182〕因此，抗辩权与请求权之间的互动，可以很形象地被理解成一种"角力"。鉴于温德沙伊德的用词是"Kraft"这个物理学意味更强烈的用词，故这种"角力"观甚至比萨维尼的更加清晰。**〔183〕虽然"抗辩权阻碍对方权利效力"这种思想绝非温德沙伊德的创见，但其论述颇为精练、清晰，故不妨直接节录于此：

---

〔179〕 Bernhard Windscheid，Lehrbuch des Pandektenrechts，Bd. 1，Buddeus，1862，§. 47，S. 102，Anm. 1：„Im römischen Recht tritt，wie der Anspruch selbst als *actio*，so diese Hemmung des Anspruchs als Hemmung der *actio* auf."此段中文译文，由笔者自行翻译。

〔180〕 在温德沙伊德那里，以"阻碍"这种抗辩权功能的不同特征为准，可以划分不同类的抗辩权。其一，视乎阻碍是永久阻碍或暂时阻碍（eine bleibende oder eine vorübergehende），抗辩权可被分为永久型抗辩权或者杜绝型抗辩权，以及暂时型抗辩权或延缓型抗辩权。这跟萨维尼以至罗马法原始文本所用的标准无异。其二，视乎阻碍是完全阻却或只是部分阻碍（eine vollständige oder eine nur theilweise），抗辩权也可有相应的区分，而且就部分阻碍而言，尚可以是就量（Quantität）而言，例如，"生活费保留利益"（*beneficium competentiae*）（D. 44，1，7），或就质（Qualität）而言，例如，"马其顿尼亚努姆元老院抗辩"（*exceptio senatusconsulti macedoniani*）（用以对抗向家子贷款的贷与人）。其三，视乎阻碍是涉人（persönliche）或不涉人亦即关涉事物（unpersönliche；sächliche），也可以有相应分类，前者如恐惧抗辩权或欺诈抗辩权。Vgl. Bernhard Windscheid，Lehrbuch des Pandektenrechts，Bd. 1，Buddeus，1862，§. 47，S. 102 – 103.

〔181〕 Bernhard Windscheid，Lehrbuch des Pandektenrechts，Bd. 1，Buddeus，1862，§. 48，S. 105，Anm. 2.

〔182〕 Bernhard Windscheid，Lehrbuch des Pandektenrechts，Bd. 1，Buddeus，1862，§. 47，S. 102，Anm. 1.

〔183〕 这也许还为 20 世纪初抗辩权概念论战中抗辩权效力的物理力量类比，早早埋下了伏笔，详见"第三章　抗辩权的教义争论"的"第一节　抗辩权的存在：抗辩权是否合乎逻辑"。

> 抗辩权可以反对请求权。那是指:**请求权自身是成立的**;法律为其创设而要求的事情皆有发生、法律其消灭而定出的事情皆无发生。然而,有一项反对请求权的事由起了作用,使义务人可以拒却请求权,或者说抵抗请求权的实现;请求权便是被此项事由阻碍。[184]
>
> **请求权,若在法律上不存在,则首先必须被产生出来,以便存在**;只是被抗辩权所反对的请求权,可以因为抗辩权被消除而获得完全力量,而无须重新发生请求权借以产生的事情。[185]

正因为抗辩权是以对方请求权的存在为前提,因此,它有别于诉讼法上惯常所称的抗辩权。诉讼意义上的抗辩权(die Einrede im prozessualischen Sinn),见于被告提出主张反对原告主张(而不只是否认原告主张)的任何情形,不必以对方请求权存在为前提;实体意义上的抗辩权(Einrede im materiellen Sinne),则是指阻碍请求权实现的抗辩权,必然以请求权存在为前提。因此,实体意义上的抗辩权,同样属于诉讼意义上的抗辩权;但不是一切诉讼意义上的抗辩权,都属于实体意义上的抗辩权,因为被告的主张可以是有悖于请求权的创设或存续(Entstehen oder Fortbestehen),[186] 亦即主张其从无被创设过,或虽被创设了出来但现已

---

[184] Bernhard Windscheid, Lehrbuch des Pandektenrechts, Bd. 1, Buddeus, 1862, §. 47, S. 101 – 102: „Einem Anspruch kann eine Einrede entgegenstehen. Das will sagen: ein Anspruch ist an und für sich begründet; es sind alle Thatsachen vorhanden, welche das Recht für seine Entstehung verlangt, es ist keine vorhanden, an welche das Recht seinen Untergang anknüpft. Aber ein ihm entgegenstehender Umstand bewirkt, daβ der Verpflichtete ihn abweisen, sich seiner Durchführung widerseβen kann; durch diesen Umstand ist der Anspruch gehemmt. "此段中文译文,由笔者自行翻译。粗体为笔者所标示。

[185] Bernhard Windscheid, Lehrbuch des Pandektenrechts, Bd. 1, Buddeus, 1862, §. 47, S. 102, Anm. 1: „Der Anspruch, welcher rechtlich gar nicht vorhanden ist, muβ, um vorhanden zu sein, erst erzeugt werden; während verjenige, dem nur eine Einrede entgegensteht, durch Wegfall der Einrede volle Kraft gewinnen kann, ohne dass eine Wiederholung der Thatsachen, durch welche er erzeugt wird, erforderlich wäre. "此段中文译文,由笔者自行翻译。粗体为笔者所标示。

[186] Bernhard Windscheid, Lehrbuch des Pandektenrechts, Bd. 1, Buddeus, 1862, §. 47, S. 104, Anm. 8.

消灭。应当指出,这绝非温德沙伊德本人的创见,而是早见于前人们的论述,例如,早 10 年前的阿恩茨便已经清晰地论述过这一点,[187] 而显然温德沙伊德是参考过阿恩茨的说法,因为温德沙伊德将其《学说汇纂教程》列作了参考文献。[188] 而且,如同萨维尼和阿恩茨那样,温德沙伊德也是采用了"清偿抗辩"(*exceptio solutionis*)这个经典例子来说明问题,但他额外补充了一个新例子"疯狂抗辩"(*exceptio furoris*):被告主张原告所援引的法律行为是由疯人所做,或主张他已经偿付了所受领的借款,这两种抗辩固然都是诉讼意义上的抗辩,但两者都不是实体意义上的抗辩,[189] 因为这两种主张都是在否定原告请求权的存在。其实,笔者认为,这一切归根究底都只不过是注释学派早已奠定的"以对方权利存在为前提"观念的推演而已,甚至可谓只是将注释学派"法律上抗辩"与"事实上抗辩"换了个说法而已。[190]

兹将"前温德沙伊德时代的抗辩权范式"和"温德沙伊德的抗辩权范式"的重点列表整理以便对照(见表 2-1)。

表 2-1 抗辩权理论各时期用语对比

时期	前温德沙伊德时代		温德沙伊德
	中世纪注释学派	**近代德国普通法学**	
术语	*exceptio* (*iuris*)	Exception/Einrede	Einrede
对立项	诉权(*actio*) =权利所生的**另一项权利**	诉权(Klagrecht) =权利受侵害后的**新阶段**	请求权(Anspruch) =权利的**本质内容**

〔187〕 Ludwig Arndts, Lehrbuch der Pandekten, J. G. Cotta, 1852, §.101, S.126. 请参照上文在论述萨维尼理论时所节录的阿恩茨著作引文。

〔188〕 Bernhard Windscheid, Lehrbuch des Pandektenrechts, Bd. 1, Buddeus, 1862, §.47, S.101, Anm. 1.

〔189〕 Bernhard Windscheid, Lehrbuch des Pandektenrechts, Bd. 1, Buddeus, 1862, §.47, S.104, Anm. 8.

〔190〕 参见本章"第二节 中世纪法:注释学派的决定性改造与奠基"。

续表

时期	前温德沙伊德时代		温德沙伊德
	中世纪注释学派	**近代德国普通法学**	
前提	诉权自身本体(*actio sui substantia*)成立	诉权自身(Klagrecht an sich)成立	请求权自身(Anspruch an sich)成立
机制	抗辩作用对抗诉权作用	抗辩效力对抗诉权效力	抗辩力量对抗请求权力量
“功效”的表述	*ops*(作用)	Wirkung(效力)	Kraft(力量)
“窒碍”的表述	*repellare*(阻挡)	hindern(妨碍)/hemmen(阻碍)	hemmen(阻碍)

3. 贡献之三:延续抗辩权的权利一般理论地位

温德沙伊德的贡献之三,是他继续在权利的一般理论中论述抗辩权,而且抗辩权和权利的关联之紧密比起萨维尼是有过之而无不及。首先,他之所以继续在权利的一般理论中论述抗辩权,是因为温德沙伊德的请求权概念使然。根据他本人所言,“请求权不是权利的特殊种类(besondere Art des Rechts);请求权是每项权利都可以具有的形态(eine Gestaltungsform),因为它是权利的本质内容(wesentliche Inhalt der Rechte),以致依据权利,对人的意思的服从,是能够被要求的”。[191] 可见,**他所理解的请求权,是共通于每一项权利的本质**。这是因为,既然一切权利都表现为请求权,那请求权当然便不是权利类型了,因为根本无类可分。这虽然跟后来学界认为权利作用不限于“请求”一种不同,但至

---

〔191〕 Bernhard Windscheid, Lehrbuch des Pandektenrechts, Bd. 1, Buddeus, 1862, §. 43, S. 90: „Der Anspruch ist keine besondere Art des Rechts; der Anspruch ist eine Gestaltungsform, welche jedes Recht anzunehmen fähig ist, da es der wesentliche Inhalt der Rechte ist, daß aus denselben die Unterwerfung menschlichen Wollens verlangt werden kann. “此段中文译文,由笔者自行翻译。

少根据他那个时代尚未被扩展的权利观念,他的确认为但凡权利皆可以表现为请求权形态。如是者,既然请求权是任何权利的共通本质,则用以妨碍请求权、与其“成双成对”的抗辩权,便也顺理成章地攀附于请求权而进入权利一般理论。而之所以说温德沙伊德的抗辩权和权利之间关联的紧密甚于萨维尼,则是因为,虽然将抗辩权置入权利的一般理论绝非其首创,但由于温德沙伊德这种体系置入的原因与萨维尼的不一样(诉权是权利的新阶段,请求权则是权利本质内容),因此,在温德沙伊德的体系中,**抗辩权是上升到一切权利的对立面,而不是像萨维尼的理论那样只是一切权利受侵害后新形态的对立面**。这一点从其《学说汇纂法教程》的体系编排便一目了然。在其体系下,抗辩权的所在层级位置,从上至下依次是“权利总论”→“请求权”→“抗辩权”,而不像萨维尼那样要有“权利侵害”的介入(请比照上文所摘录的萨维尼著作目录):

第二编	Zweites Buch.
权利总论	**Von den Rechten überhaupt.**
第一章 权利的概念与种类	Erstes Kapitel. Begriff und Arten der Rechte.
I. 权利的概念	I. Begriff des Rechts.
II. 权利的多样性	II. Verschiedenheitder Rechte.
对物权与对人权、亲属权与财产权	Dingliche und persönliche, Familien-u. Vermögensrechte.
请求权	**Die Ansprüche.**
概念. 物的请求权与人的请求权	Begriff . Dingliche und perönliche Ansprüche
罗马法上的诉	Die römische*actio*.
对人之诉与对物之诉	*Actio in rem* und *in personam*.
严判之诉、善意之诉、仲裁之诉	
抗辩权	

*Actio stricti iudicii*und *bonae fidei*, *actio arbitraria*.

Die Einreden.

在温德沙伊德那里,请求权被认为是任何权利的本质内容。到了 19 世纪末叶《德国民法典》草案起草阶段,虽然学界对权利作用类型的扩大承认已开始酝酿,但《德国民法典》依然未明显反映这样的趋势,而是只突出了请求权。[192] 一并明确承认其他权利类型(支配权和形成权)的见解真正成为通说,是在《德国民法典》生效之后的 20 世纪初。然而,在那个时代,甚至现今,**抗辩权和请求权一般而言依然被认为是成对的概念**,容后详论。[193]

第四节 现代法:《德国民法典》立法确认之后

一、《德国民法典》对抗辩权概念的传承

德国普通法学尤其是温德沙伊德的抗辩权理论,最终也在 19 世纪末进入 1896 年公布、1900 年施行的现行《德国民法典》(BGB)。之所以说那主要是温德沙伊德的抗辩权理论,是因为 BGB(第 194 条)采纳了**身为草案第一委员会成员的温德沙伊德**的请求权概念,故与此相应,**进入 BGB 的抗辩权概念也是温德沙伊德式的抗辩权概念,亦即与请求权对应的抗辩权概念,而不是前温德沙伊德时代与诉权对应的抗辩权概念**。尽管一直到 BGB 公布前夕,依然有声音坚持"诉权 vs 抗辩权"这种传统范式,例如,温德沙伊德的同代人海因里希·德恩伯格(Heinrich Dernburg)(1829 ~ 1907)在其 1894 年出版的第 4 版《学说汇纂》(*Pandekten*)便依

[192] 参见本章"第四节 现代法:《德国民法典》立法确认之后"。

[193] 参见"第三章 抗辩权的教义争论"的"第三节 抗辩权的对象:抗辩权可否对抗请求权"。

然坚持“抗辩权是用以防御诉权的反对权”,[194]但这种观念终究敌不过立法者的一锤定音。

毋庸置疑,BGB 在具体法条中确认了许多种类的抗辩权,因此,肯定是假定了有一个抗辩权的一般概念。然而,有别于请求权,BGB 无论是在草案还是最终文本中,都没有定义抗辩权。BGB 第一起草委员会成员、草案第一卷总则编纂者阿尔伯特·格布哈德(Albert Gebhard)(1832～1907)在提案(Vorlage)中说道,不建议有这样的规定,因为这样的规定并不包含任何决定性或者处置性的规则(dispositive Regelung)。[195] 第一委员会虽然遵循前述提案而放弃在 BGB 中定义抗辩权,但根据《德意志帝国民法典草案第一起草委员会会议纪要》(以下简称 BGB《会议纪要》)所载,在动议(Antrag)中却**明确将其定性为权利(Recht)**(在 BGB 最终文本中也有法条明确称为权利)[196]并为其下了定义:

> 法典所称的**抗辩权**(**Einrederecht** 意义上的 Einrede),是指**拒绝满足请求权的权能,虽然请求权自身是成立的(die Befugniß, die Befriedigung eines Anspruchs verweigern zu dürfen, trotzdem daß der Anspruch an und für sich begründet ist)**。[197]

这个定义后来也出现在 1888 年《德意志帝国民法典草案理由书》(*Motive zu dem Entwurfe eines Bürgerlichen Gesetzbuches für das Deutsche*

〔194〕 Heinrich Dernburg, Pandekten, Band 1, 4., verbefferte Auflage, H. W. Müller, 1894, S. 321, §. 137: „Exceptionen sind Gegenrechte behufs Abwehr eines Klagerechtes.“此段中文译文,由笔者自行翻译。

〔195〕 Kommission zur Ausarbeitung des Entwurfs eines Bürgerlichen Gesetzbuches, Entwurf eines bürgerlichen Gesetzbuches für das Deutsche Reich, 1. Buch, Allgemeiner Theil, Begründung, Vorlage des Redaktors Dr. Gebhard, Berlin, 1881, S. 22.

〔196〕 Z. B. §. 322 Abs. 1, 440 Abs. 1, 1990 Abs. 2, 1991 Abs. 1, 2059 Abs. 1 Satz 2, 2006 Abs. 2.

〔197〕 Protokolle der 1. Kommission zur Ausarbeitung des Entwurfs eines Bürgerlichen Gesetzbuches für das Deutsche Reich, I, S. 416: „Unter Einrede im Sinne von **Einrederecht** versteht das Gesetzbuch **die Befugniß, die Befriedigung eines Anspruchs verweigern zu dürfen, trotzdem daß der Anspruch an und für sich begründet ist**.“此段中文译文,由笔者自行翻译。粗体为笔者所标示。

Reich,以下简称 BGB 理由书)中,虽然用词上有一些无实际意义的不同:"**拒绝满足请求权的权能,尽管请求权自身成立**。"[198]

此项定义,尤其是"请求权自身成立"这个部分,必须结合 BGB 对实体法上和诉讼法上抗辩权的区分来理解。BGB 理由书明确指出,"实体法上的抗辩权概念"(Einredebegriff des materiellen Rechtes)和"诉讼法上的抗辩权概念"(Einredebegriff des Prozeßrechtes)并不一样,后者是指可以在诉讼上提出诉求反对主张,故包括三种:其一,请求权因"权利(存在)妨碍事情"(rechtshindernden Thatsachen)而未曾被创设(**从不存在**);其二,请求权因"权利毁灭事情"(rechtsvernichtenden Thatsachen)而已被消灭(**曾经存在**);其三,请求权虽然**"自身成立"(an sich begründet)**或者说**"自身存在"(an und für sich besteht)**但其实现被妨碍亦即可被拒绝满足。**第三种即为"实体法上的抗辩权",而且根据 BGB 理由书所言,它被草案简称为"抗辩权"(Einrede)**;至于"诉讼法上的抗辩权",则被草案称为"异议权"(Einwendung)。[199] 前两

---

[198] Motive zu dem Entwurfe eines Bürgerlichen Gesetzbuches für das Deutsche Reich, Band 1, J. Guttentag, 1888, S. 359: „die Befugniß [...], die Befriedigung eines Anspruches verweigern zu dürfen, obwohl der Anspruch an und für sich besteht. "此段中文译文,由笔者自行翻译。

[199] Motive zu dem Entwurfe eines Bürgerlichen Gesetzbuches für das Deutsche Reich, Band 1, J. Guttentag, 1888, S. 360:"术语:实体法上的抗辩权(die materiellrechtliche Einrede),在草案中被简称为抗辩权(Einrede)(参见第 162 条第 2 款、第 281 条第 2 款、第 302 条、第 316 条、第 671 条第 1 款、第 672 条第 2 款、第 674 条第 1 款、第 737 条第 2 款、第 1013 条第 1 款、第 1084 条第 3 款、第 1093 条、第 1160 条第 1 句、第 1187 条第 2 款、第 1192 条第 2 款、第 2133 条第 1 款);至于包括权利妨碍事情和权利毁灭事情在内的诉讼上抗辩权,则选用了'异议权'(Einwendung)一词(参见第 316 条、第 416 条、第 607 条、第 676 条第 2 款、第 689 条、第 955 条、第 1083 条、第 1084 条第 1 款和第 2 款、第 1085 条第 1 款、第 1160 条第 1 句)。杜绝型抗辩权,指的是用以将请求权主张永久排除的抗辩权(比照第 182 条第 1 款、第 737 条第 2 款、第 1093 条、第 1192 条第 2 款)。"[„Terminologie. Die materiellrechtliche Einrede wird in dem Entwurfe schlechthin mit Einrede bezeichnet (vergl. §. 162 Abs. 2, §. 281 Abs. 2, §§ 302, 316, 671 Abs. 1, §. 672 Abs. 2, §. 674 Abs. 1, §. 737 Abs. 2, §. 1013 Abs. 1, §. 1084 Abs. 3, §§ 1093, 1160 Satz 1, §. 1187 Abs. 2, §. 1192 Abs. 2, §. 2133 Abs. 1); für die prozessuale, die rechtshindernden und rechtsvernichtenden Thatsachen mit begreifende Einrede ist der Ausdruck ‚Einwendung' gewählt (vergl. §§ 316, 416, 607, 676 Abs. 2, §§ 689, 955, 1083, 1084 Abs. 1, 2, §. 1085 Abs. 1, §. 1160 Satz 1). Die peremtorische Einrede findet sich als Einrede bezeichnet, durch welche die Geltendmachung des Anspruches dauernd ausgeschlossen wird (vergl. §. 182 Abs. 1, §. 737 Abs. 2, §§ 1093, 1192 Abs. 2). "]此段中文译文,由笔者自行翻译。粗体为笔者所标示。

种防御和最后一种防御的区别在于:"仅当义务人主张抗辩权时,抗辩权才生效。权利妨碍事情和权利毁灭事情,则并不只是在被告主张它们时,才必须被法官考量,而是当它们因为原告的申立而进入讼案材料(Streitmaterial)时,也必须被法官考虑。至于抗辩权事情,哪怕是见于讼案材料也好,也只有在被告主张从而使它们生效,才会获法官考量。"[200]

因此,总言之,温德沙伊德的"请求权 vs 抗辩权"范式,以及其"诉讼意义上抗辩权"和"实体意义上抗辩权"之分,最终都得到了立法确认。只是有别于温德沙伊德一律使用"抗辩"一词来指称各种防御,[201] BGB 则改称之为"异议"。在抗辩所指向的那项请求权的描述上,非常有趣的一点是,**从中世纪便开始的用字传统,亦即用"自身"来描述抗辩被抗辩权利的说法,[202]除了在上述 BGB 会议纪要中出现过,最终也进入 BGB 理由书,并反复出现。**兹就前述内容,节录 BGB 理由书的内容,以资对照:

> 实体法上的抗辩权概念
>
> 实体法上的抗辩权概念,并不等同于诉讼法上的。根据当今的证据原则,由于原告就请求成立的任务只在于陈述情事,以证成"他所提出的请求权根据事物通常进程有被创设出来"这种推论,因此,不质疑诉讼事情的真确性,而是以其他事情为由反对诉求,任何这样的主张,都属于诉讼上的抗辩权,而且这

---

[200] Motive zu dem Entwurfe eines Bürgerlichen Gesetzbuches für das Deutsche Reich, Band 1, J. Guttentag, 1888, S. 360: „Sodann wirkt die Einrede nur, wenn der Verpflichtete sich auf dieselbe beruft. Rechtshindernde und rechtsvernichtende Thatsachen müssen von dem Richter berücksichtigt werden, nicht blos wenn der Beklagte sie geltend macht, sondern auch dann, wenn dieselben durch den klägerischen Vortrag in das Streitmaterial gelangen. Einredethatsachen können dagegen, auch wenn sie im Streitmateriale liegen, richterliche Beachtung nur finden, wenn der Beklagte dieselben durch Anrufung in Wirksamkeit setzt."此段中文译文,由笔者自行翻译。

[201] Bernhard Windscheid, Lehrbuch des Pandektenrechts, Bd. 1, Buddeus, 1862, §. 47, S. 104.

[202] 参见上文论述温德沙伊德抗辩权理论时,为比较中世纪注释学派、前温德沙伊德时代德国普通法学、温德沙伊德的理论,所整理的比较表中"前提"一列。

些事情不仅包括那些把**自身成立的诉讼请求权**的实现可能性(die Durchführbarkeit des **an sich begründeten Klagansspruche**)排除的事情,尚包括那些表明请求权未曾被创设或虽曾被创设但又已消灭的事情。实体法意义上的抗辩权,则只是指第一类情形,亦即那些赋予**拒绝满足请求权的权能**的情形,尽管**请求权自身是存在的(der Anspruch an und für sich besteht)**。所谓的权利妨碍事情和权利毁灭事情,都是通过它们的发生来剥夺权利的存在;跟一项不存在或不再存在的权利相反的,是其实体防御。[203]

实体法上抗辩权概念的维持

抗辩权的实体法概念被草案保留了下来,虽然它在许多方面都受到挑战,尤其从法律史的角度来看,它也遭受过质疑。有必要允许这样的规则:一件事情不在法律上妨碍请求权创设出来,也不将请求权废除回去,而只是向义务人赋予一种可能性,容许他拒绝满足**就自身而言成立的请求权**(die Befriedigung des **an und für sich begründeten Anspruchs**),无论是就一时或对

---

[203] Motive zu dem Entwurfe eines Bürgerlichen Gesetzbuches für das Deutsche Reich, Band 1, J. Guttentag, 1888, S. 359: „Einredebegriff des materiellen Rechtes. Der Einredebegriff des materiellen Rechtes deckt sich nicht mitt demjenigen des Prozeßrechtes. Nach den heutigen Beweisgrundsätzen fällt, da die Aufgabe des Klägers in Ansehung der Klagebegründung lediglich darin besteht, die Thatumstände darzulegen, welche den Schluss auf die Entstehung des erhobenen Anspruches nach dem gewöhnlichn Verlaufe der Dinge rechtfertigen, in den Bereich der prozussualen Einrede jedes Anführen, welches, ohne die Richtigkeit der Klagethatsachen in Frage zu stellen, dem Klagebegehren auf Grund anderweiter Thatsachen entgegentritt, und zu diesen Thatsachen gehören nicht blos diejenigen, welche die Durchführbarkeit des **an sich begründeten Klaganspruches** ausschließen, sondern auch diejenigen, welche ergeben, dass der Anspruch, der Klagethatsachen ungeachtet, nicht zur Entstehung gelangt oder dass derselbe zwar entstanden, aber wieder erloschen sei. Einreden im Sinne des materiellen Rechtes sind nur Umstände der ersteren Art, d. h. solche Umstände, welche **die Befugniß gewähren, die Befriedigung eines Anspruches verweigern zu dürfen**, obwohl **der Anspruch an und für sich besteht**. Die sog. rechtshindernden und rechtsvernichtenden Thatsachen entziehen mit und durch ihren Eintritt dem Rechte seinen Bestand; gegen ein nicht oder nicht mehr vorhandenes Recht bedarf es materiell seiner Vertheidigung(原文误写成 Vertheidignng).“此段中文译文,由笔者自行翻译。粗体为笔者所标示。

人而言，还是永远地拒绝。[204]

虽然 BGB 理由书在说明抗辩权概念时，并无具体引注理论来源，但经比照可以发现，**温德沙伊德在《学说汇纂法教程》中所采取的诉讼法上与实体法上抗辩权的区分，**[205]**完全被 BGB 理由书采纳了**。当然，应当再次强调的是，这种区分在温德沙伊德之前早已在德国普通法学上成形。[206] 而且，**BGB 理由书的一些说法，无论是从理论出现的时间点来看（在《学说汇纂法教程》第 1 版中便已出现），还是从具体的字眼来看，都明显来自温德沙伊德**，例如，抗辩权一旦消除，请求权便会获得完全的"力量"：温德沙伊德的说法是，"只是被抗辩权所反对的请求权，可以因为抗辩权被**消除（Wegfall）**而获得完全**力量（Kraft）**，而无须重新发生请求权借以产生的事情"。[207] BGB 理由书中则写道："受制于一项抗辩权的请求权，其被驳倒（Ent**kräftung**［丧失力量］）的可能性，是可被**消除（wegfallen）**的，这尤其是因为抗辩权可被义务人放弃，而一旦如此，请求权便获得**力量（Kraft）**，而无须如同请求权因为法律而被废除的情形那

---

〔204〕 Motive zu dem Entwurfe eines Bürgerlichen Gesetzbuches für das Deutsche Reich, Band 1, J. Guttentag, 1888, S. 359 – 360: „[Aufrechterhaltung desselben.] Der Begriff der materiell-rechtlichen Einrede wird von dem Entwurfe festgehalten, obwohl derselbe mannigfache Anfechtung erfahren und namentlich vom rechtsgeschichtlichen Standpunkte bekämpft worden ist. Es muss die Regelung zulässig sein, dass ein Umstand einen Anspruch nicht von Rechtswegen in seiner Entstehung hindert oder wieder aufhebt, sondern dem Verpflichteten nur die Möglichkeit gewährt, die Befriedigung des **an und für sich begründeten Anspruchs**, sei es zur Zeit oder der Person nach, sei es für immer, ablehnen zu dürfen. "此段中文译文，由笔者自行翻译。粗体为笔者所标示。

〔205〕 Bernhard Windscheid, Lehrbuch des Pandektenrechts, Bd. 1, Buddeus, 1862, §. 47, S. 101 – 102; S. 102, Anm. 1, S. 104, Anm. 8.

〔206〕 例如，Ludwig Arndts, Lehrbuch der Pandekten, J. G. Cotta, 1852, §. 101, S. 126。请参照上文在论述萨维尼理论时所节录的阿恩茨著作引文。

〔207〕 Bernhard Windscheid, Lehrbuch des Pandektenrechts, Bd. 1, Buddeus, 1862, §. 47, S. 102, Anm. 1: „Der Anspruch, welcher rechtlich gar nicht vorhanden ist, muβ, um vorhanden zu sein, erst erzeugt werden; während verjenige, dem nur eine Einrede entgegensteht, durch **Wegfall** der Einrede volle **Kraft** gewinnen kann, ohne dass eine Wiederholung der Thatsachen, durch welche er erzeugt wird, erforderlich wäre. "此段中文译文，由笔者自行翻译。粗体为笔者所标示。

样，作为依据的事情要再次发生。"[208]温德沙伊德对BGB抗辩权概念的影响之大，由此即可见一斑。

二、《德国民法典》对抗辩权概念的革新

BGB固然在很大程度上反映了温德沙伊德的理论，但并不能说BGB是完全复制了温德沙伊德的抗辩权概念（至少是其一开始的抗辩权概念，因为毕竟他也可谓是BGB的立法者之一）。这是因为，在BGB之前，从中世纪到德国普通法学上，法律人们在谈论抗辩权时，依然会按照罗马法传统，谈论诸如"恐惧抗辩"（*exceptio metus*）、"欺诈抗辩"（*exceptio doli*）等抗辩类型。**温德沙伊德也不例外，他在谈论实体法上的抗辩权时，依然是以"恐惧抗辩"和"欺诈抗辩"为例。**[209]

然而，**根据BGB（第123条"因欺诈或胁迫而可撤销"），欺诈或胁迫（或者说胁迫所引致的恐惧）会引致法律行为可被撤销**。因此，请求权的相对人以欺诈或胁迫为由拒绝履行，便是在撤销法律行为，而且根据BGB（第142条"撤销的效力"第2款），撤销具追溯性，使被撤销的法律行为被视为自始无效，因此，对方的请求权在法律上被视为从未创设过，这样的话，是否符合抗辩权的概念，似乎不无疑问。于是，**在BGB的框架下，至少是根据BGB理由书的看法，不宜继续将撤销权（Anfechtungsrecht）归入实体法上的抗辩权**；撤销权充其量只可以是引致纯诉讼法意义上的抗辩而已。这也是为何BGB理由书特意在说明抗辩权概念时，明确指出了抗辩权和撤销权虽然有相同之处，亦即两者都必须由权利人主张才会获法官考量，而不会"因为法律"（von Rechtswegen）亦即自动

---

〔208〕 Motive zu dem Entwurfe eines Bürgerlichen Gesetzbuches für das Deutsche Reich, Band 1, J. Guttentag, 1888, S. 359 – 360：„Einmal kann die Möglichkeit der Ent**kräft**ung des mit einer Einrede behafteten Anspruches **wegfallen**, insbesondere kann auf die Einrede von dem Verpflichteten verzichtet werden, und, wenn dies geschieht, erlangt der Anspruch seine **Kraft**, ohne dass es, wie bei dem von Rechtswegen aufgehobenen Anspruche, einer Wiederholung der Begründungsthatsachen bedarf."此段中文译文，由笔者自行翻译。粗体为笔者所标示。

〔209〕 Bernhard Windscheid, Lehrbuch des Pandektenrechts, Bd. 1, Buddeus, 1862, §. 47, S. 103, Anm. 5, 6.

起作用,但**“根据草案,撤销权和抗辩权的区别在于”**,抗辩权**“并非指涉请求权的存在(Bestand des Anspruches),而只是指涉其实现(Durchsetzung)”**。[210]

所以,虽然 BGB 的抗辩权概念主要受温德沙伊德的抗辩权概念影响,但若说两者的概念相同,是言过其实的,哪怕他也可谓是 BGB 的立法者之一。究其原因,德国的所谓普通法学是旨在解释境内各邦通用的**罗马法**,但随着 BGB 作为整个德国的统一法律出台,罗马法已经不再是解释对象。实际上,在 BGB 于 1900 年正式生效之前,温德沙伊德便已经在 1892 年去世了,因此,他自然也无法真的去“解释”BGB。笔者翻查过其去世前最后一版亦即 1891 年第 7 版《学说汇纂法教程》[211] 发现,他即便是在这一版中论述抗辩权时,也并未论及撤销权与抗辩权的区别问题。总言之,**随着 BGB 的生效,抗辩权概念再一次悄然发生了重大更新,可谓进入了“抗辩权概念的 BGB 时代”**。

在 BGB 生效前后,依然有学说将撤销权和抗辩权联系在一起。例

---

〔210〕 Motive zu dem Entwurfe eines Bürgerlichen Gesetzbuches für das Deutsche Reich, Band 1, J. Guttentag, 1888, S. 359 – 360: „Das letztere(这里的‘后者’指前文提及的撤销权‘Anfechtungsrecht’)unterscheidet sich aber von dem ersteren(这里的‘前者’指前文提及的抗辩权‘Einrederecht’)nach dem Entwurfe dadurch, dass die Anfechtung ein einseitiges, den Anfechtenden bindendes Rechtsgeschäft ist, welches sowohl in dem Prozesse, als außerhalb desselben erfolgen kann (§. 113 Abs. 1), sowie dadurch, dass mit der Anfechtung der Anspruch aufgehoben ist (§. 112), während die Einrede nur im Prozesse mit Erfolg geltend gemacht werden kann und sich nicht gegen den Bestand des Anspruches, sondern nur gegen dessen Durchsetzung richtet. Eine Annäherung des Einrederechtes an das Anfectungsrecht findet statt in den besonders gearteten Fällen der §§1093 und 1192 Abs. 2.“此段中文译文,由笔者自行翻译。粗体为笔者所标示。

〔211〕 Bernhard Windscheid, Lehrbuch des Pandektenrechts[7], Bd. 1, Literarische Anstalt Rütten & Loening, 1891, §§47 – 48, S. 111 – 115.

如,爱德华·霍尔德(Eduard Hölder)(1847~1911)[212]和康拉德·赫尔维格(Konrad Hellwig)(1856~1913),[213]都将抗辩权看成撤销权的一个次种类,亦即抗辩权是较狭窄的概念;沃尔特·布塞里乌斯(Walter Bucerius)(1876~1945)[214]则是将撤销权看成抗辩权的一个次种类。然而,当时的主流见解是,抗辩权和撤销权不能混为一谈。[215]

三、《德国民法典》条文对抗辩权的提述方式

如同温德沙伊德所言,在概念上,抗辩权必然是以相对人请求权为前提,故必须严格区分"请求权被抗辩权所阻碍"(Hemmung des Anspruches durch Einrede)与"请求权不存在"(Nichtexistenz des Anspruches)。这一点也体现在BGB的表述上。BGB在不少法条中都暗示了"请求权vs抗辩权"范式,例如,"**请求权**被抗辩权反对"(„dem

---

〔212〕 Eduard Hölder, Kommentar zum allgemeinen Theil des Bürgerlichen Gesetzbuchs, Kommentar Vorbem. vor §.194, C. H. Becksche Verlagsbuchhandlung, 1900, S.405 f., 407("抗辩权不外乎是一项撤销权";„die Einrede ist nichts anderes als ein Anfechtungsrecht"); Eduard Hölder, Die richterliche Herabsetzung einer Vertragsstrafe, in *Das Recht*, 1900, S.163("撤销权不属于抗辩权,但抗辩权不外乎是一项撤销权";„das Anfechtungsrecht geht nicht im Einrederecht auf, aber das Einrederecht ist nichts anderes als ein Anfechtungsrecht"); *apud* Paul Langheineken, Anspruch und Einrede nach dem Deutschen Bürgerlichen Gesetzbuch, Leipzig: Engelmann, 1903, S.43, Anm.5. 霍尔德认为,抗辩权作为撤销权的一种,其特殊性在于客体(*Gegestand*)是请求权、主张不受时间限制、限于请求权先经由司法途径主张(S.163)。

〔213〕 Konrad Hellwig, Die Verträge auf Leistung an Dritte, A. Deichert'sche Verlagsbuchhandlung Nachf.(Georg Böhme), 1899, S.292 ff.; Konrad Hellwig, Anspruch und Klagerecht: Beiträge zum bürgerlichen und zum Prozessrecht, G. Fischer, 1900, S.10; *apud* Paul Langheineken, Anspruch und Einrede nach dem Deutschen Bürgerlichen Gesetzbuch, Leipzig: Engelmann, 1903, S.44, Anm.1; Konrad Hellwig, Lehrbuch des deutschen Civilprozeßrechts, I, Leipzig: Deichert, 1903, §.36, S.254, Ⅳ.

〔214〕 Walter Bucerius, Erörterung der Begriffe exceptio, Druck der Dieterichschen Univ.-Buchdr., 1898, S.116 ff.; *apud* Paul Langheineken, Anspruch und Einrede nach dem Deutschen Bürgerlichen Gesetzbuch, Leipzig: Engelmann, 1903, S.44, Anm.2.

〔215〕 Friedrich Hellmann, Vorträge über das bürgerliche Gesetzbuch für das deutsche Reich: Allgemeiner Teil, Freiburg i. Br., 1897, S.201; Rudolf Leonhard, Der allgemeine Theil des Bürgerlichen Gesetzbuchs in seinem Einflusse auf die Fortentwickelung der Rechtswissenschaft, J. Guttentag, S.224 f.; *apud* Paul Langheineken, Anspruch und Einrede nach dem Deutschen Bürgerlichen Gesetzbuch, Leipzig: Engelmann, 1903, S.43.

Anspruch steht eine Einrede entgegen“)（第 813 条第 1 款第 1 句、第 1254 条第 1 款第 1 句）、“**义务人**可拒绝给付”（第 202 条第 1 款、第 222 条第 1 款）或“**义务人**可拒绝其**应为的**给付”（der **Verpflichtete** kann die ihm **obliegende** Leistung verweigern）（第 320 条第 1 款第 1 句）。这种思路也见于一些具体规定的设计上。例如，债权若不存在，当然不得用以抵销，但在第 390 条，不得抵销并不是因为债权不存在，相反，债权是存在的，但立法者认为，若其被提出抗辩，也不能用于抵销，故加以明文规定，因此，第 390 条第 1 款绝不是多余的。[216]

BGB 虽然隐含了抗辩权的一般概念，而且在其会议纪要和理由书中都有抗辩权的定义亦即“拒绝（verweigern）满足请求权的权能”，但是**BGB 在赋予抗辩权的具体条文中，所采用的表述却并不统一**。虽然有人如恩斯特·齐特尔曼（Ernst Zitelmann）（1852～1923）认为，“但凡 BGB 说某人有权拒绝给付，便都存在一项抗辩权”，[217]不过这似乎不能被视为金科玉律。BGB 固然是常规性地用**“拒绝”（„verweigern“）**一词来“标示”抗辩权的赋予，这在许多法条中都有所体现。[218] 然而，BGB 提及当事人可以“拒绝”之处，并不都是指当事人有抗辩权。例如，原第

---

〔216〕 Paul Langheineken, Anspruch und Einrede nach dem Deutschen Bürgerlichen Gesetzbuch, Leipzig: Engelmann, 1903, S. 46.

〔217〕 Ernst Zitelmann, Das Recht des Bürgerlichen Gesetzbuchs System zum Selbststudium und zum Gebrauch bei Vorträgen, I. Allgemeiner Teil, Duncker & Humblot, 1900, S. 28: „überall da eine Einrede gegeben sei, wo das BGB sage, jemand sei berechtigt, die Leistung zu verweigern“; *apud* Paul Langheineken, Anspruch und Einrede nach dem Deutschen Bürgerlichen Gesetzbuch, Leipzig: Engelmann, 1903, S. 45, Anm. 1. 此段中文译文，由笔者自行翻译。

〔218〕 例如，§§ 202 Abs. 1, 222 Abs. 1, 258 Satz 2, 273 Abs. 1 und Abs. 2, 320 Abs. 1 Satz 1 u. Satz 2, 321, 322 Abs. 1, 478 Abs. 1 Satz 1, 490 Abs. 3 Satz 1, 519 Abs. 1, 526 Satz 1, 633 Abs. 2 Satz 2, 660 Abs. 2, 770 Abs. 1 und Abs. 2, 771, 811 Abs. 2 Satz 2, 821, 853, 867 Satz 3, 986 Abs. 1 Satz 1, 1000 Satz 1, 1100 Satz 1, 1166 Satz 1, 1621 Abs. 1, 1973 Abs. 1 Satz 1, 1990 Abs. 1 Satz 1, 2014, 2015 Abs. 1, 2059 Abs. 1 Satz 1, 2083, 2145 Abs. 2 Satz 1, 2187 Abs. 1, 2217 Abs. 2, 2318 Abs. 1 Satz 1, 2319 Satz 1, 2438; *apud* Paul Langheineken, Anspruch und Einrede nach dem Deutschen Bürgerlichen Gesetzbuch, Leipzig: Engelmann, 1903, S. 44, Anm. 4。为了忠实还原 BGB 出台后的状况，这里所列出的都是 1900 年生效的原始条文，后来有一些条文有被修改或废止。下同。在现今 BGB 中，最典型的例子可见于第 214 条第 1 款，其规定义务人“有权利拒绝给付”（„berechtigt, die Leistung zu verweigern“）。

1361 条第 1 款第 1 句（现已被修改）写道“婚姻生活的建立可被拒绝”（„die Herstellung des ehelichen Lebens verweigern darf“），但在这里，（婚姻生活）共同体建立请求权（Anspruch auf Herstellung der Gemeinschaft）显然会被排除，故根本无另一方的抗辩权可言。这种观点不只有文义（“无义务”；„nicht verpflichtet“）支持，尚有第 1354 条第 2 款的类似状况可资佐证。[219] 又如，第 986 条虽然用了抗辩权常用的表述“可拒绝”（“占有人可拒绝”；„Der Besitzer kann... verweigern“），但根据正确的主流见解，[220] 它必须是指异议而非抗辩，正如第 1004 条第 2 款。

另外，BGB 对抗辩权的提述，也不总是用“拒绝”一词来表达。例如，**“无义务”（ist nicht verpflichtet）**这个词组虽然原则上是指不存在请求权（die Nichtexistenz eines Anspruches）（例如，第 552 条第 3 句、第 806 条第 2 句、第 1232 条第 1 句、第 2056 条第 1 句），但有时此词是既涵盖不存在请求权的情形，又涵盖存在杜绝型抗辩权的情形（第 814 条、第 2329 条第 3 款），另一些时候则只指存在杜绝型抗辩权（第 2329 条第 1 款第 1 句；比照第 2328 条和第 1975 条以下）。[221] 而且，若拒绝只是限于义务的一部分，则 BGB 也不止一次使用**“有权缩减”（berechtigt zu kürzen）**给付这个表述（第 2188 条、第 2318 条第 3 款）。[222]

---

〔219〕 Paul Langheineken, Anspruch und Einrede nach dem Deutschen Bürgerlichen Gesetzbuch, Leipzig: Engelmann, 1903, S. 45.

〔220〕 从 20 世纪初便是如此，参见 Andreas von Tuhr, Der allgemeine Teil des deutschen bürgerlichen Rechts, Erster Band: Allgemeine Lehren und Personrecht, Duncker & Humblot, 1910, S. 291。至今亦然，参见 Dieter Medicus/Jens Petersen, Allgemeiner Teil des BGB, 11., neu bearbeitete Auflage, C. F. Müller Verlag, Heidelburg, 2016, §. 13, S. 51, Rn. 92。

〔221〕 把有权抗辩称作无义务，这种不太准确的说法早在罗马法上便已有之。参见 D. 50, 17, 66（尤利安努斯《法学阶梯》第六十卷；*Iulianus libro LX digestorum*）：“Marcellus 说，得到正当且符合自然衡平的抗辩者，不再是债务人。”（Marcellus. Desinit debitor esse is, qui nanctus est exceptionem iustam nec ab aequitate naturali abhorrentem.）此段中文译文，由笔者自行翻译。

〔222〕 Paul Langheineken, Anspruch und Einrede nach dem Deutschen Bürgerlichen Gesetzbuch, Leipzig: Engelmann, 1903, S. 45 – 46; Ludwig Enneccerus/Theodor Kipp/Martin Wolff, Lehrbuch des Bürgerlichen Rechts, Erster Band, erste Abteilung: Einleitung, Allgemeiner Teil, von Ludwig Enneccerus, Marburg, 1926, S. 582.

最后，若 BGB 条文是明言“抗辩权”或“主张抗辩的权利”，[223] 固然无疑是指涉抗辩权，但说法仍然不止一种。通常，BGB 是从权利人的角度说“抗辩权属于某人”，或诸如“抗辩（缩减）被允许”[224]“某人可以主张（不主张）责任限制”[225] 的说法，来指称抗辩权的存在[226]；连同相对方来说，则是“抗辩权反对请求权或权利”[227]“得以抗辩反对债权人”。[228] 若抗辩权的创设或存续（die Entstehung oder das Fortbestehen einer Einrede）被否定，则称为抗辩权被排除。[229] 以上都只是关乎抗辩权的归属（die Zuständigkeit des Einrederechtes）问题，至于抗辩权的事实主张（thatsächliche Geltendmachung der Einrede），则有时会被表述成“行使”[230] 抗辩权或“利用”[231] 抗辩权。

四、抗辩权体系的后续发展

（一）传统抗辩权体系的延续

随着 BGB 的颁布生效，实体法上抗辩权的概念，在实定法上遂成定案。20 世纪初的德国民法总则的主流教科书，例如，代表着 20 世纪上半

---

[223] „Ein Recht zur Geltendmachung einer Einrede“; §.2206 Abs. 2 und in §§768 Abs. 1 Satz 1, 1137 Abs. 1 Satz 1, 1211 Abs. 1 Satz 1; vgl. Abs. 2.

[224] „Die Einrede steht jemandem zu“, „die Einrede（Kürzung）ist zulässig“; §.773 Abs. 2, §.2318 Abs. 2.

[225] „Jemand kann sich derufen（nicht berufen）auf die Beschränkung der Haftung“; §.768 Abs. 1 Satz 2, 884, 1137 Abs. 1 Satz 2, 1211 Abs. 1 Satz 2, 2144 Abs. 3.

[226] Vgl. z. B. §§768 Abs. 1 Satz 1, 777 Abs. 1 Satz 2, 886, 1137 Abs. 1 Satz 1, 1138, 1157 Satz 1, 1169, 1211 Abs. 1 Satz 1.

[227] „Die Einrede steht dem Anspruche oder Rechte entgegen“; Vgl. z. B. §§390 Satz 1, 813 Abs. 1 Satz 1, 1254 Satz 1.

[228] „Die Einrede kann dem Gläubiger entgegengesetzt werden“; §.1157 Satz 1.

[229] „Die Einrede sei ausgeschlossen“; §.773 Abs. 1 a. A.; vgl. auch §.1990 Abs. 2.

[230] „Ausübung“; §.273 Abs. 3 Satz 1.

[231] „Gebrauchmachen“; §.1991 Abs. 1.

叶主流学说的路德维希·恩内策鲁斯(Ludwig Enneccerus)(1843～1928)[232]与安德烈雅士·冯·图尔(Andreas von Tuhr)(1864～1925)[233]的教科书,都就抗辩权设有专章,进行了颇大篇幅的论述。至此,抗辩权体系的接纳在德国民法学说上可谓已经相当牢固。

20 世纪下半叶至 21 世纪的主流民法总则教科书,例如,卡尔·拉伦茨(Karl Larenz)(1903～1993)与曼弗雷德·沃尔夫(Manfred Wolf)(1948～)、[234]海因茨·胡布纳(Heinz Hübner)(1914～2006)、[235]汉斯·布洛克斯(Hans Brox)(1920～2009)/沃尔夫-迪特里希·沃克(Wolf-Dietrich Walker)(1955～)、[236]迪特尔·梅迪库斯(Dieter Medicus)(1929～2015)/延斯·彼得森(Jens Petersen)(1969～)、[237]汉斯-马丁·帕洛斯基(Hans-Martin Pawlowski)(1931～2016),[238]无一不对抗辩权有专门阐述。

总体来说,从 20 世纪初起,**学说普遍完全遵循了 BGB 理由书的体**

---

〔232〕 Ludwig Enneccerus/Theodor Kipp/Martin Wolff, Lehrbuch des Bürgerlichen Rechts, Erster Band, erste Abteilung: Einleitung, Allgemeiner Teil, von Ludwig Enneccerus, Marburg, 1926, §. 66 (S. 159), §§ 207–208 (S. 580–588). 整部《民法教程》不同部分由恩内策鲁斯、基普、沃尔夫各自撰写。第一卷总则部分由恩内策鲁斯独著。

〔233〕 Andreas von Tuhr, Der allgemeine Teil des deutschen bürgerlichen Rechts, Erster Band: Allgemeine Lehren und Personrecht, Duncker & Humblot, 1910, §. 17 (S. 288–312).

〔234〕 Karl Larenz/Manfred Wolf, Allgemeiner Teil des Bürgerlichen Rechts, 9. Auflage, Verlag C. H. Beck, 2004, §. 18 (S. 329–331), Rn. 55–66.

〔235〕 Heinz Hübner, Allgemeiner Teil des Bürgerlichen Gesetzbuches, 2. Auflage, Walter de Gruyter, 1996, S. 219–223, Rn. 438–451.

〔236〕 Hans Brox/Wolf-Dietrich Walker, Allgemeiner Teil des BGB, 34., neu bearbeitete Auflage, Verlag Franz Vahlen, München, 2010, §. 31 (S. 278–287), Rn. 656–682.

〔237〕 Dieter Medicus/Jens Petersen, Allgemeiner Teil des BGB, 11., neu bearbeitete Auflage, C. F. Müller Verlag, Heidelburg, 2016, §. 13 (S. 50–53), Rn. 91–98.

〔238〕 Hans-Martin Pawlowski, Allgemeiner Teil des BGB: Grundlehren des bürgerlichen Rechts, 7., neu bearbeitete Auflage, C. F. Müller, 2003, S. 158–161, Rn. 330–340.

系，将异议(Einwendungen)区别于抗辩。[239] 依此体系，作为上位概念(Oberbegriff)的异议，分为三种：**其一，"权利妨碍异议"**(rechtshindernde Einwendungen)，亦即指出请求权从未被创设，因此这里的"妨碍"是指妨碍权利出现或者说存在，例如，BGB 第 986 条第 2 款、第 1004 条第 2 款；**其二，"权利毁灭异议"**(rechtsvernichtende Einwendungen)，亦即指出曾被创设的请求权已经消灭，例如，第 362 条(履行)、第 387 条以下(抵销)；**其三，"权利阻碍异议"**(rechtshemmenden Einwendungen)，亦即指出请求权虽然存在，但自己可以拒绝给付，因此，这里的"阻碍"是指阻碍权利实现。[240] 前两种异议，由法院依职权(von Amts wegen)宣告，因而是自动被考虑的，无须当事人提出，因此是抗辩的对立概念(Gegenbegriff)；**第三种异议，则等同于抗辩，乃抗辩的同义词，其必须由当事人主张，否则法院不得考虑。**[241]

在抗辩权这个概念下，再结合源自罗马法、后来被德国普通法学采纳、最终也获 BGB 明文确立的一种区分，亦即视乎抗辩权的效力是"仅

---

[239] 虽然有时候学说上所用的术语会有差异。例如，布洛克斯/沃克便将"抗辩"(Einrede)一词作广义使用，而不采用"异议"(Einwendung)。因此，诉讼法意义上的抗辩(Einrede im prozessrechtlichen Sinn)，包括"权利妨碍抗辩"(rechtshindernde Einrede)、"权利毁灭抗辩"(rechtsvernichtende Einrede)、"权利阻碍抗辩"(rechtshemmenden Einrede)，而最后一者便是"私法意义上的抗辩"(Einrede im privatrechtlichen Sinn)，亦即实体法意义上的抗辩。Vgl. Hans Brox/Wolf - Dietrich Walker, Allgemeiner Teil des BGB, 34., neu bearbeitete Auflage, Verlag Franz Vahlen, München, 2010, §. 31, S. 278 f., Rn. 656 f. 然而，考虑 BGB 对"抗辩"和"异议"的术语区分(Motive zu dem Entwurfe eines Bürgerlichen Gesetzbuches für das Deutsche Reich, Band 1, J. Guttentag, 1888, S. 360)，且为免混淆，采用"异议"一词来指称诉讼法意义上的抗辩(亦即实体法意义上抗辩的上位概念)，是比较好的做法。因此，本书从之。汉语法学界一向有将"Einwendung"译为"抗辩"、将"Einrede"译为"抗辩权"，即使是一些较新近的文献中译仍是如此，例如，[德]伯恩哈德·乌尔里希、安雅·普尔曼：《抗辩与抗辩权》，谭晓晓译，载《燕大法学教室》2022 年第 8 期。然而，笔者认为这种处理方法有其弊端，尤其是因为"Einrede"一词在德语语境下并非必然指"抗辩权"，而有时是指"抗辩权行使行为"，此时若不能称之为"抗辩"，便颇为吊诡。

[240] 汉语学界有将"rechtshindernde""rechtsvernichtende""rechtshemmenden"分别译为"权利阻却""权利消灭""权利障碍"。例如，[德]伯恩哈德·乌尔里希、安雅·普尔曼：《抗辩与抗辩权》，谭晓晓译，载《燕大法学教室》2022 年第 8 期。

[241] Dieter Medicus/Jens Petersen, Allgemeiner Teil des BGB, 11., neu bearbeitete Auflage, C. F. Müller Verlag, Heidelburg, 2016, S. 52, Rn. 94.

仅暂时阻碍"抑或"永久阻碍"权利主张,[242] 抗辩权又可分为**杜绝型抗辩权**[具永久阻碍效力;BGB 的用词是"永久型"(dauernde)抗辩权,参见第 886 条、第 1169 条、第 1254 条]和**延缓型抗辩权**[BGB 的用词是"暂缓型"(aufschiebende)抗辩权,参见第 2014～2017 条所属小节的标题]。

综上所述,大部分学说所采纳的抗辩权体系位置见图 2－1。

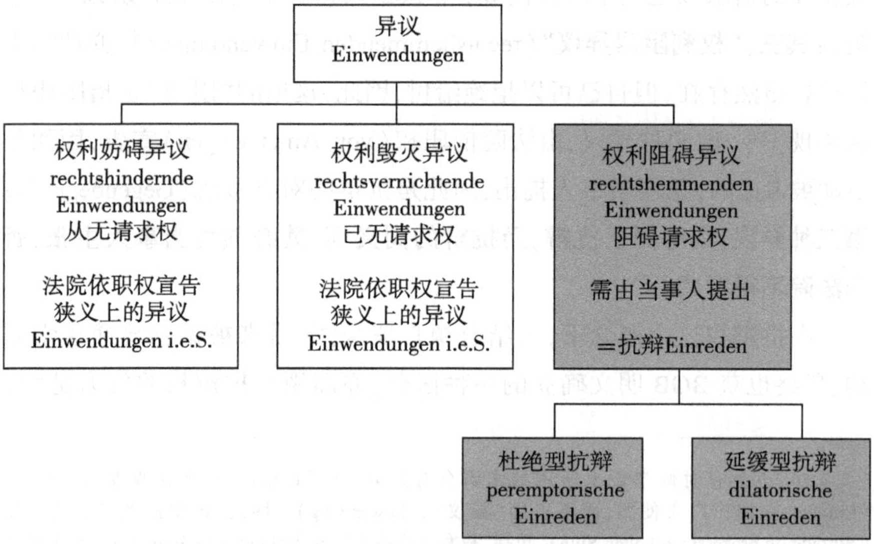

图 2－1　大部分学说采纳的异议与抗辩体系

(二)传统抗辩权体系的革新

1. 抗辩与异议之分的重构

虽然现今部分见解(例如,梅迪库斯与彼得森)[243] 依然完全采纳 BGB 理由书的上述抗辩权体系,然而,这种传统体系是值得商榷的。原因在于,上述体系预设了阻碍请求权的事由,必定需要由当事人提出。然而,有没有可能在某些情形下,请求权受阻碍,是直接由法律规定,亦

[242] Dieter Medicus/Jens Petersen, Allgemeiner Teil des BGB, 11., neu bearbeitete Auflage, C. F. Müller Verlag, Heidelburg, 2016, S. 51, Rn. 93.

[243] Dieter Medicus/Jens Petersen, Allgemeiner Teil des BGB, 11., neu bearbeitete Auflage, C. F. Müller Verlag, Heidelburg, 2016, S. 52, Rn. 94.

即无须当事人主张,而是法院必须依职权提出？至少,这种可能性在理论上是完全有的,而那就已经值得在体系上加入这个被 BGB 理由书和传统学说所忽视的类别。

正是在这种思路下,**有学说对传统体系(也是多数教科书所采纳的体系)进行了修正**:依拉伦茨之见,异议分成三种,一是“权利妨碍异议”,二是“权利毁灭异议”,三是“权利阻碍异议”,这三者在字面上完全和前述传统体系相同,但有别于传统体系,**拉伦茨所说的异议,全都是抗辩的对立概念**。换言之,他并不将“异议”一词用作抗辩的上位概念。因此,这三种异议全都是由法院依职权考虑的。所以,前两种异议的内涵与传统体系相同,都有着所谓“请求权否定效力”(anspruchsleugnende Wirkung)亦即主张请求权现时并不存在。但是,**第三种异议亦即“权利阻碍异议”则并不等同于抗辩,因为它是指法律直接规定请求权虽然存在但不能被主张故不能实现,而不取决于请求权相对人提出。**因此,虽然“权利阻碍异议”和抗辩同样有“权利阻碍效力”(rechtshemmend wirkenden Einrede),但两者的区别在于,前者由法院依职权宣告,后者需由当事人主张。

根据拉伦茨所言,“权利阻碍异议”可以自始存在或嗣后出现。例如,第 651g 条第 1 款(旅行合同的旅客各项请求权的除斥期间届满)便是**“权利嗣后阻碍异议”(nachträglich rechtshemmende Einwendung)**。在此情形下,若给付在除斥期间(Ausschlussfrist)届满后作出,则并非无“法律上理由”(Rechtsgrund),故不能根据第 812 条要求返还。这正是因为,法律规定请求权存在但不能主张,换言之,这项请求权只是不能主张而已,但它终究是存在的,因而可作为“法律上理由”,从而阻却不当得利的成立。失效异议(die Einwendung der Verwirkung),同样是“权利嗣后阻碍异议”。至于**“权利自始阻碍异议”(anfänglich rechtshemmende Einwendung)**,则有自然之债(Naturalobligation)的情形,例如,赌博和打赌(Spiel und Wette)(第762条)。[244]

更精确言之,在拉伦茨的新体系下,三种异议的功能分别是"权利妨碍异议"不容请求权被创设(gar nicht entstehen lassen)、"权利毁灭异议"让请求权被消灭(zum Erlöschen bringen)、"权利阻碍异议"**在无须被特别主张的情形下**即排除请求权的可实现性(**ohne besondere Geltendmachung** seine Durchsetzbarkeit ausschließen)。至于抗辩权,则是在容许请求权和其可实现性存在的情形下,向债务人赋予一项反对权,亦即"给付拒绝权"(Leistungsverweigerungsrecht),使他能拒绝给付,阻止请求权实现,因此,抗辩权是**在被主张的情形下才**引发"请求权实现阻碍效力"(die Anspruchsdurchsetzung hemmende Wirkung)。[245]

笔者认为,拉伦茨的体系革新是正确的。实际上,权利妨碍、权利毁灭、权利阻碍,这三种异议各自对应着权利实现的三重关卡:一项权利要实现,首先,它必须有被创设出来(entstanden);其次,它必须尚未消灭(nicht erloschen);最后,它必须是可实现的(durchsetzbar)。这三种异议便是分别针对这三个环节,主张权利无被创设、(有被创设但)已经消灭、(有被创设、尚未消灭但)不可实现。因此,这三种异议的区分逻辑,乃是在于其作用,而且应当仅仅在于其作用,而不应掺入其他因素,尤其不应再额外考虑它们的作用是依法律自动发生因而须由法院依职权审查并宣告,还是取决于当事人主张,因为那已经是另一个问题,亦即作用前提的问题,而不是作用本身的问题。**传统体系所犯的错误正是在于,在"作用标准"之外,又额外混入了"作用前提标准","先验"地认定"权利阻碍异议"一定不可以是依法律自动发生的。**然而,那是有可能的。以权利失效(Verwirkung)为例,一来权利并无消灭而只是失却(ver-)其效力(Wirkung)因而不能被行使,所以是关乎"可实现性"问题;二来也应当

---

[244] Karl Larenz/Manfred Wolf, Allgemeiner Teil des Bürgerlichen Rechts, 9. Auflage, Verlag C. H. Beck, 2004, S. 327-329, Rn. 47-54.

[245] Karl Larenz/Manfred Wolf, Allgemeiner Teil des Bürgerlichen Rechts, 9. Auflage, Verlag C. H. Beck, 2004, S. 329, Rn. 55.

认为法院应当依职权审查并宣告权利失效,即使义务人并无主张权利失效。[246] 可见,“权利阻碍”也是有可能由法院依职权宣告的。退一步言之,即使对权利失效以致拉伦茨提到的其他情形亦即自然之债或旅客各项请求权除斥期间届满(第 651g 条第 1 项)这些情形有不同理解也好,但无可否认的是,法律总是有可能直接规定权利存在但不得被主张,而无须当事人提出。**既然理论上有这样的可能,便不应认为“权利阻碍异议”一定不可能是依法律自动起作用的。因此,笔者认为,拉伦茨的新体系框架是更加完善的,可资赞同,因为它填补了传统体系一直以来的一处缺漏。**

2. 抗辩分类法的细化

在抗辩权这个概念之下,拉伦茨也对传统见解的二分法进行了改造。他认为,抗辩权依其效力(nach ihrer Wirkung)的不同,可以分为“永久型抗辩权”(dauernde Einreden)、“暂缓型抗辩权”(aufschiebende Einreden)、“请求权限制型抗辩权”(anspruchsbeschränkende Einreden)三**种,而不是两种**。

永久型抗辩权,亦即杜绝型抗辩权,其内涵与传统学说的相同。一经主张,它们便会**永远地阻止请求权的司法可实现性(die gerichtliche Durchsetzung des Anspruchs für immer verhindern)**。因此,债权人提起的诉讼,应以无依据(unbegründet)为由被驳回。例如,时效抗辩权(Einrede der Verjährung)(第 214 条第 1 款)、瑕疵抗辩权(Mängeleinrede)(第 438 条第 4 款第 2 句、第 634a 条第 4 款第 2 句)、得利抗辩权(Einrede der Bereicherung)(第 821 条)、恶意抗辩权(Arglisteinrede)(第 853 条)。依

---

〔246〕 帕夫沃夫斯基便指出,权利失效只是属于权利不当**行使**(unzulässige Rechts**ausübung**)的问题,因此,**这项权利并未消灭**,而且,有别于时效完成是为义务人创设一项对立权利亦即抗辩权,权利失效必须由法院主动审查,则**即使义务人无提出权利失效,诉讼也必须被驳回**。Vgl. Hans – Martin Pawlowski, Allgemeiner Teil des BGB: Grundlehren des bürgerlichen Rechts, 7., neu bearbeitete Auflage, C. F. Müller, 2003, S. 159 – 160, Rn. 333 – 334. 关于拉伦茨自己对权利失效的理解,参见 Karl Larenz/Manfred Wolf, Allgemeiner Teil des Bürgerlichen Rechts, 9. Auflage, Verlag C. H. Beck, 2004, S. 329 – 330, Rn. 58 – 60。

拉伦茨的说法,永久型抗辩权的存在意味着,债权在某些方面仿佛被视为不存在(nicht bestehende),这是因为,若不知悉抗辩权存在,可要求返还为了清偿请求权而做的给付(第 813 条第 1 款)。在此情形下,抗辩权是和返还请求权一起行使的。但是,在时效的情形下,返还请求权被排除(第 214 条第 2 款、第 813 条第 1 款第 2 句)。[247]

暂缓型抗辩权,亦即延缓型抗辩权,一经主张,**请求权的可实现性并非永远被阻止,而只是暂时被阻止(auf Zeit verhindern)**,直至"对可实现性的妨碍"(Durchsetzungshindernis)被消除为止。因此,债权人的诉讼不是彻底地(schlechthin)无依据,而只是暂时无依据(zur Zeit unbegründet)。在抗辩权被消除后,诉讼可被再次提起,并使债务人受责令(Verurteilung)。例如,延期抗辩权(Einrede der Stundung)(BGB 只是附带地提及这种抗辩权,参见第 205 条)、赠与人的维持生计抗辩权(Einrede des Notedarfs)(第 519 条)、第 526 条的抗辩权(受赠人的负担实行拒绝权)、保证人的可撤销性和可抵销性抗辩权(Einreden der Anfechtbarkeit und der Aufrechenbarkeit)(第 770 条)、先诉抗辩权(Einrede der Vorausklage)(第 771 条)。然而,债务人不能以给付拒绝权为由,要求返还已做的给付。这是因为,请求权虽然不能被实现,但仍然存在,因此构成给付的"法律上原因"。此外,基于延期协议或其他协议的暂缓型抗辩权,会阻碍时效运作(第 205 条)。[248]

请求权限制型抗辩权,其行使并不永久或暂时完全排除请求权实现(Anspruchsdurchsetzung ganz ausschließen),而是**只在特定前提下容许请求权实现(die Anspruchsdurchsetzung nur unter bestimmten Voraussetzungen zulassen)**。因此,它们不会导致法院驳回诉讼,而是导致**"限制性责令"(einschränkende Verurteilung)**。例如,第 273 条、第 322 条、第 1000 条的

---

[247] Karl Larenz/Manfred Wolf, Allgemeiner Teil des Bürgerlichen Rechts, 9. Auflage, Verlag C. H. Beck, 2004, S. 329 – 330, Rn. 58 – 60.

[248] Karl Larenz/Manfred Wolf, Allgemeiner Teil des Bürgerlichen Rechts, 9. Auflage, Verlag C. H. Beck, 2004, S. 329 – 330, Rn. 61 – 63.

留置权抗辩权（Einrede des Zurückbehaltungsrechts），虽然在某种意义上也有暂缓效力（直至债权人做了其给付），但不引致诉讼被驳回，而是引致**“同步给付责令”**或者说“一手交一手式给付责令”（Verurteilung zur Leistung Zug um Zug）（第 274 条、第 322 条）。又如，“三个月抗辩权”（Dreimonatseinrede）（第 2014 条）、公示催告程序抗辩权（Einrede des Aufgebotsverfahrens）（第 2015 条），则是引致**“限制责任保留责令”**（Verurteilung unter dem Vorbehalt der beschränkten Haftung）[ZPO（ZPO 是 Zivilprozessordnung 即《民事诉讼规例》的简称）第 305 条、第 780 条以下]，因此也只是在某种意义上有暂缓效力而已。第 1489 条的情形亦然。[249]

可见，第二类和第三类抗辩权，其实只是**拉伦茨将传统学说意义上的暂缓型抗辩权，视乎是否引致诉讼被驳回，再加以细分而已。**若会引致诉讼暂时被驳回，即拉伦茨意义上的暂缓型抗辩权；若不引致诉讼被驳回，而是无碍诉讼继续，只是引致“限制性责令”亦即使法院在一定前提下判令抗辩权人履行给付的话，则是拉伦茨所谓的限制型抗辩权。然而，由于所谓限制型抗辩会**为请求权的实现加设限制，使其无法直接达致目的，故就此而言也是一种暂缓**，因此，笔者认为，即使不像拉伦茨那样再行细分，亦无不可。[250] 相较于在异议下加入依职权宣告的“权利阻碍异议”那样起着补漏的作用，拉伦茨在这里对传统学说意义上暂缓型

[249] Karl Larenz/Manfred Wolf, Allgemeiner Teil des Bürgerlichen Rechts, 9. Auflage, Verlag C. H. Beck, 2004, S. 329 – 331, Rn. 64 – 65.

[250] 申海恩教授似乎有另一种解读。申海恩教授认为，“就抗辩权对请求权可实现性之排除来讲，原则上可以归为两种排除路径”：第一，永久与延缓之分，其标准乃是“在时间向度上设置排除等级”；第二，拉伦茨所称的请求权限制型抗辩权，则是着眼于“在请求权可实现之程度上设置排除方向”。参见申海恩：《抗辩权效力的体系构成》，载《环球法律评论》2020 年第 4 期。然而，笔者认为，**这种论述方式有使人误以为这两种标准可以互相交错、排列组合出四种类型之虞**（虽然申海恩教授并无明言如此）。在笔者看来，**拉伦茨其实只不过是一先一后地采用这两项标准而已**：首先，视乎抗辩是否旨在“完全排除请求权实现”，若否，则属于拉伦茨所称的请求权限制型抗辩权（它没有“完全排除请求权实现”，相反，它容许请求权在特定前提下实现）；若是，则再采所谓时间标准，将旨在“完全排除请求权实现”的抗辩，再分成永久型抗辩与暂缓型抗辩。因此，**拉伦茨的三分法实质上是“一先一后”两次二分法的叠加。**

抗辩权的再细化，只是起清晰化的作用而已。

为期醒目，兹结合拉伦茨对抗辩与异议之分的重构，以及抗辩分类法的细化，将其改造后的新体系见图 2-2。

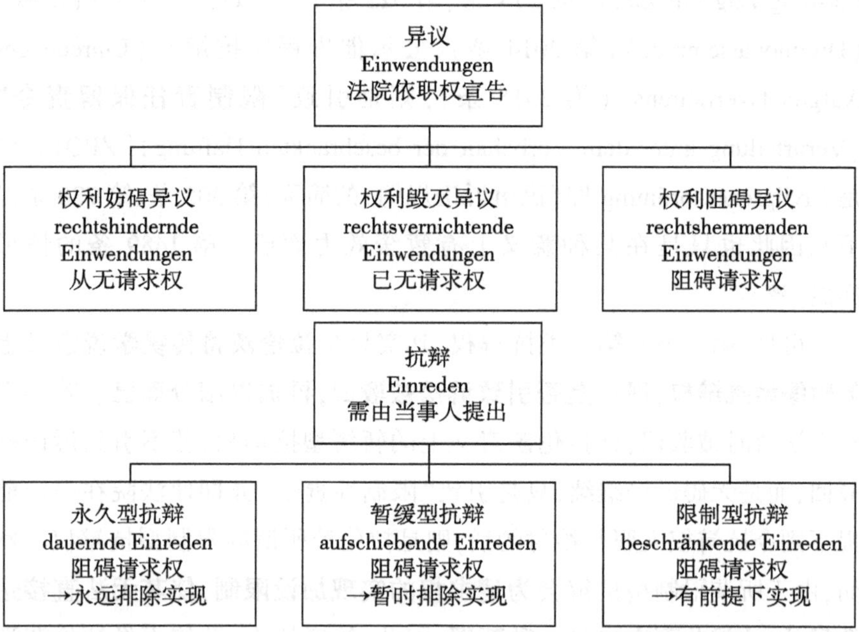

图 2-2　本书采纳的异议与抗辩体系

第三章　抗辩权的教义争论

第一节　抗辩权的存在：抗辩权是否合乎逻辑

一、问题所在："抗辩权 vs 请求权"范式是否自相矛盾

作为一种"反对权"或者说"对立权利"(Gegenrecht)，[251]抗辩权这个概念是**以对方权利存在为前提**的，而这也正是抗辩权相对于"权利妨碍异议"(rechtshindernde Einwendungen，亦即指出对方权利无被创设)和"权利毁灭异议"(rechtsvernichtende Einwendungen，亦即指出对方权利已被消灭)[252]而言赖以占有独立一席之地的依据所在，但那**究竟是否合乎逻辑**，自从德国普通法学构建抗辩权概念之时开始，便已经备受争议，而且争议一直延续到 BGB 出台之后。在 19 世

[251] Andreas von Tuhr, Der allgemeine Teil des deutschen bürgerlichen Rechts, Erster Band: Allgemeine Lehren und Personrecht, Duncker & Humblot, 1910, S. 289.

[252] Dieter Medicus/Jens Petersen, Allgemeiner Teil des BGB, 11., neu bearbeitete Auflage, C. F. Müller Verlag, Heidelburg, 2016, S. 52, Rn. 94.

纪,德国法学界有一些人认为,抗辩权这个概念不应被采纳,这归根究底是因为"抗辩权 vs 请求权"范式,亦即抗辩权和请求权的"对峙"或者说并存对立,在逻辑上是自相矛盾的。

在一众**反对论者**中,最具代表性的当属奥托·莱内尔(Otto Lenel)(1849~1935)、奥古斯特·托恩(August Thon)(1839~1912)。后来的反对论者基本上都只是在重复他们的说法。因此,本书将重点介绍他们的理据。然后,本书会再陈述**赞同论者**伯纳德·温德沙伊德(1817~1892)、贝特曼-霍尔韦格(Bethmann-Hollweg)(1795~1877)、安德烈雅士·冯·图尔(1864~1925)、路德维希·恩内策鲁斯(1843~1928)的意见。最后,本书也会对两派立场加以评述,并提出**本书见解**。

二、反对论者们的理据

(一)莱内尔:国家责令与否只能够择一

莱内尔在其资格论文(Habilitationsschrift)《论抗辩的起源与效力》(*Über Ursprung und Wirkung der Exzeptionen*)[253]中认为,抗辩权支持者将请求权"存在"和请求权"生效"区别开来是没有道理的,因为请求权不生效,便等同于请求权不存在,而请求权之所以不生效或曰不存在,也不是抗辩权的行使所致,而是**只要抗辩权存在,请求权便不可能存在,其根本原因是,国家(立法者)不能既欲责令某人,又不欲责令他:**

> 一项权利存在但又在法律上不生效(eine existierend und doch rechtlich unwirksam Recht),这样的想法是自相矛盾(*cont-*

[253] Otto Lenel, Über Ursprung und Wirkung der Exzeptionen, Heidelberg, Gustav Koester, 1876.

radictio in adjecto*)的,因此,无论在哪里都必须被彻底摒弃。[254]

> 一旦抗辩权是成立的,则诉权和请求权便都既不能被创设出来,也不能继续存在。**这是因为,表现在特定法律体制中的国家意思,不能同时既旨在责令某人,又旨在不责令他。**[255]

一旦抗辩权存在,便意味着请求权不存在,莱内尔将这种现象称为"毁灭效力"(vernichtende Wirkung)。他认为,一些罗马法原始文本早已明示或暗示了这样的"毁灭效力",例如,"(诉权)因 *exceptio* 而被消除"[*tollitur* (*actio*) *per exceptionem*](D. 2, 14, 17, 2)、"被 *exceptio* 阻挡的诉权仿佛变没有了"(*quasi nulla actio sit quae perexveptionem repellitur*)(D. 4, 3, 7, 8)、"一项诉权透过 *exceptio* 摧毁他者"(*altera actio alteram perimit-per exceptionem*)(D. 44, 7, 34, 1)、"由于 *exceptio* 而丧失诉权"(*amissa est actio propter exceptionem*)(D. 36, 1, 59 pr.)。[256]

而且,莱内尔强调"毁灭效力"共通于任何类型的抗辩权:"不只是杜绝型抗辩权(peremtorische *Exceptio*)才有毁灭效力,而且延缓型抗辩权(dilatorische *Exceptio*)也有毁灭效力",虽然"延缓型抗辩权"这样的名称

---

〔254〕 Otto Lenel, Über Ursprung und Wirkung der Exzeptionen, Heidelberg, Gustav Koester, 1876, S. 104 – 105: „Die Idee eines existierenden und doch rechtlich unwirksamen Rechts enthält eine contradictio in adjecto und ist daher durchaus und überall zu verwerfen. "此段中文译文,由笔者自行翻译。原文全句皆以字距加以强调。

〔255〕 Otto Lenel, Über Ursprung und Wirkung der Exzeptionen, Heidelberg, Gustav Koester, 1876, S. 107: „soweit die *Exceptio* begründet sei, könnten *Actio* und Anspruch nicht entstehen und nicht fortbestehen. Denn der in einer bestimmten Rechtsordnung ausgesprochene Wille des Staates könne nicht gleichzeitig darauf gerichtet sein, dass Jemand condemniert werde, und darauf, dass er nicht condemmiert werde. "此段中文译文,由笔者自行翻译。粗体为笔者所标示。原文的"soweit die *Exceptio* begründet sei, könnten *Actio* und Anspruch nicht entstehen und nicht fortbestehen"(一旦抗辩权是成立的,则诉权和请求权便都既不能被创设出来,也不能继续存在)一句以字距加以强调。

〔256〕 Otto Lenel, Über Ursprung und Wirkung der Exzeptionen, Heidelberg, Gustav Koester, 1876, S. 109. 莱内尔显然是把这些文本中的"*exceptio*"理解成提出抗辩的可能性(抗辩权),而非作为主张行为的抗辩。

可能会让人有相反的结论,[257]但其实它不只是起"延缓"作用那么简单,而是直接就意味着请求权不存在,尽管在这里请求权的不存在是"暂时"或者说"目前"(zur Zeit)的:

> 鉴于我的处境是,我可以靠等待或其他方法,让抗辩权有朝一日被消除,所以,说**这项抗辩权目前是成立的,以致我目前没有请求权**、没有要求责令的权利,这难道不正确吗?[258]

因此,在莱内尔看来,"在抗辩权实体法效力和妨碍权利创设或毁灭既存权利的其他事情之间,并无根本区别"。[259] 所以他的结论是,"只有一类实体法防御:**否定被主张的那项请求权存在**"。[260]

(二)托恩:可被抗拒等同于无请求权

托恩在其《法律规范与权利》(*Rechtsnorm und subjectives Recht*)一

---

[257] Otto Lenel, Über Ursprung und Wirkung der Exzeptionen, Heidelberg, Gustav Koester, 1876, S. 109.

[258] Otto Lenel, Über Ursprung und Wirkung der Exzeptionen, Heidelberg, Gustav Koester, 1876, S. 109: „ist es denn darum, weil ich in der Lage bin, die exceptio durch Abwarten oder sonstwie dereinst zu beseitigen weniger wahr, dass **sie zur Zeit begründet ist, dass ich also zur Zeit keinen Anspruch**, kein Recht auf Condemnation habe?"此段中文译文,由笔者自行翻译。粗体为笔者所标示。原文的"dereinst"(有朝一日)、"zur Zeit"(目前)、"Zeit keinen"(目前没有)以字距加以强调。

[259] Otto Lenel, Über Ursprung und Wirkung der Exzeptionen, Heidelberg, Gustav Koester, 1876, S. 135: „Ein principieller Unterschied zwischen der materiellrechtlichen Wirkung der Exceptionen und der übrigen Tatsachen, welche die Entstehung eines Rechts hindern oder ein entstandenes vernichten."此段中文译文,由笔者自行翻译。原文用字距来强调"principieller"(根本)一词。

[260] Otto Lenel, Über Ursprung und Wirkung der Exzeptionen, Heidelberg, Gustav Koester, 1876, S. 137: „es giebt nur eine Art materiellrechtlicher Vertheidigung: Verneinung der Existenz des orhobenen Anspruchs."此段中文译文,由笔者自行翻译。粗体为笔者所标示。原文的"Verneinung der Existenz des orhobenen Anspruchs"(否定被主张的那项请求权存在)一句以字距加以强调。

书中,也表达了与莱内尔类似的观点。[261] 托恩认为,若某人不能成功要求对方做些什么,便不能被称为有请求权,故换另一个角度来看,抗辩权,或者用他的话来说,"提出成立的抗辩的**可能性(Möglichkeit)**"和请求权是不相容的,因为它意味着请求权不存在:

> 若当前状态稳固地存在,而且不能被成功要求变动,则我们一定不能说什么请求权。若有人能够为自己援引一些事情,借此根据程序规则足以提起诉讼,但其诉讼可以再因为更多其他事实被援引而遭打消,则这人也没有什么可以要求的。**提出成立的抗辩的可能性,废除了请求权(Die Möglichkeit eines begründeten Einredevorbringens hebt den gegnerischen Ans-**

---

〔261〕 托恩此书是在莱内尔论文发表2年后出版,当中某些地方有引用莱内尔的论文,但他也不是完全同意莱内尔的见解。例如,托恩虽然认为实体法上抗辩权应被摒弃,但并不认为防御便只有"否定对方请求权"一种,而是尚有"主张自己请求权",参见 August Thon, Rechtsnorm und subjectives Recht: Untersuchungen zur allgemeinen Rechtslehre, Böhlau, 1878, S. 266–267:"然而,这绝不意味着,在我们当代的那些抗辩中任何实质差异都已消失,甚或仅限于分成权利妨碍抗辩和权利毁灭抗辩。必须用最果断的反驳,来反对莱内尔所说的'只有一类实体法防御:否定被主张的那项请求权存在'这一句话。事实上,我们的当代法承认两类防御,它们彼此完全不同:透过否定原告请求权来进行的防御,以及透过主张一项对立请求权来进行的防御。前者是透过援引权利妨碍事情或权利毁灭事情而起作用,后者则是建基于一项被告针对原告的请求权。除了否定型(亦即权利妨碍型和权利毁灭型)抗辩之外,尚有权利追索型抗辩。"[„Keineswegs ist aber damit gesagt, dass auch jeder materielle Unterschied innerhalb unserer heutigen Einreden verschwunden oder auch nur auf die Eintheilung in rechtshindernde und rechtsvernichtende Einreden beschränkt sei. Dem Satze Lenel's «es giebt nur eine Art materiellrechtlicher Vertheidigung: Verneinung der Existenz des orhobenen Anspruchs» muss der entschiedenste Widerspruch entgegengesetzt werden. In der That kennt unser heutiges Recht zwei Arten von Vertheidigung, die völlig von einander verschieden sind: Vertheidigung durch Verneinung des klägerischen Anspruchs und Vertheidigung durch Erhebung eines Gegenanspruchs-jene bewirkt durch das Anführen rechtshindernder oder rechtsvernichtender Thatsachen, diese sich stutzend auf einen Anspruch des Beklagten gegen den Kläger. Zu den verneinenden (rechtshindernden und rechtsvernichtenden) Einreden treten noch die rechtsverfolgenden Einreden hinzu. "]此段中文译文,由笔者自行翻译。但这已与文中无关,兹不赘述。

pruch auf)。[262]

正因如此,托恩认为,以请求权存在为前提的实体法意义上抗辩权,有悖于逻辑。而且,既然实体法意义上抗辩权和请求权无法同时存在,故根本不是在当事人主张后才使请求权不存在,亦即不是“因抗辩的作用”(*ope exceptionis*)使然,而是直接“依法律本身”(*ipso iure*)而发生的,故与另外两种诉讼法意义上的抗辩权无异:

> 对我们当代的法律来说,不能再区分市民法上获承认(因而是依法律本身径直发生效力)的[权利]废除事情和裁判官法上(只因抗辩的作用而被考量)的[权利]废除事情。这一点使我们当代抗辩的通常划分,亦即依法律本身径直生效的防御事由和实体法上抗辩[Exception]之分崩塌了。类似地,“否定型抗辩、毁灭型抗辩、阻挠型抗辩(excipirende Einrede)”[263]三分中的第三个类别,在这种观点下,已是失去了一切理据。[264]

---

[262] August Thon, Rechtsnorm und subjectives Recht: Untersuchungen zur allgemeinen Rechtslehre, Böhlau, 1878, S. 261 – 262: „Von einem Anspruche dürfen wir da nicht sprechen, wo der gegenwärtige Zustand zu Recht bestehe und eine Veränderung desselben sonach mit Erfolg nicht verlangt werden kann. Und zu fordern hat auch derjenige nichts, welcher zwar Tatsachen für sich anführen vermag, die nach den Regeln des Prozesses zur Begründung einer Klage genügen, dessen Klage jedoch durch das Anfähren weiterer Tatsachen wieder elidirt werden kann. Die Möglichkeit eines begründeten Einredevorbringens hebt den gegnerischen Anspruch auf. “此段中文译文,由笔者自行翻译。粗体为笔者所标示。原文的“Die Möglichkeit eines begründeten Einredevorbringens hebt den gegnerischen Anspruch auf”(提出成立的抗辩的可能性,废除了请求权)一句以字距加以强调。

[263] 本书按:托恩在这里所说的“excipirende Einrede”,便是指实体法上的抗辩权。“excipirende”一词来自“*exceptio*”的动词形态“*excipere*”,因此,“excipirende Einrede”其实便是指“*exceptio*”。本书姑且按其意涵,译为“阻挠型抗辩”。

[264] August Thon, Rechtsnorm und subjectives Recht: Untersuchungen zur allgemeinen Rechtslehre, Böhlau, 1878, S. 266: „Eine Unterscheidung der civilrechtlich anerkannten (und daher ipso iure wirkenden) und der prätorischen (nur ope exceptionis beachtlichen) Aufhebungsthatsachen ist fur unser heutiges Recht nicht mehr zu machen. Damit fällt die gebräuchliche Eintheilung unserer heutigen Einreden in ipso iure wirkende Vertheidigungsgründe und Exceptionen in sich zusammen. Ebenso hat bei einer Dreitheilung in »verneinende, vernichtende und excipirende Einreden« das dritte Glied in dieser Fassung jede Berechtigung verloren. “此段中文译文,由笔者自行翻译。

三、赞同论者们的理据

(一)温德沙伊德:纯属立法者制度设计自由

温德沙伊德在其《学说汇纂法教程》中奠定了"抗辩权 vs 请求权"范式,已如前述。他指出,"请求权不存在"(Nichtexistenz des Anspruchs)与"请求权被抗辩权阻碍"(Gehemmtheit durch Einrede)的界分确实并非必然,而是取决于立法者的决定。实定法完全可以这样区分,而且也这样区分了:在实体法意义上抗辩权,是后者;在另两种诉讼法意义上抗辩权,则是前者。他甚至认为,虽然在任何法律体系中两者的界限多少有所不同,但"任何被合理地发展起来的法律"都有这样的界分:

> 在何时和何种程度上必须说请求权就自身而言成立、间接不生效这个领域始于何处,此问题的答案取决于实定法的特殊决定,而且不同实定法的回答都会稍有不同(举例而言,试想法律行为有效性强制的影响)。因此,**"请求权不存在"与"请求权被抗辩权阻碍"二者之间的界分,并不是必然的;这类对比本身,见于任何被合理地发展起来的法律之中。**这也就是为什么想否认抗辩权这个概念对当代法的一切意义,是非常错误的。[265]

---

[265] Bernhard Windscheid, Lehrbuch des Pandektenrechts, Bd. 1, Buddeus, 1862, §. 47, S. 102, Anm. 1: „Wann und wie lange man sagen müsse, dass ein Anspruch an und fur sich begründet sei, wo das Gebiet der indirecten Unwirksamkeit beginne, ist eine Frage, deren Beantwortung von den besonderen Bestimmungen des positiven Rechtes abhängt, und welche das eine positive Recht leicht anders beantworten wird, als das andere (man denke z. B. an den Einfluss des Zwanges auf die Gültigkeit der Rechtsgeschäfte). So **ist die Grenze zwischen Nichtexistenz des Anspruchs und Gehemmtheit durch Einrede keine notwendige; der Gegensatz selbst ist von der Art, dass er sich in jedem nur einigermaßen entwickelten Recht wiederfinden wird**. Deswegen ist es auch sehr irrig, wenn man dem Begriff der exceptio alle Bedeutung für das heutige Recht hat absprechen wollen [...]"此段中文译文,由笔者自行翻译。粗体为笔者所标示。

而且,温德沙伊德强调这种区分除有理论意义(theoretische Bedeutung)之外,尚有实际意义(practische Bedeutung):法律上不存在的请求权,首先必须被产生出来,然后才可以谈得上被实体法意义上抗辩权反对;而且,只要抗辩权一旦消除,请求权即可重获完全力量,无须再次发生请求权借以产生的事情。[266]

(二)贝特曼-霍尔韦格:非构成特征无碍权利存在

贝特曼-霍尔韦格在其《罗马民事诉讼历史发展上的普通法民事诉讼》(*Der Civilprozess des Gemeinen Rechts in geschichtlicher Entwicklung des römischen Civilprozesses*)中在谈论抗辩时指出,抗辩这种防御手段和其他防御手段的差异在于:抗辩并非主张原告权利不存在(die Nichtexistenz des klägerischen Rechts behauptet),相反,"只不过是原告权利以诉来进行的行使,因为被告的一项权利而受限制",[267]换言之,抗辩"使原告的权利不生效"(das Recht des Klägers unwirksam mache)。[268] 贝特曼-霍尔韦格认为,抗辩权这个概念赖以为据的"对方权利存在但不生效"这种说法,是经得起逻辑推敲的。依其之见,权利的存在(die Existenz eines Rechts)只取决于**"其概念构成事实"(den seinen Begriff constituirenden Thatsachen)**。其他的事实(抗辩)并不会引致权利变成"什么都没有"(Nullität)[269]亦即变得不存在,而充其量只会引致权利不生效力:

在逻辑上看,一项权利的存在(die Existenz eines Rechts)只

---

[266] Bernhard Windscheid, Lehrbuch des Pandektenrechts, Bd. 1, Buddeus, 1862, §. 47, S. 102, Anm. 1: „Der Anspruch, welcher rechtlich gar nicht vorhanden ist, muβ, um vorhanden zu sein, erst erzeugt werden; während verjenige, dem nur eine Einrede entgegensteht, durch Wegfall der Einrede volle Kraft gewinnen kann, ohne dass eine Wiederholung der Thatsachen, durch welche er erzeugt wird, erforderlich wäre.“此段中文译文,由笔者自行翻译。

[267] Moritz August Bethmann - Hollweg, Der Civilprozess des Gemeinen Rechts in geschichtlicher Entwicklung des römischen Civilprozesses, 2. Formulae, Adolph Marcus, 1865, S. 387: „nur seine Ausübung durch Klage vermöge eines Rechts des Beklagten beschränkt.“

[268] Moritz August Bethmann - Hollweg, Der Civilprozess des Gemeinen Rechts in geschichtlicher Entwicklung des römischen Civilprozesses, 2. Formulae, Adolph Marcus, 1865, S. 388.

[269] 在这里应不是指"无效",而是取其字面含义"无"。"变成虚无",亦即变成不存在。

取决于其概念构成事实，而且是无差别地取决于它们，而那可以是由这方或他方争讼当事人来证明。例如，若债务人从未作过被声称作过的许诺，若他当时仍未成年亦即无能力愿受约束，或若他已清偿债务，则我们必须断言受争讼债务关系不存在，虽然在第一种情形下举证负担归原告，在后两种情形下则是归被告。这是因为，许诺人的意思能力属于合同债务这个概念，如同合同债务会因为清偿而消灭那样。**相反，如果债务关系是因为一些不属于构成特征的事实而没有效力(ungiltig)的话，债务关系在此情形下固然也可被设想成不存在(Nullität)，但更自然的想法是：认为它就自身而言，亦即根据其概念和其概念所推衍的规则是存在的，但因为另一项事实而例外地(ausnahmsweise)并相对于它而言亦即相对地，被认为不生效力(unwirksam)**，此事实和受益的债务人其人建立了法律上的牵连，让债务人获赋予权能，以拒绝债权人就自身而言成立的债权和诉权。[270]

---

〔270〕 Moritz August Bethmann – Hollweg, Der Civilprozess des Gemeinen Rechts in geschichtlicher Entwicklung des römischen Civilprozesses, 2. Formulae, Adolph Marcus, 1865, S. 388 – 389: „**Logisch betrachtet ist die Existenz eines Rechts nur von den seinen Begriff constituirenden Thatsachen abhängig**, und zwar von diesen ohne Unterschied, es mag nun dem einen oder dem andern der streitenden Theile der Beweis obliegen. Wir werden z. B. behaupten müssen, dass das streitige Schuldverhältniß nicht nicht existire, nicht nur wenn der Schuldner das behauptete Versprechen nie geleistet, sondern auch wenn er damals noch unmündig, also eines verpflichtenden Willens unfähig war, oder wenn er die Schuld bezahlt hat, obgleich in dem ersten Fall den Kläger, in den beiden letzten den Beklagten die Beweislast trifft. Denn Willensfähigkeit des Promittenten gehört ebensowohl zum Begriff der Contractsschuld, als dass sie durch Erfüllung untergeht. **Soll dagegen um irgend einer nicht zu jenen constitutiven Merkmalen gehörigen Thatsache willen das Schuldverhältniss ungültig sein, so ist zwar auch in diesem Fall seine Nullität denkbar; aber das Natürlichere ist, dass es an sich, d. h. nach seinem Begriff und der daraus abzuleitenden Regel für existent erklärt, vermöge jener anderen Thatsache ausnahmsweise und mit Rücksicht auf sie, also relativ, als unwirksam betrachtet**, ja dass diese Thatsache mit der Person des dabei interessirten Schuldners in rechtliche Beziehung gesetzt, also diesem die Befugniß beigelegt wird, die an sich begründete Forderung und Klage des Gläubigers zurückzuweisen.“此段中文译文，由笔者自行翻译。粗体为笔者所标示。原文以字距强调“Logisch”(在逻辑上)一词。

贝特曼-霍尔韦格认为,罗马法上抗辩被称为"*exceptio*"亦即"例外",这个名称也很好地表现了这样的逻辑:权利原本一旦存在便应当生效,但现在则因为抗辩而"例外地"不生效:

> 罗马法同样赞同这种观点,称此情形[抗辩]为例外(Ausnahme;*exceptio*),不像许多新近体系的那样随意,而是有根据的;那也是因为,罗马法在这里也认为原告权利就自身而言存在,换言之,根据其概念的严格推导(依法律本身"*ipso iure*"、严格依法律"*stricto iure*")的话原告权利是存在的,**但基于衡平的例外[vermöge einer *Exceptio* der Billigkeit (*aequitas*)],而使其不生效力**,无论这种例外是来自市民法还是法务官法亦然。[……][271]

(三)冯·图尔:道理如同撤销权和抵销权

冯·图尔在其《德国民法总则》(*Der allgemeine Teil des deutschen bürgerlichen Rechts*)中指出,虽然抗辩权这个概念"带有一定的人为性"(eine gewisse Künstlichkeit anhaftet),但并非不可理喻。言下之意是,以一项权利来对抗另一项权利,这样的构造并不是必然的,甚至也许并非每个法律体系都会采纳这样的构造,但它完全合乎逻辑。他认为,假如我们承认撤销权和抵销权等权利合乎逻辑,那么其实抗辩权也是一样:一项存在的权利,可以因为他方意思表示(例如,撤销权和抵销权的行使)而被废除,同样也可以因为他方意思表示(抗辩权的行使)而被阻碍:

---

[271] Moritz August Bethmann-Hollweg, Der Civilprozess des Gemeinen Rechts in geschichtlicher Entwicklung des römischen Civilprozesses, 2. Formulae, Adolph Marcus, 1865, S. 389: „Mit dieser Auffassung stimmt denn auch das römische Recht schon dadurch überein, dass es diesen Fall als Ausnahme (*exceptio*) bezeichnet, die nicht, wie so viele in den Systemen der Neuern, willkührlich, sondern wohlbegründet ist; ferner dadurch, dass es auch hier die Existenz des klägerischen Rechts an sich, d. h. nach strenger Ableitung aus seinem Begriff (*ipso iure*, *stricto iure*) behauptet und **seine Unwirksamkeit vermöge einer *Exceptio* der Billigkeit (*aequitas*) zuschreibt**, ohne Unterschied, ob sie aus dem Civilrecht oder dem prätorischen stamme [...]"此段中文译文,由笔者自行翻译。粗体为笔者所标示。

无可否认，BGB抗辩权的基本思想带有一定的人为性：原告的权利，被一项被告的权利反对；原告的请求权是存在的，但被告的意思可以使它不生效力。即便是在普通法文献上，这样的抗辩权概念，其逻辑可能性（logische Möglichkeit）已经有时候会受到争议：一项权利不能同时存在却又不生效力；若被告可以拒绝给付，原告便没有什么可以要求的。在第一草案以至BGB所受到的批评中，人们也对抗辩权概念理论上稳健性提出了质疑。然而，假如人们不诉诸立法者所采纳的抗辩权观念，法律便有许多处都无法被理解。**我认为，这种观念在逻辑上并无任何奇怪之处：一项权利可以存在，但义务人有以意思来废除它的力量。我们在我国法律的许多方面都可以看到这种观念，而且它对BGB法学来说也是一种不可或缺的思维方式。举例而言，正如权利存在但可因撤销而被废除、债权存在但可因抵销而被清除那样，A可向B要求给付，但B有拒绝向其给付的权能；只要B不表示拒绝，A的请求权便不受阻碍地起作用。**[272]

---

[272] Andreas von Tuhr, Der allgemeine Teil des deutschen bürgerlichen Rechts, Erster Band: Allgemeine Lehren und Personrecht, Duncker & Humblot, 1910, S. 290: „Es läßt sich nicht leugnen, daß dem Grundgedanken der Einrede des BGB. eine gewisse Künstlichkeit anhaftet: dem Recht des Klägers steht ein Recht des Beklagten gegenüber; der Anspruch des Klägers existiert kann aber durch den Willen des Beklagten unwirksam werden. Schon in der Literatur des Gemeinen Rechts wurde bisweilen die logische logische Möglichkeit eines solchen Einredebegriffs bestritten; ein Recht könne nicht zugleich existieren und unwirksam sein; wenn der Beklagte die Leistung verweigern dürfe, so habe der Kläger nichts zu verlangen. Auch in der Kritik des I. Entwurfs und sogar gegenüber dem BGB. wurden solche Bedenken gegen die theoretische Haltbarkeit des Einredebegrifis erhoben. Das Gesetz ist aber an zahlreichen Stellen nicht zu verstehen, wenn man sich der vom Gesetzgeber angenommenen Auffassung der Einrede entzieht. **Diese Auffassung hat meines Erachtens auch logisch nichts Befremdliches: daß ein Recht bestehen kann, obgleich es in der Macht des Verptlichteten liegt, es durch seinen Willen aufzuheben, begegnet uns in zahlreichen Erscheinungen unseres Rechts und ist eine für die Jurisprudenz des BGB. unenthehrliche Denkform. So gut z. B. ein Recht besteht, obgleich es durch Anfechtung aufgehoben, eine Forderung besteht, obgleich sie durch Aufrechnung getilgt werden kann, so gut kann man sagen, daß A von B eine Leistung verlangen kann, obgleich B die Befugnis hat, sie ihm zu verweigern; solange B seine Weigerung nicht ausspricht, kommt der Anspruch des A ungehemmt zur Geltung.**"此段中文译文，由笔者自行翻译。粗体为笔者所标示。

(四)恩内策鲁斯:物理学上作用力抵销比喻

恩内策鲁斯在其《民法教程》(*Lehrbuch des Bürgerlichen Rechts*)第一卷[273]中精练地描述了抗辩权的概念,认为其行使并非引致请求权变得不存在,而只是阻碍请求权生效:

> 抗辩权并不废除它所反对的权利(hebt das Recht nicht auf)(尤其是请求权),而只是以**反效力(Gegenwirkung)**来阻碍它,使它(暂时或永久)在实际效果上不生效(im praktischen Erfolge unwirksam)。[274]

然后,恩内策鲁斯在脚注中点名批评了莱内尔的"请求权不生效"无异于"请求权不存在"之说,并将请求权和抗辩权比喻为物理上的作用力和反作用力,说道作用力显然是存在的,尽管它无法推动物体,同理,请求权显然是存在的,尽管它无法生效。恩内策鲁斯认为,假如莱内尔的见解是对的,那么难道重力被上升力抵销了便代表重力不存在?——

> 有时候,正文里所阐述的观点,会被认为在逻辑上不合理,例如,莱内尔在前引出处的第104页便写道:"一项权利存在但却又在法律上不生效,这样的想法是自相矛盾的。"**若根据相同的理由,莱内尔便也可以声称,受反作用力(Gegenkraft)抵销的作用力(Kraft)并不存在。可是,难道在两个秤盘上放置等量砝**

[273] 整部《民法教程》不同部分由恩内策鲁斯、基普、沃尔夫各自撰写。因第一卷总则部分由恩内策鲁斯独著,故本书会将文中所述见解视为出自恩内策鲁斯一人。

[274] Ludwig Enneccerus/Theodor Kipp/Martin Wolff, Lehrbuch des Bürgerlichen Rechts, Erster Band, erste Abteilung: Einleitung, Allgemeiner Teil, von Ludwig Enneccerus, Marburg, 1926, S. 582: „Die Einrede habt das Recht, gegen das sie sich richtet (insbesondere den Anspruch) nicht auf, sondern hemmt es nur durch **Gegenwirkung** und macht es dadurch (zeitweilig oder bauernd) im praktischen Erfolge unwirksam."此段中文译文,由笔者自行翻译。粗体为笔者所标示。

码,重力(Schwerkraft)便会被废除?[275]

四、本书见解

(一)抗辩权逻辑的法学方法结构

1. 本书对反对论者们理据的评析

首先,笔者认为,值得强调的是,根据莱内尔和托恩的想法,请求权不是在抗辩权被行使时才变成不存在,而是光是抗辩权(提出抗辩的可能性)的存在本身,便已经引致请求权不能存在,所以如果抗辩权是后来才出现的话,也会马上直接引致既存请求权变成不存在。因此,在他们看来,“请求权和抗辩权互相对峙”(Auspruch und Einrederecht sich einander gegenüberstehen)亦即本书所称的“请求权 vs 抗辩权”范式实际上是不可能的,因为这种对立本身便已经被归结为发生了“请求权消灭效力”[莱内尔的用词是“毁灭”(vernichten);托恩的用词则是“废除”(aufheben)],而且这种效力会“依法律本身”亦即径直发生(*ipso jure* wirkt),而不必由当事人主张。因此,在他们看来,所谓抗辩权其实只是意味着无义务。这也是为何他们会异口同声强调,这种情形无异于请求权从未被创设或已经被消灭。莱内尔和托恩认为,如果请求有被对方依法拒绝的可能性,亦即能被拒绝,便谈不上有请求权。也许有些人会想这样反驳他们:对方“能拒绝”便意味着可以选择不拒绝,那么若他没有拒绝呢?如果没有拒绝,那么不正是能够成功请求吗?该如何解释这种状况?难道这不正是权利实现了,不正是有权请求的体现?**面对这样的质疑,莱内尔和托恩会说那根本不是问题,因为在他们看来,只要对方**

---

[275] Ludwig Enneccerus/Theodor Kipp/Martin Wolff, Lehrbuch des Bürgerlichen Rechts, Erster Band, erste Abteilung: Einleitung, Allgemeiner Teil, von Ludwig Enneccerus, Marburg, 1926, S. 582, Anm. 8: „Bisweilen ist der im Texte entwickelten Auffassung geradezu die logische Berechtigung abgestritten, so von Lenel, a. a. O. S. 104: ‚Die Idee eines existierenden und doch rechtlich unwirksamen Rechtes enthält eine contradictio in adjecto.‘ **Mit demselben Recht könnte Lenel behaupten, daß eine durch eine Gegenkraft ausgewugene Kraft nicht existiere. Wird aber die Schwerkraft aufgehoben, wenn man in beide Wagschalen gleiche Gewichte legt?**“此段中文译文,由笔者自行翻译。粗体为笔者所标示。

“能拒绝”,那么不用他们主张,请求权便已经不会存在了(既存的请求权会马上被消灭,而未创设出来的请求权也不会被创设出来),因此,就算受领了给付,也不是权利实现,而是无权受领。所以,想从这个角度来反驳他们,是没有用的,因为无异于在莱内尔和托恩他们自己设下的游戏规则中打转,最终沦为彼此自说自话。

笔者认为,**要反驳莱内尔和托恩,只能以他们对规范逻辑的误解为切入点。**实际上,莱内尔的“国家责令与否只能择一”之说,以及托恩的“可被抗拒即没有请求权”之说,本质上都是指向规范逻辑,只不过前者是从国家视角出发,后者是从私人视角出发而已。莱内尔和托恩的言下之意都是,如果我们说甲可以要求乙做事,但乙又可以反对,这便代表甲其实不可以要求乙做事,故乙根本无义务,如是者,若我们坚持称甲有请求权,便意味着我们同时认为甲既可以要求乙做事,又不可以要求乙做事,故有逻辑矛盾。因此,说某人有权反对,便不能同时说对方有权要求,反之亦然,所以“抗辩权 vs 请求权”范式在逻辑上是自相矛盾的。然而,在本书看来,莱内尔和托恩他们自己才是混淆了当中的逻辑关系。这是因为,**国家(立法者)并不是说“甲既可做此事,又不能做此事”,而是说“甲可做此事,但若乙一旦反对,甲便不能做此事”。所以,莱内尔和托恩是把逻辑上分先后层级的两项规范命题,不分先后地放在同一个层级上,混为一谈了。**国家(立法者)想规定“甲可做此事,但若乙一旦反对,甲便不能做此事”,在逻辑上是完全可行的。莱内尔的论据诉诸国家意思、托恩的论据诉诸私人举动可能,但笔者认为,**他们恰好正是误解了国家(立法者)在这里意欲何为、误解了私人在这里能做什么不能做什么。国家(立法者)在这里是想将某人权利的效力成功发生与否,交由另一人来决定,亦即为前者权利的成功生效加设了多一重关卡:另一人不反对。**抗辩权并不意味着请求权的否定(Verneinung),而是一项对立于请求权的权利,故有抗辩权不等同于无债务(nicht geschuldeten)。爱德华·霍尔德(1847~1911)早就指出了这一点(虽然他的表述依然未脱诉讼法因素,故不太准确,因为主张抗辩权的不一定是被告):“将抗辩称为给付拒绝权,是想指:它并不意味着否定原告的权利,而是一项对立于原告权利的被告权利。然而,给付拒绝权不同于无债务,无论是完全无债务,或给付仅当被拒绝时无债务。"[276]康拉德·赫尔维格(1856~1913)也类似地指出:"抗辩权的存在,并不废除请求权的可诉性。"[277]

因此,正如海因茨·胡布纳(1914~2006)所言,[278]抗辩权的功能(die Funktion der Einrede)可被表述如下:当法律体制向权利人赋予请求权时,它向义务人说道:"你必须这样(„Du mußt")。"凡是法律体制向义务人赋予抗辩权时,它便是同时说道:**"若你不想**,你不必这样"。(„**Wenn du nicht willst**, brauchst du nicht.")**而且,正是"对方权利生效所受的阻拦是由私人发动"这一点,彰显了抗辩权的特征**。国家(立法者)意思的任意性本身便已经意味着这是有可能的,而且实际上也极为常见,因为正如冯·图尔所言,诸如撤销权、抵销权(以至解除权、终止权等),本质上无一不是如此。当然,身处19世纪中后叶的莱内尔和托恩,其见解或许也是受到当时权利观念的狭隘认知局限使然,因为形成权理论只是到了20世纪初才被"发现"而已。但是,这实际上也无关形成权理论是否已被提出,因为那只是因为他们搞混了规范逻辑。

其次,莱内尔也对**权利构造**有不正确的理解。莱内尔认为"一项权利存在但又在法律上不生效(eine existierend und doch rechtlich unwirksam

---

[276] Eduard Hölder, Ueber Ansprüchen und Einreden, in Archiv für die civilistische Praxis 93. Bd., H. 1/2 (1902) (S. 1 – 130), S. 74: „Durch die Bezeichnung der Einrede als eine Berechtigung zur Verweigerung der Leistung soll ausgedrückt sein, dass sie nicht eine Verneinung des klägerischen Rechtes, sondern ein diesem gegenüberstehendes Recht des Beklagten dedeutet. Die Berechtigung zur Verweigerung einer Leistung unterscheidet sich aber von der Eigenschaft dieser als einer nicht geschuldeten entweder überhaupt nicht oder dadurch, dass die Leistung nur dann nicht geschuldet ist, wenn sie verweigert wird."此段中文译文,由笔者自行翻译。

[277] Konrad Hellwig, Lehrbuch des deutschen Civilprozeßrechts, I, Leipzig: Deichert, 1903, §. 36, S. 248: „Ebensowenig hebt die Existenz des Einrederechts die Klagbarkeit des Anspruchs auf."此段中文译文,由笔者自行翻译。

[278] Heinz Hübner, Allgemeiner Teil des Bürgerlichen Gesetzbuches, 2. Auflage, Walter de Gruyter, 1996, S. 220, Rn. 439.

Recht),这样的想法是自相矛盾(*contradictio in adjecto*)的”,[279] 这样的见解也是因为**混淆了权利和其权能**。债权(权利)的请求权(权能)即使被抗辩阻碍,哪怕是认为被抗辩消灭,甚至如同莱内尔所认为的那样只因为抗辩权的存在(无须被行使)便被消灭也好,也毫不影响债权(权利)的存在。[280] 而且,在这种情形下,债权(权利)的存在是有作用的,因为它在某些情形下(BGB 第 813 条第 1 款第 2 句)可以作为法律上原因(Rechtsgrund)而阻却不当得利的成立(BGB 第 812 条)。因此,就此而言,**权利依然是生效的(阻却不当得利成立)**。[281] 所以,**抗辩权的存在甚至行使,都不会像莱内尔所说的那样,引致权利完全不生效**。其实,如果莱内尔所谓“权利存在但不生效”不合逻辑,是指“权利存在但**完全**不生效**且无生效可能**”不合逻辑的话,单就这一点而言,本书是赞同其见解的。**莱内尔的错误不是在于他认为“权利存在但完全不生效且无生效可能”不合逻辑,而是在于,他误以为抗辩权的存在,会引致权利完全不生效且无生效可能,亦即彻底消灭。**

最后,莱内尔所引用的罗马法文本,也并不是有不可反驳的说服力。这是因为,由于“*exceptio*”一词的歧义,那些文本中的“*exceptio*”究竟是指作为主张行为的抗辩,还是指提出抗辩的可能性,并不清晰。莱内尔显然认为是后者,所以认为根据罗马法,“*actio*”和“*exceptio*”不能并存。但问题是,若那些文本中的“*exceptio*”是指主张行为的抗辩,那么莱内尔便连历史文本依据也没有了,而那是完全有可能的。再者,退一步言之,

---

[279] Otto Lenel, Über Ursprung und Wirkung der Exzeptionen, Heidelberg, Gustav Koester, 1876, S. 104 – 105:„Die Idee eines existierenden und doch rechtlich unwirksamen Rechts enthält eine contradictio in adjecto und ist daher durchaus und überall zu verwerfen.“此段中文译文,由笔者自行翻译。原文全句皆以字距加以强调。

[280] 类似见解,参见 Chris Thomale, Die Einrede als materielles Gestaltungsrecht, in Archiv für die civilistische Praxis, Dezember 2012, 212. Bd., H. 6 (Dezember 2012), Mohr Siebeck (S. 920 – 970), S. 932。

[281] 正如申海恩教授在评论 BGB 规定时所言,“如果没有赋予永久性抗辩权以排除**债权受领保持力的效力**,由于债权依然存在,消灭时效经过而进行履行,债权人受领具有合法依据,当然无须返还。”参见申海恩:《论抗辩权的附随效力》,载《华东政法大学学报》2019 年第 5 期。粗体为笔者所标示。

就算那些文本中的"*exceptio*"真的只是指提出抗辩的可能性也好,但有更多的文本都有明显相反的取态,莱内尔却选择忽略它们,显然不当,例如,D. 44, 1, 9(马塞路斯《学说汇纂》第三卷;Marcellus *libro tertio digestorum*)写道:"被诉的相对人,因 *exceptio* 的运用,而肯定不必认诺诉求。"(*Non utique existimatur confiteri de intentione adversarii is quocum agitur, quia exceptione utitur.*)[282] 这样的文本无论被如何解读(无论把"*exceptio*"理解成抗辩可能,还是理解成抗辩),都只能得出:起作用的是主张行为(抗辩)而不是单纯的可能性。最后,罗马法原始文本,本就被公认存在大量前后矛盾和不合逻辑之处,因此,以它们来论证逻辑,也难谓适合,至少说明力极为有限。

在莱内尔和托恩之后,德国法学界有一些说法的思路依然是遵循着他们二人的。例如,在 19 世纪末,路德维希·米泰斯(Ludwig Mitteis)(1859~1921)虽然对"在不提出抗辩的情形下,提出成立的抗辩的可能性,便即引致请求权消灭"这种假设似乎持保留态度,但认为"对抗辩权的放弃,似乎是一项暂缓条件(eine suspensive Bedingung),其引致此前一直被暂缓和不生效(unwirksame)的义务变成存在(zur Existenz bringt)"。[283] 这种说法归根究底也是误解了抗辩权的逻辑构造,因而将"存在"和"生效"混为一谈,因为抗辩权的存在和请求权的存在是兼容的,故即使抗辩权未被放弃,对方的请求权连同自己的义务也已经一直存在,而且只要抗辩权未被行使,对方请求权的效力也不会实际受影响。

---

〔282〕 这里的"运用",应当是指当事人运用。比照 D. 44, 1, 1(乌尔比安努斯《告示评注》第九卷;Ulpianus *IX ad ed.*):"运用 *exceptio* 者,看来同样是在诉请(*agere*),因为在 *exceptio* 上被告便是诉请者。"(*Agere etiam is videtur, qui exceptione utitur: nam reus in exceptione actor est.*)这两段中文译文,由笔者自行翻译。

〔283〕 Ludwig Mitteis, Zur Lehre von der Ungiltigkeit der Rechtsgeschäfte, in Jherings Jahrbücher für die Dogmatik des bürgerlichen Rechts, Bd. 28, 1889 (S. 85 – 185), S. 133: „Der Verzicht auf die Exceptio erscheintdemnach als eine suspensive Bedingung, welche die bis dahin in suspenso befindliche und unwirksame Obligation erst zur Existenz bringt. "; *apud* Paul Bertholdt, Die Einrede des Bürgerlichen Gesetzbuchs, O. Waldowsky, 1905, S. 36. 此段中文译文,由笔者自行翻译。

2. 本书对赞同论者们理据的评析

虽然笔者认为反对论者们的理据并不合理,但另一方面,笔者同样认为赞同论者中的一些理据,实在值得商榷。

首先,是温德沙伊德**诉诸实定法抉择**之说。的确,他正确地指出了,请求权何时是不存在,何时是存在,但可因对方抗辩而不生效,这完全取决于实定法的抉择,而不是必然的。而且,后来 BGB 也的确采纳了这种区分,BGB 理由书甚至指出立法者并不认同反对论者的观点(虽然没有点名,但肯定的是,除了指阿尔布雷希特[284]和艾瑟尔[285]诉诸历史因素亦即德国法不奉行罗马法的市民法和法务官法二元法源体系,尚是指莱内尔和托恩诉诸逻辑因素的反对声音):“抗辩权的实体法概念,被草案保留了下来,虽然它在许多方面都受到挑战,尤其从法律史的角度看的话,它也遭受过质疑。”[286]可是,就“请求权不存在”和“请求权被抗辩权阻碍”之分而言,**温德沙伊德所谓“这类对比本身,见于任何被合理地发展起来的法律之中”,笔者认为也许是言过其实了。立法者当然可以这样区分,甚至这样区分确有实益,但这和“这样区分才是合理的做法”无必然关系。**即使赋予抗辩权有时候的确有利于“法律规制便宜”和“尊重私人自治”,但这些目的应该不会只能靠抗辩权这个机制才能达致。此外,笔者认为必须强调的是,**“抗辩权 vs 请求权”范式之所以合理,绝不是因为实定法(无论是 BGB 还是什么法律)采纳了,而是因为实定法采纳它并不违反法理逻辑**。“实定法有采纳”或者“法教义学有采纳”本身,都并不是一种理据,因为实定法和法教义学都可能出错、都可能有悖逻辑。诉诸立法或通说,有时候只是法律人在法理逻辑论证上无法自圆其说、走投无路

---

〔284〕 Josef A. Michael von Albrecht, Die Exceptionen des gemeinen teutschen Civilprocesses geschichtlich entwickelt, Weber, 1835.

〔285〕 Fridolin Eisele, Die materielle Grundlage der Exceptio: Eine römisch-rechtliche Untersuchung, Weidmann, 1871.

〔286〕 Motive zu dem Entwurfe eines Bürgerlichen Gesetzbuches für das Deutsche Reich, Band 1, J. Guttentag, 1888, S. 359 – 360: „Der Begriff der materiellrechtlichen Einrede wird von dem Entwurfe festgehalten, obwohl derselbe mannigfache Anfechtung erfahren und namentlich vom rechtsgeschichtlichen Standpunkte bekämpft worden ist.“此段中文译文,由笔者自行翻译。

时，躲进一所本身已濒临崩塌的庇护所或避难所而已。然而，在抗辩权合逻辑性这个问题上，我们不会走投无路，因而其实不必过分强调实定法的抉择，因为抗辩权这个概念本身完全合乎规范逻辑。即使撇开实定法的规定不谈，纯从规范逻辑的角度，也已经足以反驳反对论者们。诉诸实定法，反而有模糊重点之嫌。因为在这里，**重点不是立法者如何规定，而是立法者可以这样规定**，因为这样规定并不违反逻辑。

其次，是贝特曼－霍尔韦格的**构成事实才影响存在**之说。他为了在逻辑上为抗辩权概念提供理论支援，而试图将事实区分成"构成事实"和"非构成事实"，前者影响权利存在，后者只影响权利的效力发生。因此，"在逻辑上看，一项权利的存在（die Existenz eines Rechts）只取决于其概念构成事实"。但问题是，这种区分的标准何在？例如，贝特曼－霍尔韦格说清偿、未成年会影响权利存在（使权利变得不存在），从未作过许诺（权利原本就不存在），所以是"构成事实"。按他的说法，反过来理解的话，不清偿、已成年、作过许诺，这些事实似乎同样是"构成事实"，因为只有发生了这些事实，权利才会存在。这种理解本身其实没有什么问题。**真正的问题在于，"构成事实"是指影响权利存在的事实，但会不会影响权利存在，乃是取决于实定法规定。如是者，贝特曼－霍尔韦格便有循环论证之嫌了，因为若他的目标是在一般逻辑上证成抗辩权概念的合理性，但其依据是诉诸采纳抗辩权的实定法，那么等同于自说自话。权利的"构成事实"这个概念本身便是必须诉诸实定法的概念，这就让贝特曼－霍尔韦格自己绕了一个圈之后回到原地，而且是回到一个尴尬境地。**艾瑟尔曾经专门针对贝特曼－霍尔韦格的说法提出一样的质疑，[287]不妨转录于此："根据那种说法，一切可能发生的那些引致债权**依法律本身**

[287] 艾瑟尔似乎甚至认为"不清偿"等不能是债务的构成事实："我们承认，通过履行亦即清偿加以消灭，乃是属于合同债务的概念（Begriff der Contracts Schuld）；但我们最坚决地否认，不清偿（Nichtzahlung）——债权的存在便是取决于不清偿——是合同债务的构成事实。实际上，这种说法似乎不需要反驳。"此段中文译文，由笔者自行翻译。参见 Fridolin Eisele, Die materielle Grundlage der Exceptio: Eine römisch-rechtliche Untersuchung, Weidmann, 1871, S. 128。但笔者则认为，这在逻辑上并没有问题。

(*ipso iure*)被摧毁的事实的不存在,例如能力丧失的不存在,便都会是构成性概念因素(constiturendes Befriffsmoment)了!"[288] "因为 Bethmann 的解读引起了一个问题:**为何**不清偿、不免除属于债的构成特征,**为何**略式免除的不存在又不属于债的构成特征呢?**人们自然不能在没有掉进回圈的情形下回答这种问题:因为清偿等是依法律本身而生效的(*ipso iure* wirkt),至于不要求偿付协定(*pactum de non petendo*)则只是因抗辩的作用而生效(nur *ope exceptionis* wirkt),诸如此类。问题只能够透过回到实定法规定上才能被解决。**"[289] 除假借诉诸"一般逻辑关系"(ein allgemein logisches Verhältniss)[290]之名诉诸实定法之外,贝特曼-霍尔韦格的说法也另有一处语焉不详:他认为在非构成事实发生的情形下,"视权利存在但不生效力"比"视权利不存在""更自然"(das Natürlichere),但何谓"自然",他从无解释。何谓"自然",永远都是说不清的话题,而且更多时候也许只是论者自己的"想当然"。总言之,**若要从纯逻辑上证成抗辩权概念,便不能诉诸采纳抗辩权概念的实定法,更不能诉诸"自然"。**

最后,是恩内策鲁斯**诉诸物理学比喻**之说。恩内策鲁斯把请求权和

---

[288] Fridolin Eisele, Die materielle Grundlage der Exceptio: Eine römisch-rechtliche Untersuchung, Weidmann, 1871, S. 128: „Danach wurde ja das Nichtdasein aller moglicher, ein Forderungsrecht *ipso iure* zerstörender Thatsachen, also z. B. auch das Nichteintreten der capitis diminutio, constiturendes Befriffsmoment sein! "此段中文译文,由笔者自行翻译。粗体为笔者所标示。原文以斜体强调"constituirende"(构成)一词。

[289] Fridolin Eisele, Die materielle Grundlage der Exceptio: Eine römisch-rechtliche Untersuchung, Weidmann, 1871, S. 129: „Denn die Ausführung Bethmanns legt doch die Frage nahe: **warum** gehört Nichtzahlung, Nichtacceptilation zu den constituirenden Merkmalen der obligatio, und **warum** gehört das Nichtvorhandensein eines formlosen Erlasses nicht dazu? **Darauf kann natürlich, ohne sich eines Zirkels schuldig zu machen, *nicht* geantwortet werden: weil Zahlung u. s. w. *ipso iure* wirkt, pactum de non petendo nur *ope exceptionis*. Die Frage kann vielmehr nur dadurch gelöst werden, dass auf die Vorschriften des positiven Rechts**. "此段中文译文,由笔者自行翻译。粗体为笔者所标示。原文以斜体两次强调"warum"(为何)一词。

[290] Fridolin Eisele, Die materielle Grundlage der Exceptio: Eine römisch-rechtliche Untersuchung, Weidmann, 1871, S. 129.

抗辩权,比喻为物理上的作用力和反作用力,[291]这种类比自然法则的做法,有一点根本缺陷,自然法则如何,绝不代表法律逻辑便应当如何。因此,如果恩内策鲁斯只是想借这种比喻来试图“形象化”或“清晰化”自己的讲法,笔者认为是可以接受的;但**假如恩内策鲁斯真的是想借它来“支持”、“论证”或者说“证成”抗辩权概念,笔者则绝不苟同**。不考虑“法律世界”相较于物理世界的特点,而是靠比拟自然现象来解决法律效力问题,把一些只在物理世界有效的自然科学命题,应用于法学建构,在方法论上并不正确,这也是从古至今法律人不时犯下的一种错误。

总言之,笔者认为,**要反驳反对论者,只需要指出其误解了规范逻辑结构即可,至于其他诸如实定法抉择论据、构成事实论据、物理学比喻论据,本身都有缺陷,因此都是不必要的。**

最后值得一提的是,如果我们把目光放远一点到另一个法学传统亦即**英美法系**,甚至法学以外的另一门学科**道义逻辑(Deontic Logic)**,便会发现存在与抗辩权大抵对应的概念,其逻辑向来受到关注,甚至独立成为研究分支。首先,在英美法系,早在21世纪初已经有人主张,他们在韦斯利·纽科姆·霍菲尔德(Wesley Newcomb Hohfeld)(1879~1918)法律关系框架下发展出来的所谓“素朴请求权”或者说“单纯请求权”(simple claim),亦即可被拥有“特权”(privilege)的对方拒绝(decline)的一项法律上不生效(legally ineffective)的请求权,可用以解

〔291〕 恩内策鲁斯说抗辩权是借由反效力(Gegenwirkung)来阻碍请求权,然后他说:“莱内尔便也可以声称,受反作用力(Gegenkraft)抵销的作用力(Kraft)并不存在。可是,难道在两个秤盘上放置等量砝码,重力(Schwerkraft)便会被废除?”这很容易让读者误以为他是想把法律上的(请求权)效力和(抗辩权的)反效力,比喻为物理上的作用力和反作用力。但假如这真是他的意图的话,他便不应该说按莱内尔的思路“作用力并不存在”,因为恩内策鲁斯是应该要说明权利存在(而只是不生效),而不是权利的效力存在。可见,其实他是把请求权和抗辩权本身比喻为物理上的作用力和反作用力。

释罗马法上的“*exceptio*”和大陆法系中的“Einrede”[292]。其次,在道义逻辑上,抗辩权的逻辑结构讨论,也许最终会进入“可废止型道义逻辑”(defeasible deontic logic)这个分支。[293] 它旨在用逻辑语言解决一个问题:若通常应当作 p,则“不做 p”何时会是这项通常断言的**例外**(**an exception** to the normality claim),何时会是违反了做 p 的义务?前者是指义务被“取消”(cancelling)了,此即所谓“否决型可废止”(overriden defeasibility);后者则是指违反行为“覆盖”(overshadowing)了义务,换言之,这项义务依然生效(be still in force),但却没有被履行(be acted upon),此即“事实型可废止”(factual defeasibility)。[294] 实际上,抗辩权

---

[292] Albert Kocourek, *Plurality of Advantage and Disadvantage in Jural Relations*, in *Michigan Law Review*, 19(1), 1920 – 1921 (pp. 47 – 61), p. 50:“可能‘素朴请求权’这个概念最广泛的应用领域,是关乎罗马法上的 *exceptio* 和现代民法法系的 Einrede”(Probably the most extensive field for the operation of the concept “simple claim” is in connection with the “*exceptio*” of Roman law and the “Einrede” of modern civil law);p. 54, note 9:“素朴请求权(关系)是指这样的处境:有人可以向他人请求做一项行为,但此请求欠缺法律效力”[“Simple claim (relation) is any situation where one may claim an act from another but where the claim lacks legal force”]。例如,B 有“素朴请求权”要 A 向其交付动产,但 A 则有特权拒绝按要求向 B 交付动产,参见 Albert Kocourek, *Plurality of Advantage and Disadvantage in Jural Relations*, in *Michigan Law Review*, 19(1), 1920 – 1921 (pp. 47 – 61), pp. 50 – 51。上文各段中文译文,由笔者自行翻译。

[293] Leendert W. N. Van Der Torre & Yao – Hua Tan, *The Many Faces Of Defeasibility In Defeasible Deontic Logic*, 1997, in Donald Nute (ed.), *Defeasible Deontic Logic*, Kluwer Academic Publishers, 1997, pp. 79 – 121; Pablo E. Navarro & Jorge L. Rodríguez, *Deontic Logic and Legal Systems*, Cambridge University Press, 2014.“道义逻辑是一门关乎义务的逻辑,亦即是就‘应当如何’进行推理。可废止型逻辑,则是一门关乎预设假定的逻辑,亦即是就‘通常如何’进行推理。在可废止型道义逻辑中,这两者被结合在一起了。”(Deontic logic is the logic of obligations, i. e. reasoning about what should be the case. Defeasible logic is the logic of default assumptions, i. e. reasoning about what normally is the case. In defeasible deontic logic these two are combined.)此段中文译文,由笔者自行翻译。See Leendert W. N. Van Der Torre & Yao – Hua Tan, *The Many Faces Of Defeasibility In Defeasible Deontic Logic*, 1997, in Donald Nute (ed.), *Defeasible Deontic Logic*, Kluwer Academic Publishers, 1997 (pp. 79 – 121), p. 80.

[294] Leendert W. N. Van Der Torre & Yao – Hua Tan, *The Many Faces Of Defeasibility In Defeasible Deontic Logic*, 1997, in Donald Nute (ed.), *Defeasible Deontic Logic*, Kluwer Academic Publishers, 1997 (pp. 79 – 121), p. 80.“否决型可废止”既可以用来形式化(formalize)特异(specificity),也可以用来形式化“表面义务(*prima facie* obligations)的否决”,前者谓之“强否决型可废止”(strong overriden defeasibility),后者谓之“弱否决型可废止”(weak overriden defeasibility)。

也明显和"若A,则B,除非C"(if A, then B, unless C)或者说"若A,则B,但C是**例外**"(if A, then B, with the **exception** of C)[295]这种规范逻辑结构中的C高度相关。实际上,抗辩在罗马法上便是法务官在程式中加插入"责令规则"(Condemnationsregel)的例外(Ausnahme),[296]一旦符合,审判员便例外地不对被告予以责令,这便是为何抗辩的拉丁语便是"例外"(*exceptio*)。

这样的逻辑思维,即使是对大陆法系而言,在法学方法论上也有其用处。例如,卡尔·拉伦茨(1903~1993)与曼弗雷德·沃尔夫(1948~)便指出,请求权与抗辩权[以及不取决于当事人主张,而是法院必须主动审究的异议(Einwendung)]的思维其实是一种"'规则与例外'关系导向"(Orientierung am Regel – Ausnahme – Verhältnis)的思维,因为请求权前提(Anspruchsvoraussetzungen)是积极前提(positive Voraussetzungen),而抗辩则是消极前提(negative Voraussetzungen):

> 请求权前提和异议与抗辩之分,主要是建基于"规则与例外"关系之上。若一项请求权要被给定(gegeben),那么**请求权前提**便**总是**必须被给定。在价金请求权的情形,买卖合同的缔结,便是请求权前提。至于**异议和抗辩**,例如,时效抗辩,则是**例外**,因为并不是每项请求权的时效都已完成。[297]

---

[295] Daniel Mendonca, *Exceptions*, in Jordi Ferrer Beltrán & Giovanni Battista Ratti (ed.), *The Logic of Legal Requirements*: *Essays on Defeasibility*, 2012 (pp. 202 – 208), p. 203.

[296] Friedrich Carl von Savigny, System des heutigen römischen Rechts, Bd. 5, Berlin, 1841, §. 226, S. 161; Bernhard Windscheid, Lehrbuch des Pandektenrechts, Bd. 1, Buddeus, 1862, §. 47, S. 102, Anm. 1; Ulrike Köbler, Werden, Wandel und Wesen des deutschen Privatrechtswortschatzes, Peter Lang, 2010, S. 154.

[297] Karl Larenz/Manfred Wolf, Allgemeiner Teil des Bürgerlichen Rechts, 9. Auflage, Verlag C. H. Beck, 2004, S. 326 – 327, Rn. 45: „Die Aufteilung in Anspruchsvoraussetzungen einerseits und Einwendungen und Einreden andererseits orientiert sich hauptsächlich am Regel – Ausnahme – Verhälmis. Wenn ein Anspruch gegeben sein soll, müssen die Anspruchsvoraussetzungen, im Falle eines Kaufpreisanspruchs also der Abschluß eines Kaufvertrags, immer gegeben sein. Einwendungen und Einreden, z. B. die Einrede der Verjahrung, bilden dagegen **die Ausnahme**, denn

(二)抗辩权逻辑的法律政策实益

抗辩权概念除合乎逻辑之外,**在立法上向当事人赋予抗辩权,而不是直接规定对方的请求权消灭,更是有实益的。**然而,本书所指的实益并不是温德沙伊德〔298〕和 BGB 理由书〔299〕所谓的"实际意义"(practische Bedeutung)。根据他们所言,承认抗辩权的"实际意义"是,若只是赋予抗辩权而其被消除,则请求权创设事由无须重新发生,但若是请求权消灭了,则请求权创设事由需重新发生。笔者认为,那充其量只是区分"赋予抗辩权"和"规定请求权消灭"的结果而已。他们所谓的"实际意义"

---

nicht jeder Anspruch ist verjahrt. "此段中文译文,由笔者自行翻译。粗体为原文标示。然而,拉伦茨与沃尔夫接下来说道:"同时,异议和抗辩通常都是消极前提,若请求权要存在(bestehen),它们便一定不可以出现。相反,请求权前提则必须积极地被给定,请求权才能存在(existieren)。"(Zugleich handelt es sich bei den Einwendungen und Einreden regelmäßig um negative Voraussetzungen, die nicht vorliegen dürfen, wenn der Ansprich bestehen soll. Demgegenüber müssen die Anspruchsvoraussetzungen positiv gegeben sein, damit der Anspruch existieren kann.)这种说法并不精确,至少是和拉伦茨与沃尔夫的取态自相矛盾的。这是因为,拉伦茨与沃尔夫认为抗辩并不废除请求权,而只是去除(zu nehmen)请求权的可实现性(Durchsetzbarkeit),所以抗辩并不影响请求权的存在。相反,只有异议才是主张请求权不存在。参见 Karl Larenz/Manfred Wolf, Allgemeiner Teil des Bürgerlichen Rechts, 9. Auflage, Verlag C. H. Beck, 2004, S. 267 – 268, Rn. 68。当然,拉伦茨与沃尔夫在这里加了"通常"(regelmäßig)。一词,但这样将抗辩和异议捆绑在一起,难谓合适。与其说异议和抗辩是请求权存在的前提,倒不如说是请求权可实现性的前提,因为在抗辩的情形下,请求权存在,但不能实现,而在异议的情形下,请求权不存在,更谈不上有可能实现。

〔298〕 Bernhard Windscheid, Lehrbuch des Pandektenrechts, Bd. 1, Buddeus, 1862, §. 47, S. 102, Anm. 1:"只是被抗辩权所反对的请求权,可以因为抗辩权被消除而获得完全力量,而无须重新发生请求权借以产生的事情。"(„Der Anspruch, welcher rechtlich gar nicht vorhanden ist, muβ, um vorhanden zu sein, erst erzeugt werden; während verjenige, dem nur eine Einrede entgegensteht, durch Wegfall der Einrede volle Kraft gewinnen kann, ohne dass eine Wiederholung der Thatsachen, durch welche er erzeugt wird, erforderlich wäre. ")此段中文译文,由笔者自行翻译。

〔299〕 Motive zu dem Entwurfe eines Bürgerlichen Gesetzbuches für das Deutsche Reich, Band 1, J. Guttentag, 1888, S. 359 – 360:"受制于一项抗辩权的请求权,其被驳倒的可能性,是可被消除的,这尤其是因为抗辩权可被义务人放弃,而一旦如此,请求权便获得力量,而无须如同请求权因为法律而被废除的情形那样,作为依据的事情要再次发生。"(„Einmal kann die Möglichkeit der Entkräftung des mit einer Einrede behafteten Anspruches wegfallen, insbesondere kann auf die Einrede von dem Verpflichteten verzichtet werden, und, wenn dies geschieht, erlangt der Anspruch seine Kraft, ohne dass es, wie bei dem von Rechtswegen aufgehobenen Anspruche, einer Wiederholung der Begründungsthatsachen bedarf. ")此段中文译文,由笔者自行翻译。

只是指采纳这种区分会引致法律适用差异罢了。当然,**有时候在立法上究竟向当事人赋予抗辩权,抑或直接规定对方的请求权消灭,可能并没有什么分别,但在另一些时候则绝对有分别**,正如冯·图尔所言:“[抗辩权合逻辑性以外的]另一个问题,不过是只关乎立法论(*de lege ferenda*)的问题是:有必要在法律上采纳抗辩权这个概念吗?在这方面,应当承认,许多抗辩权[要件]事实(Einredetatsachen)原本都可以被设计成权利否定[要件]事实或权利废除[要件]事实(rechtsverneinenden resp. rechtsaufhebenden Tatsachen),而不会引起任何实务上的不便。然而,在一些情形下,看来让解放效力(die befreiende Wirkung)取决于义务人的意思,是更加合适的。并不是任何解放方式(Mittel der Befreiung)对不想履行的债务人来说都是正当的。”〔300〕

笔者认为,胡布纳非常精准地总结了,立法者区分两者的目的(或者可能是为立法者的区分“找到了”理由),是出于**“法律规制便宜”**与**“尊重私人自治”**:

> 人们可以问,为何法律体制不把义务本身废除掉?但是,暂缓型抗辩权(例如,延期抗辩权)这个例子便展示了**法律规制的便宜性(die Zweckmäßigkeit der gesetzlichen Regelung)**:延期只意味着暂时“你不必这样”(Du brauchst nicht),但在那之后“你必须这样”(Du mußt)便会再次变得完全地生效。假如是透过暂时消灭债务来解放债务人,那么便会有必要使债务重新产生了。然而,质权和保证作为从属权利便会已经随着债务而

〔300〕 Andreas von Tuhr, Der allgemeine Teil des deutschen bürgerlichen Rechts, Erster Band: Allgemeine Lehren und Personrecht, Duncker & Humblot, 1910, S. 290 – 291: „Eine andere, aber jetzt nur noch de lege ferenda interessierende Frage ist, ob es nötig war, den Begriff der Einrede ins Gesetz aufzunehmen. In dieser Beziehung kann zugegeben werden, daß viele Einredetatsachen ohne praktischen Nachteil zu rechtsverneinenden resp. rechtsaufhebenden Tatsachen hätten erhoben werden können; auf der anderen Seite gibt es Tathestände, bei denen es passender ist, die befreiende Wirkung vom Willen des Verpflichteten abhängen zu lassen. Dem Verpfichteten, der nicht erfüllen will, ist nicht immer jedes Mittel der Befreiung recht.“此段中文译文,由笔者自行翻译。

> 消灭,要让它们重新恢复是有困难的。永久型抗辩权,例如时效抗辩权,同样如此。不索性解放债务人,是合理的。**债务人可能会有良好的理由(Es können bei ihm gute Gründe)**不透过指出时间经过来逃避偿付债务。因此,法律的规则把决定交由债务人去做。[301]

就“**尊重私人自治**”而言,义务人亦即抗辩权人,有时候完全有**伦理上或物质上的理由**,不希望对方请求权被法律规定强制消灭,而是希望由自己决定自己法律上是否必须履行。例如,若法律强制规定对方请求权消灭,则**在伦理上**,义务人可能会得失对方或有违自己良心,例如欠债还钱本就“天经地义”,哪怕是消灭时效已经完成,但在某些交往圈子(Verkehrskreise)里,至少是在昔日,仅因时间届满而逃避既存义务,会被认为“卑鄙”或者说“不光彩”,[302]至少“在伦理上并非总是没有疑虑的”,[303]因此,在这里债务人必须有机会只以其他理据为由

---

[301] Heinz Hübner, Allgemeiner Teil des Bürgerlichen Gesetzbuches, 2. Auflage, Walter de Gruyter, 1996, S. 220, Rn. 439: „Es läßt sich fragen, warum die Rechtsordnung dann nicht die Verpflichtung selbst aufhebt. Das Beispiel der aufschiebenden Einreden (etwa der Stundung) zeigt jedoch **die Zweckmäßigkeit der gesetzlichen Regelung**: Die Stundung bedeutet nur ein ‚Du brauchst nicht' für vorübergehende Zeit, danach wird das ‚Du mußt' wieder voll wirksam. Eine Befreiung des Schuldners durch zeitweiliges Erlöschen der Schuld würde es notwendig machen, die Schuld wiederaufleben zu lassen. Pfandrecht und Bürgschaft als abhängige Rechte wären aber mit der Schuld untergegangen, ihre Neubelebung würde Schwierigkeiten bereiten. – Aber auch bei der dauernden Einrede, z. B. der Verjährung, ist es sinnvoll, den Schuldner nicht schlechthin zu befreien. **Es können bei ihm gute Gründe** dagegen sprechen, sich der Zahlung einer Schuld durch Hinweis auf den Zeitablauf zu entziehen. Daher gibt die Regelung des Gesetzes dem Schuldner die Entscheidung anheim.“此段中文译文,由笔者自行翻译。粗体为笔者所标示。

[302] Dieter Medicus/Jens Petersen, Allgemeiner Teil des BGB, 11., neu bearbeitete Auflage, C. F. Müller Verlag, Heidelburg, 2016, S. 52, Rn. 96; Dieter Medicus, Allgemeiner Teil des BGB, 8., neu bearbeitete Auflage, C. F. Müller Verlag, Heidelburg, 2002, S. 45, Rn. 96: „unehrenhaft“.

[303] Andreas von Tuhr, Der allgemeine Teil des deutschen bürgerlichen Rechts, Erster Band: Allgemeine Lehren und Personrecht, Duncker & Humblot, 1910, S. 291: „moralisch nicht immer unbedenklichen“.

(例如,清偿、撤销或抵销)进行防御,而不提出时效抗辩。[304]至于**在物质上**,举例而言,若立法上不给予保证人机会选择是否提出先诉抗辩,而是一律要求债权人必须先对主债务人提起执行,也未尽合适,尤其是在主债务人有很高可能性无法清偿时,这是因为保证人有可能要承担债权人的某些追讨成本(第767条第2款),[305]因而这样会使其有无谓的额外花费(而且也不会因而免却被执行);此外,若履行所需的投入,相较于债权人给付利益(Leistungsinteresse des Gläubigers)而言严重失衡或不可期待,也应当由债务人来决定是否仍然想履行,因为他可能会想证明自己有特别的给付能力,以便确保能获得更多的订单,或因为他就是需要获得对立给付(第275条第2款和第3款);[306]就时效而言,前述的伦理上不光彩,也不是没有可能间接地造成物质上的损失,因为那可能会为义务人招致恶名,影响其信誉,因而使其将来有经济上的不利,例如,生意收入减少,而且,义务人若想重新恢复自身义务,又可能会有额外花费。**因此,在立法上硬性规定请求权消灭,有可能反而不利于义务人,故倒不如维持请求权的存在,但向义务人赋予抗辩权,由其衡量得失,决定是否运用此项防御手段。**正如冯·图尔所言,有一些解放事由(Befreiungsgründe)不应被强加于义务人,因为"它们会为债务人带来物质上或伦理上的牺牲(materiellen oder marolischen Opfer);因此,立法者把这些解放事由构筑成反对权,其行使与否交由债务人决定,这是正确的。这就是为什么抵销在德国法上是因人为之事(*facto hominis*)而生效,为什么错误、胁迫和欺诈不引致法律行为无效,

[304] Dieter Medicus, Allgemeiner Teil des BGB, 8., neu bearbeitete Auflage, C. F. Müller Verlag, Heidelburg, 2002, S. 45, Rn. 96.

[305] Dieter Medicus, Allgemeiner Teil des BGB, 8., neu bearbeitete Auflage, C. F. Müller Verlag, Heidelburg, 2002, S. 45, Rn. 96.

[306] Dieter Medicus, Allgemeiner Teil des BGB, 8., neu bearbeitete Auflage, C. F. Müller Verlag, Heidelburg, 2002, S. 45, Rn. 96.

而是引致其可被撤销,也是为什么时效被设计成一项抗辩”。[307]

就**“法律规制便宜”**而言,除了因为若法律规定强制消灭权利会牵连地引起其他不便,例如,使某些从属权利也一并消灭之外,赋予抗辩权有时候还有利于“诉讼经济”(Prozeßökonomie),例如,若无合同不履行抗辩权,便会有大量案件被诉诸法院,正如冯·图尔所言:“在其他情形下,抗辩权这个概念之所以合理,则是出于诉讼经济的考量;例如,假如在双务合同上,第320条不把对立给付问题作为一项抗辩权的内容,那么在无数的情形下,尤其是在缺席程序中,法官都会有过量的工作要做;因为可以料想到的是,如果被告必须要求对立给付的话,他是会主张的。”[308]

总言之,**笔者认为抗辩权概念是合乎逻辑的,而且在法律政策上**

---

[307] Andreas von Tuhr, Der allgemeine Teil des deutschen bürgerlichen Rechts, Erster Band: Allgemeine Lehren und Personrecht, Duncker & Humblot, 1910, S. 291: „mit einem materiellen oder moralischen Opfer für ihn verbunden sind; der Gesetzgeber handelt richtig, wenn er solche Befreiungsgründe als Gegenrechte konstruiert, deren Ausübung in den freien Entschluß des Verpflichteten verstellt ist. Das ist der Grund, weshalb die Aufrechnung in unserem Recht *facto hominis* wirkt, weshalb Irrtum, Zwang, Betrug nicht Nichtigkeit sondern Anfechtbarkeit des Rechtsgeschäfts nach sich zieht, weshalb endlich die Verjährung als Einrede gestaltet ist.“此段中文译文,由笔者自行翻译。

[308] Andreas von Tuhr, Der allgemeine Teil des deutschen bürgerlichen Rechts, Erster Band: Allgemeine Lehren und Personrecht, Duncker & Humblot, 1910, S. 291: „In anderen Fällen ist die Verwendung de Einredebegriffs durch Erwägungen der Prozeßökonomie gerechtfertigt; wäre z. B. bei den gegenseitigen Verträgen die Frage der Gegenleistung nicht zum Inhalt einer Einrede, §. 320, gemacht, so wäre in zahllosen Fällen, insbesondere im Versäumnisverfahren, dem Richter eine überflussige Arbeit auferlegt; denn man kann damit rechnen, daß der Beklagte, wenn er die Gegenleistung zu verlangen hat, dies geltend macht.“此段中文译文,由笔者自行翻译。Vgl. Motive zu dem Entwurfe eines Bürgerlichen Gesetzbuches für das Deutsche Reich, Band 1, J. Guttentag, 1888, S. 366.

(rechtspolitisch)更有实益支持。[309]

第二节 抗辩权的本质:抗辩权是否属于权利

一、旧时代权利观下的迷思:抗辩权可否是权利

在德国法学上,抗辩权这个概念的另一场论争是,抗辩权究竟是权利抑或权能。不只是汉语上"抗辩权"一词的"权"并无直接表达它是权利抑或权能,在德语上"Einrede"同样没有表明它是"Recht"(权利)还是"Befugniß"(权能)。

在19世纪中叶,抗辩权已被称作一项权利。例如,弗里德里希·卡尔·冯·萨维尼(1779~1861)便认为主张抗辩是在行使权利

---

〔309〕 然而,这不代表笔者认为BGB所规定的每一种抗辩权要件事实都是合理的。有时候,BGB为何会将某些事情理解成抗辩权要件事实,而将另一些事情理解成权利消灭要件事实,是耐人寻味的。例如,冯·图尔便提出了一个疑问:"BGB为何把某些事情理解成抗辩,而把另一些事情理解成权利妨碍型事实或权利废除型事实,并不总是值得赞同的,甚至并不总是可以理解的。例如,正如经常被指出的那样,反对所有权的一项权利,是作为抗辩权针对索还之诉生效的(第986条),但第1004条第2款所规定的否认请求权(negatorische Anspruch)却是应当依法律本身而被排除。"(Nicht immer sind die Gründe, weswegen das BGB. gewisse Tatbestände als Einreden, andere als rechtshindernde resp. rechtsaufhebende Tatsachen auffaßt, einleuchtend oder auch nur erkennbar. So ist z. B. oft darauf hingewiesen worden, daß ein dem Eigentum entgegenstehendes Recht gegentber der Vindikation als Einrede wirkt, §.986, während der negatorische Anspruch nach §.1004 Ⅱ ipso jure ausgeschlossen sein soll.)此段中文译文,由笔者自行翻译。参见Andreas von Tuhr, Der allgemeine Teil des deutschen bürgerlichen Rechts, Erster Band: Allgemeine Lehren und Personrecht, Duncker & Humblot, 1910, S. 291。梅迪库斯与彼得森也认为有时候在法律政策上区分抗辩(Einrede)和异议(Einwendung)的理由是非常值得怀疑的,参见Dieter Medicus/Jens Petersen, Allgemeiner Teil des BGB, 11., neu bearbeitete Auflage, C. F. Müller Verlag, Heidelburg, 2016, S. 53, Rn. 97; Dieter Medicus, Allgemeiner Teil des BGB, 8., neu bearbeitete Auflage, C. F. Müller Verlag, Heidelburg, 2002, S. 45-46, Rn. 97。

(Recht);[310] 阿恩茨也认为抗辩权是反对诉权的一项权利(Recht),[311] 甚至用了一个罗马人不用的术语"*ius exceptionis*",来凸显其权利(*ius*)属性。**然而,在19世纪末叶,随着请求权概念的诞生和传播,抗辩权的权利话语也开始变得混乱起来。**这是因为,在温德沙伊德的构想中,"请求权不是权利的特殊种类(besondere Art des Rechts);请求权是每项权利都可以具有的形态(eine Gestaltungsform),因为它是权利的本质内容(wesentliche Inhalt der Rechte),以致依据权利,对人的意思的服从,是能够被要求的"。[312] 可见,在温德沙伊德看来,每一项权利本质上都表现为请求权。若按照他的逻辑,一项毫无疑问的推论便是,任何不表现为请求权的东西,都不构成权利。那么,和请求权对立的抗辩权也称得上是请求权吗?抗辩权如何和他的权利观对接?温德沙伊德对这个问题并没有清晰解释。他自己似乎也是犹豫不决的,因为一方面若说抗辩权是权利,便似乎难以和其"权利的请求权式理解"融贯;但另一方面抗辩权无疑是主体的一种行事可能,因此又不得不称之为权能(Befugniß)。实际上,温德沙伊德的确从没说过抗辩权是权利,而只是将抗辩权称为权能,[313] 而且他并不是在正文中开宗明义地这样界定,而只是在脚注中批评萨维尼抗辩权概念时提出的,这一点也佐证了其犹豫不决。当然,在温德沙伊德的体系下,把抗辩权归入权利也不是没有可能的,但这样便

---

[310] Friedrich Carl von Savigny, System des heutigen römischen Rechts, Bd. 5, Berlin, 1841, §. 225, S. 153–154: „ein entgegenstehendes **Recht** des Beklagten"; S. 152: „die Entgegensetzung dem Beklagten zustehenden **Rechts**"; S. 161: „Behauptung eines selbstständigen **Rechts** desselben beruht"; S. 169: „Da der Inhalt der Exceptionen in einem selbstständigen **Recht** des Beklagten besteht".

[311] Ludwig Arndts, Lehrbuch der Pandekten, J. G. Cotta, 1852, §. 101, S. 126: „ein dem letzten entgegenstehendes **Recht**".

[312] Bernhard Windscheid, Lehrbuch des Pandektenrechts, Bd. 1, Buddeus, 1862, §. 43, S. 90: „Der Anspruch ist keine besondere Art des Rechts; der Anspruch ist eine Gestaltungsform, welche jedes Recht anzunehmen fähig ist, da es der wesentliche Inhalt der Rechte ist, daß aus denselben die Unterwerfung menschlichen Wollens verlangt werden kann."此段中文译文,由笔者自行翻译。粗体为笔者所标示。

[313] Bernhard Windscheid, Lehrbuch des Pandektenrechts, Bd. 1, Buddeus, 1862, §. 47, S. 102–103, Anm. 2: „die **Befugniß**, die Zurückweiseng des klägerischen Anspruchs zu verlangen."

要把抗辩(拒绝做某行为)也理解成"请求"了;尽管温德沙伊德本人的确曾称抗辩权是"**要求**拒绝原告请求权的权能"(die Befugniβ, die Zurückweiseng des klägerischen Anspruchs zu **verlangen**),[314]但这是否代表他把抗辩权也理解成一种请求权,是十分值得怀疑的,至少他自己并没有明确地这样说。因此,总言之,**抗辩权是否属于权利,温德沙伊德并无明言,而且答案似乎倾向是否定的,因为按他的权利观,把抗辩权纳入权利实有难度。**

温德沙伊德的这种"权利的请求权式理解",使权利概念变得封闭起来。其结果是,权利和权能从此被奇怪地区别开来。在温德沙伊德之前,传统上,"权能"一词,是用来厘清"Recht"的主观意义和客观意义的,因为主观意义上的"Recht"(das Recht im subjektiven Sinne),是人的行事可能,故谓之"Befugniß"(源自 befugen 亦即"许可",故有"Befugniß"者即获许可,也就是能够做某事),汉语上一直译为"权能"。因此,权能是权利的本质,故从结构观点上看,也是权利的组成部分。萨维尼正是**把权利等同于权能(注意是真的等同,而非一者为另一者的上位概念)**:"我们把这项力量(Macht),称为此人的权利(Recht),而权利**是权能的同义词(gleichbedeutend mit Befugniß)**:有些人则称之为主观意义上的 Recht。"[315]然而,在温德沙伊德那里,抗辩权这样一种不得不被称为权能的东西,却又碍于其"权利的请求权式理解",而似乎难以被归入权利。

到了 20 世纪初,**"抗辩权不是权利,只是权能"这种温德沙伊德应该认同但终究没有明确说出口的话,被一些法律人明确说了出来。**保罗·朗海尼肯(Paul Langheineken)(1865~1930)便认为,权利必须表现为请求权,亦即必须是旨在要求他人行为。若是指向自身行为的,则是权能。

---

[314] Bernhard Windscheid, Lehrbuch des Pandektenrechts, Bd. 1, Buddeus, 1862, §. 47, S. 102–103, Anm. 2.

[315] Friedrich Carl von Savigny, System des heutigen römischen Rechts, Bd. 1, Berlin, 1841, §. 225, S. 153–154: „Diese Macht nennen wir **ein Recht** dieſer Person, **gleichbedeutend mit Befugniß**: Manche nennen es das Recht im subjectiven Sinn. "此段中文译文,由笔者自行翻译。粗体为笔者所标示。

如是者,权能开始具有一重全新的含义:自身行为的可能。[316] 因此,**权能和请求权被理解成截然对立的概念**:权能是指向自身行为,请求权则是指向他人行为。在汉语中看来,把这两个术语对立起来是有点吊诡的,这完全是因为中译使然,但若观乎德语,则并无突兀之感:“Befugniß”指向自身行为,“Anspruch”指向他人行为。根据这种理解,保罗·朗海尼肯明言,抗辩权不是权利,而是权能,[317] 因为“权能有别于权利之处首先便在于,**权能不像权利那样包含请求权(sie nicht Ansprüche in sich enthalten, wie die subjektiven Rechte)**”。[318] 保罗·朗海尼肯这种狭隘的权利观,显然便是推衍自温德沙伊德的“权利的请求权式理解”。

然而,假如抗辩权因为不包含请求权而不属于权利,那么又该如何解释 BGB 的立法预备文件和最终文本都将抗辩权称为权利(Recht)?实际上,在 BGB 会议纪要[319] 和理由书[320] 把抗辩权界定为“拒绝满足请求权的权能(Befugniß)”的同时,抗辩权在 BGB 会议纪要[321] 中也被称为“Einrederecht”,亦即被定性为权利(Recht),而且最终 BGB 在一些法

---

[316] Paul Langheineken, Anspruch und Einrede nach dem Deutschen Bürgerlichen Gesetzbuch, Leipzig: Engelmann, 1903, S. 3.

[317] Paul Langheineken, Anspruch und Einrede nach dem Deutschen Bürgerlichen Gesetzbuch, Leipzig: Engelmann, 1903, S. 43.

[318] Paul Langheineken, Anspruch und Einrede nach dem Deutschen Bürgerlichen Gesetzbuch, Leipzig: Engelmann, 1903, S. 5: „Von den subjektive Rechten (hierüber unter Ⅳ) unterscheiden sich die Befugnisse vor allem dadurch, daß **sie nicht Ansprüche in sich enthalten, wie die subjektiven Rechte**.“此段中文译文,由笔者自行翻译。粗体为笔者所标示。

[319] Protokolle der 1. Kommission zur Ausarbeitung des Entwurfs eines Bürgerlichen Gesetzbuches für das Deutsche Reich, I, S. 416: „Unter Einrede im Sinne von **Einrederecht** versteht das Gesetzbuch **die Befugniß**, die Befriedigung eines Anspruchs verweigern zu dürfen, trotzdem daß der Anspruch an und für sich begründet ist“.

[320] Motive zu dem Entwurfe eines Bürgerlichen Gesetzbuches für das Deutsche Reich, Band 1, J. Guttentag, 1888, S. 359: „die **Befugniß** [...], die Befriedigung eines Anspruches verweigern zu dürfen, obwohl der Anspruch an und für sich besteht“.

[321] Protokolle der 1. Kommission zur Ausarbeitung des Entwurfs eines Bürgerlichen Gesetzbuches für das Deutsche Reich, I, S. 416.

条中也明确将抗辩权称为权利,[322] 因此,BGB 看来并没有采纳温德沙伊德的“权利的请求权式理解”,而是依旧如传统理论那样将权利视为由权能构成。面对立法上这样确凿的表态,**保罗·朗海尼肯却依然坚持抗辩权不是真的权利,但他的解释有流于诡辩之嫌:他认为,BGB 的“权利”(Recht)一词有时是广义的,除包括权利(他用了“subjektives Recht”一词以区别于“广义”的权利)之外,尚包括权能。**[323] 而且,他认为 BGB(第 770 条第 2 款:保证人拒绝清偿的权能)和 HGB(《商法典》,第 129 条第 3 款:股东拒绝清偿的权能)有法条说抗辩权是权能,便是证据。所以,保罗·朗海尼肯批评了一些同时代法律人[324] 将抗辩权看成权利的见解。他如此界定抗辩权:

> 抗辩权(Einrede 或 Einrederecht),是以单方意思表示排除请求权主张生效的力量,无论是全部或部分排除、一方面或多方面排除。因此,**抗辩权是**一项法律能权(ein Recht des rechtlichen Könnens)、**一项权能(eine Befugnis)**,而且有时候也会被法律(第 770 条第 2 款;比照《商法典》第 129 条第 3 款)如此指称。因此,它同样属于较广义的“权利”类别,并因而被称为“权利”(Recht)(例如,第 322 条第 1 款、第 440 条第 1 款、第 1990 条第 2 款、第 1991 条第 1 款第 2 句、第 2006 条第 2 款)。然而,一定不能把它和[**本义或者说狭义的**]**权利**

---

[322] Z. B. §. 322 Abs. 1, 440 Abs. 1, 1990 Abs. 2, 1991 Abs. 1, 2059 Abs. 1 Satz 2, 2006 Abs. 2.

[323] Paul Langheineken, Anspruch und Einrede nach dem Deutschen Bürgerlichen Gesetzbuch, Leipzig: Engelmann, 1903, S. 2.

[324] 保罗·朗海尼肯认为以下这些说法都是错的:伯恩哈德·马蒂亚斯(Bernhard Matthiaß)(1855～1918)认为,抗辩权是一项权利;费利克斯·弗里登塔尔(Felix Friedenthal)(1825～1906)则认为,抗辩权内含权利(die Einrede enthalte ein subjektives Recht)。Vgl. Bernhard Matthiaß, Lehrbuch des Bürgerlichen Rechtes, I, §. 70, Ⅱ B, S. 308; Felix Friedenthal, Einwendung und Einrede in der Civilprozeßordnung und dem Bürgerlichen Gesetzbuch für das Deutsche Reich, S. 54; *apud* Paul Langheineken, Anspruch und Einrede nach dem Deutschen Bürgerlichen Gesetzbuch, Leipzig: Engelmann, 1903, S. 43, Anm. 4.

(subjektives Recht)相提并论。[325]

总言之,抗辩权一开始无法作为权利而独立,原因主要在于,它是指向"法律上的"某种作用,因为它对抗的是权利行使,亦即对抗一种发生在抽象思维世界里的状态发生,而不是指向物理世界的行为(如同请求权相对人的作为或不作为那样),在那个连形成权概念也没有被广泛接纳成权利类型的年代,亦即20世纪前甚至21世纪初,它的命运自然也是如此。然而,**这种狭隘的权利观在法学史上并没有维持很长时间**,只是从19世纪末延续至20世纪初而已。这是因为,**在20世纪初,随着德国法学上权利观的包容扩张,这些以往在"权利的请求权式理解"中难有容身之处的概念,开始被主流见解承认为真正的权利**,而不只是属于"广义"的权利。以往只被视为"权能"的自身行为可能,包括支配权和形成权,都被正式"升格"为权利。[326] 如是者,**抗辩权在昔日无法被归入权利的困局,遂迎刃而解。**以代表20世纪上半叶德国法学界通说的恩内策鲁斯为例,即可见一斑。恩内策鲁斯便正是将抗辩权定性为权利(Recht),而且再无什么广狭义之说:"抗辩权(Einreden)是指用来使一项

---

〔325〕 Paul Langheineken, Anspruch und Einrede nach dem Deutschen Bürgerlichen Gesetzbuch, Leipzig: Engelmann, 1903, S. 43: „Einrede oder Einrederecht bezeichnet die Macht, durch einseitige Willenserklärung, die Wirksamkeit der Geltendmachung eines Anspruches, sei es ganz oder teilweise, nach einer oder mehreren Richtungen hin, auszuschließen. **Die Einrede ist** also ein Recht des rechtlichen Könnens, **eine *Befugnis***, und wird auch als solche gelegentlich vom Gesetz (in §. 770 Abs. 2; vgl. nach HGB §. 129 Abs. 3) bezeichnet. Sie fällt somit auch unter die weitere Kategorie der ‚Rechte' und wird daher häufig (z. B. in §. 322 Abs. 1, 440 Abs. 1, 1990 Abs. 2, 1991 Abs. 1, 2059 Abs. 1 Satz 2, 2006 Abs. 2) Recht genannt. Dagegen darf sie nicht zu **den subjektiven Rechten** gestellt werden."此段中文译文,由笔者自行翻译。粗体为笔者所标示。原文用字距来强调"Befugnis"(权能)一词。

〔326〕 关于这个过程,非本书主题,且篇幅巨大,本书也无法阐述。笔者将另行撰文详论。有趣的是,随着"权利的请求权式理解"被打破,形成权被公认是权利类型之后,有些人认为抗辩权完全可被纳入形成权,故就此意义而言依然没有独立必要,如是者,抗辩权要么无家可归,要么寄人篱下,而从来不是一家之主。

就自身而言成立的权利被视为不生效力的反对权(Gegen**rechte**)。"[327]因此,这一场争论,其实只不过是权利概念的界定问题或者说定义问题罢了。

二、新时代权利观下的迷思:抗辩权何时是权利

(一)新的讨论背景:独立与非独立抗辩权之分

随着20世纪初权利观的扩展,虽然权能这个概念已回归传统话语(构成权利的都称为权能),但抗辩权的讨论却依然未完全摆脱权利与权能之辩,而只是换了一个语境而被延续下去。这是因为,在挣脱狭隘的"权利的请求权式理解"后,抗辩权虽然可以是权利,但有时依然只是依附于一项基础权利。此即**独立抗辩权(selbständige Einreden)**与**非独立抗辩权(unselbständige Einreden)**之分。独立抗辩权,例如,时效抗辩权(die Einrede der Vejährung)(第214条第1款;原第222条第1款)、维持生计抗辩权(Einrede des Notbedarfs)(第519条)、检索抗辩权或称先诉抗辩权(Einrede der Vorausklage)(第771条);非独立抗辩权,例如,针对所有权请求权的抗辩权(die Einrede gegen den Eigentumsanspruch)(第986条)、留置抗辩权(die Einrede der Zurückbehaltung/die Zurückbehaltungseinrede)(第273条、第1000条)、合同不履行抗辩权(die Einrede des nicht erfüllten Vertrages)(第320条)、不当得利抗辩权(die Einrede der Bereicherung)(第821条)、恶意抗辩权(Arglisteinrede)(第853条)、[328]反对买受人解除或

---

[327] Ludwig Enneccerus/Theodor Kipp/Martin Wolff, Lehrbuch des Bürgerlichen Rechts, Erster Band, erste Abteilung: Einleitung, Allgemeiner Teil, von Ludwig Enneccerus, Marburg, 1926, S. 159, Anm. γ): „die [...] Einreden, d. h. Gegen**rechte**, vermöge deren man ein an sich begründetes Recht als unwirksam behandeln."此段中文译文,由笔者自行翻译。

[328] 不当得利抗辩权和恶意抗辩权,都是出于以下思想:当债务人可以要求债权人废除债权时,他同样可以拒绝被要求做的给付,此即法谚"dolo facit qui petit quod redditurus est"(要求须归还的东西乃恶意行事)。不当得利抗辩权和恶意抗辩权,所针对的便分别是无法律上理由(ohne rechtlichen Grund)或因债权人不法行为而创设(aus einem Belikt des Gläubigers entstanden ist)的债权。Vgl. Andreas von Tuhr, Der allgemeine Teil des deutschen bürgerlichen Rechts, Erster Band: Allgemeine Lehren und Personrecht, Duncker & Humblot, 1910, S. 300.

减少请求权的抗辩权(原第478条)。[329]

自20世纪初叶起,主流见解即认为独立抗辩权与非独立抗辩权的**区分标准在于抗辩权的"创设原因"或称"发生原因"(Entstehungsgrunde)**,[330]**换言之,抗辩权是否"建基于"(beruhen auf)、"依据"(ihr zugrunde liegen)、"产生自"(gehen hervor aus)或者说"(作为部分而)构成"(bestehen aus)另一项权利。**例如,根据恩内策鲁斯所言,抗辩权可以**"建基于"**一项物权或债权[331](**auf** einem dinglichen oder obligatorischen Rechte **beruhen**),因此,用益权或质权反对出租人所有权之诉的抗辩权(Einrede des Nießbrauchs oder des Pfandrechts gegenüber der Eigentumsklage des Vermieters),便属于非独立抗辩权。然而,抗辩权也可以是独立的,亦即不**"依据"**任何其他权利(ihr kein anderes Recht **zugrunde liegt**)(物权或债权),因而**纯粹是一项防御型权利(Abwehrrecht),其意义仅在于驳倒请求权(dessen Bedeutung sich in der Entkräftung des Anspruchs erschöpft)(或其他权利)**,如时效抗辩权。正因如此,"非独立抗辩权只是它们所依据的那项权利的**一项功能(eine Funktion)**而已"。[332] 这种论述至今仍然非常流行,例如,胡布纳便这样描述独立抗辩权和非独立抗辩权之分:"抗辩权既可以是**建基于(beruhen auf)**一项仅仅表现为抗辩可能的反对权(独立抗辩权),也可以作为一项朝其他面向起作用的反对

---

[329] Ludwig Enneccerus/Theodor Kipp/Martin Wolff, Lehrbuch des Bürgerlichen Rechts, Erster Band, erste Abteilung: Einleitung, Allgemeiner Teil, von Ludwig Enneccerus, Marburg, 1926, S. 581 – 582; Andreas von Tuhr, Der allgemeine Teil des deutschen bürgerlichen Rechts, Erster Band: Allgemeine Lehren und Personrecht, Duncker & Humblot, 1910, S. 298 – 304; Heinz Hübner, Allgemeiner Teil des Bürgerlichen Gesetzbuches, 2. Auflage, Walter de Gruyter, 1996, S. 220, Rn. 440.

[330] Andreas von Tuhr, Der allgemeine Teil des deutschen bürgerlichen Rechts, Erster Band: Allgemeine Lehren und Personrecht, Duncker & Humblot, 1910, S. 298.

[331] 当然,把抗辩权可赖以为据的权利限定为物权或债权,是没有道理的。不过,恩内策鲁斯在这里也许只是举例而已。

[332] Ludwig Enneccerus/Theodor Kipp/Martin Wolff, Lehrbuch des Bürgerlichen Rechts, Erster Band, erste Abteilung: Einleitung, Allgemeiner Teil, von Ludwig Enneccerus, Marburg, 1926, S. 581 – 582: „Die unselbständigen Einreden dagegen sind nur **eine Funktion** des ihnen zugrunde liegenden Rechts."此段中文译文,由笔者自行翻译。粗体为笔者所标示。

权的后果而产生(非独立抗辩权)。”[333]

那么,为何抗辩权有时候会是“建基于”一项权利?它们所“建基于”的那项权利是怎样的权利?这项权利除了是抗辩权的“依据”,还是什么的“依据”吗?对此,冯·图尔有更详细的说明:

> 因性质和效力使然,抗辩权总是一项反对请求权的消极型权利(negatives Recht)。根据创设原因,抗辩权可被分为两类:有一些抗辩权,**建基于**抗辩权人的一项积极型权利(**beruhen auf** einem Recht des Einredeberechtigten)(物权或债权);积极型权利视乎情况,当权利人身处一个要求给付的处境时,**产生请求权**(**gehthervor ein Anspruch**),而当权利向他赋予权能,让他拒绝做被要求做的给付时,则是**产生抗辩权**。对所有权、债权或其他积极型权利而言,请求权是攻击型保护手段,抗辩权则是防御型保护手段。这些抗辩权名为非独立抗辩权,因为它们**建基于另一项权利(auf einem anderen Recht beruhen)**。独立抗辩权则相反,它们是不与任何积极型权利尤其是请求权成对的消极型权利。例如时效即属此类,这是由于,因时间届至而生的法律效力,只是为债务人创设给付拒绝权能而已;赠与债务人的维持生计抗辩权(第519条)、检索抗辩权等,也属于

[333] Heinz Hübner, Allgemeiner Teil des Bürgerlichen Gesetzbuches, 2. Auflage, Walter de Gruyter, 1996, S. 220, Rn. 440:„Das Einrederecht kann **auf** einem Gegenrecht **beruhen**, das sich in der Einredemöglichkeit erschöpft (*selbständige* Enreden) oder sich als Konsequenz eines in andere Richtung gehenden Gegenrechts ergeben (*unselbständige* Einreden).“此段中文译文,由笔者自行翻译。粗体为笔者所标示。原文用斜体来强调“selbständige”(独立)和“unselbständige”(非独立)两词。

此类。[334]

非独立抗辩权,是由于**权利生命的偶然形态(die zufällige Gestaltung des Rechtslebens)**而与请求权相冲突的一项积极型权利的反面(Kehrseite)。相反,所谓的独立抗辩权,在其创设上是与它所反对的请求权互相关联的;它们是建基于请求权的**内在弱点**(sie beruhen auf einer dem Anspruch **inhärierenden Schwäche**):时效是建基于请求权在一定时间内不被主张;维持生计抗辩权,则是建基于请求权旨在实现赠与,诸如此类。[335]

冯·图尔举例说道,"一项债权有时会由给付请求权和抗辩权一并构

[334] Andreas von Tuhr, Der allgemeine Teil des deutschen bürgerlichen Rechts, Erster Band: Allgemeine Lehren und Personrecht, Duncker & Humblot, 1910, S. 298 – 299: „Die Einrede ist ihrer Natur und Wirkung nach stets ein negatives Recht, gerichtet gegen einen Anspruch. Dem Entstehungsgrunde nach kann man die Einreden in zwei Klassen einteilen: gewisse Einreden **beruhen auf** einem positiven Recht (Sachenrecht oder Forderung), des Einredeberechtigten; aus dem positiven Recht **geht** je nach Umständen **hervor ein Anspruch**, wenn der Berechtigte in die Lage kommt, eine Leistung zu verlangen, oder **eine Einrede**, wenn sein Recht ihm die Befugnis verleiht, eine von ihm verlangte Leistung zu verweigern. Der Anspruch ist das offensive, die Einrede das defensive Schutzmittel des Eigentums, der Forderung oder des sonstigen positiven Rechtes. Solche Einreden werden, weil sie **auf einem anderen Recht beruhen** unselbständige Einreden genannt. Im Gegensatz dazu stehen die selbständigen Einreden d. h. solche negative Rechte, denen kein positives Recht, insbesondere kein Anspruch, entspricht; dazu gehört z. B. die Verjährung, weil durch den Ablauf der Zeit keine andere Rechtswirkung entsteht außer der Befugnis des Schuldners, die Leistung zu verweigern: ebenso das beneficium competentiae de Schenkungsschuldners, §. 519, das beneficium excussionis u. a."此段中文译文,由笔者自行翻译。粗体为笔者所标示。原文用字距来强调"unselbständige"(非独立)和"selbständigen"(独立)二词。

[335] Andreas von Tuhr, Der allgemeine Teil des deutschen bürgerlichen Rechts, Erster Band: Allgemeine Lehren und Personrecht, Duncker & Humblot, 1910, S.298, Anm.40: „Die unselbständigen Einreden sind die Kehrseite eines positiven Rechts, welches durch **die zufällige Gestaltung des Rechtslebens** in Kollision mit dem Ansruch kommt. Dagegen haben die sogenannten selbständigen Einreden in ihrer Enstehung einen Zusammenhang mit dem Anspruch, welchem sie entgegentreten; sie beruhen auf einer dem Anspruch **inhärierenden Schwäche**: die Verjährung darauf, daß der Anspruch während einer bestimmten Zeit nicht geltend gemacht wurde, das benef. comp. darauf, daß der Anspruch die Realisierung einer Schenkung bezweckt usw."此段中文译文,由笔者自行翻译。粗体为笔者所标示。

成"(Bisweilen **bestehtaus** einer Forderung zugleich Anspruch auf Leistung und Einrede)。例如,BGB 第 273 条(债务人因自己的一项债权而有的留置权)、第 320 条(债务人因自己的一项债权而有的合同不履行抗辩权)。但在另一些情形下,"由于事实状态已符应了债权,故无请求权存在"(ist kein Anspruch vorhanden, weil der tatsächliche Zustand dem Forderungsrecht entspricht),例如,承租人已经占有着物;然而,为了维持这样的事实状态,承租人可以针对出租人的所有权请求权,运用第 986 条所赋予的抗辩权。第 2319 条所赋予的抗辩权,同样是建基于一项权利,但并无一项请求权一并存在,因为继承人不得要求向任何人要求特留份。[336]

(二)理论构造问题:独立与非独立抗辩权之分是权利区分

从论者们的论述可见,虽然他们往往语焉不详,甚至论述前后矛盾,但根据他们自己的说法,**非独立抗辩权并不只是"在发生上从属"于一项权利,而且甚至可谓是"在结构上从属"于这项权利,因而是这项权利的权能之一了**。例如,冯·图尔便时而说非独立抗辩权是抗辩权这种"权利"(Recht)的一类、非独立抗辩权"建基于另一项权利"(auf einem anderen Recht beruhen),故明显是将非独立抗辩权看成权利,但又时而把非独立抗辩权明确归入**"债权所包含的其他权能"(die übrigen in der Forderung enthaltenen Befugnisse)**、[337] 明言"一项债权有时会由给付请求权和抗辩权一并**构成**"。[338]

笔者认为,**若把抗辩权看成一项"权利",那么,再将其区分成独立抗辩权和非独立抗辩权,这种学界非常流行的论述架构是非常值得检讨的,因为非独立抗辩权似乎根本称不上是权利,而只是权利的构成部分**

---

[336] Andreas von Tuhr, Der allgemeine Teil des deutschen bürgerlichen Rechts, Erster Band: Allgemeine Lehren und Personrecht, Duncker & Humblot, 1910, S. 299, Anm. 38.

[337] Andreas von Tuhr, Der allgemeine Teil des deutschen bürgerlichen Rechts, Erster Band: Allgemeine Lehren und Personrecht, Duncker & Humblot, 1910, S. 303, Anm. 53, S. 142.

[338] Andreas von Tuhr, Der allgemeine Teil des deutschen bürgerlichen Rechts, Erster Band: Allgemeine Lehren und Personrecht, Duncker & Humblot, 1910, S. 299, Anm. 38: „Bisweilen **bestehtaus** einer Forderung zugleich Anspruch auf Leistung und Einrede."此段中文译文,由笔者自行翻译。粗体为笔者所标示。

(权能),这是由于,正如恩内策鲁斯所言,“非独立抗辩权只是它们所依据的那项权利的一项功能而已”。[339] **一方面说独立抗辩权和非独立抗辩权是抗辩权这种“权利”的区分,另一方面又说非独立抗辩权只是权利的一项权能,这显然自相矛盾。**

这一点也在论者们的表述上可见一斑:一方面,论者们在非独立抗辩权和基础权利之间关系的描述上,总是往往使用诸如“建基于”“依据”“产生自”这种模棱两可的说法,而不明确地说后者“包含”(enthalten)前者,也许是因为这样做便会暴露出这种区分的逻辑缺陷;另一方面,有些论者在谈论非独立抗辩权时,虽然并不明言它是一项权利的权能,但往往又在用词上称为一项“力量”(Kraft),[340] 这也许同样是因为,若明确地说非独立抗辩权是一项权能,便会凸显出独立和非独立抗辩权之分根本不是“权利区分”,例如,按照胡布纳的说法,出卖人请求买卖价金,买受人则主张(瑕疵)担保权(Gewährleistungsrecht)予以抗辩,拒绝支付,在这里,担保权这项权利**同时赋予了(gleichzeitig verliehen ist)**阻碍出卖人请求权实现的力量(die Kraft, die Durchsetzung des Verkäuteranspruchs zu hemmen)。[341] 可见,此项**阻碍力量(die Kraft zu hemmen)**并不是独自成立的,而是源于担保权,因而可谓只是担保权的权能罢了。至于独立抗辩权,例如,其典型例子时效抗辩权,其自身便是一项**纯粹的阻碍型权利(bloße Hemmungsrecht)**[342](亦即恩内策鲁斯所说的纯属防御型权利),而非只是作为一项权利的权能之一(“阻碍力

---

[339] Ludwig Enneccerus/Theodor Kipp/Martin Wolff, Lehrbuch des Bürgerlichen Rechts, Erster Band, erste Abteilung: Einleitung, Allgemeiner Teil, von Ludwig Enneccerus, Marburg, 1926, S. 581 – 582: „Die unselbständigen Einreden dagegen sind nur **eine Funktion** des ihnen zugrunde liegenden Rechts.“此段中文译文,由笔者自行翻译。粗体为笔者所标示。

[340] Heinz Hübner, Allgemeiner Teil des Bürgerlichen Gesetzbuches, 2. Auflage, Walter de Gruyter, 1996, S. 220, Rn. 440.

[341] Heinz Hübner, Allgemeiner Teil des Bürgerlichen Gesetzbuches, 2. Auflage, Walter de Gruyter, 1996, S. 220, Rn. 440.

[342] Heinz Hübner, Allgemeiner Teil des Bürgerlichen Gesetzbuches, 2. Auflage, Walter de Gruyter, 1996, S. 220, Rn. 440.

量”)而“寄人篱下”。

当然,非独立抗辩权究竟是“从属于另一项权利的权利”抑或只是“另一项权利所包含的权能”,这个问题也许只是理论意义较大,因为**那完全取决于我们认为某项权利的边界何在,也就是它包含了何种权能在内,这尤其可以因为立法者的设计而因法制而异,但往往连立法者自己也没有说清楚**。这也许正是论者的表述如此模棱两可的原因。然而,这不能成为学说在论述上自相矛盾的理由。

(三)实际用处问题:独立与非独立抗辩权之分有多大实益

即使撇开权利或权能之辩这种理论问题不谈,而只谈独立和非独立抗辩权之分的**区分实益**,也不难发现,其**区分实益也并没有乍看之下的那样大**。这是由于,虽然非独立抗辩权的产生取决于基础权利的存在,因此一般认为,非独立抗辩权的主体、非独立抗辩权的相对人、非独立抗辩权的存续,原则上都同于基础权利。可是,**在不少重要的情形下,实定法都另设特别规定,这就让独立与非独立抗辩权之分的实益变得非常有限**。

其一,在**非独立抗辩权的主体**方面,从非独立抗辩权的定义可知,它理应只会属于基础权利的拥有人。因此,举例而言:以用益权抗辩权为例,用益权抗辩权只属于用益权人,而不属于其他占有人;以留置抗辩权为例,仅在当事人有权获得同一项法律关系所致的对立给付时,他才会有留置抗辩权。**然而,这绝不代表立法者不能另有方案**。例如,根据BGB第986条,若某人是为他人实行占有,而后者有占有权,则前者便能以这样一项他人权利为由,针对索还提出抗辩。[343]

其二,在**非独立抗辩权的相对人**方面,抗辩权原则上也只能针对基础权利的相对人予以行使。若这项基础权利是物权,则由于物权可被用以反对(kann entgegengehalten werden)干扰或想干扰物权人对物支配的任何人,故对物拥有物权(例如,质权、用益权)的占有人,可以针对任何

---

〔343〕 Andreas von Tuhr, Der allgemeine Teil des deutschen bürgerlichen Rechts, Erster Band: Allgemeine Lehren und Personrecht, Duncker & Humblot, 1910, S. 301.

向其索还的人提出抗辩;相反,若这项基础权利是债权,则因债权原则上只对债务人生效,故原则上抗辩权只能对抗债务人,或者对抗身为继承人或依第566条(让与不破租赁)而取代其位置的人。然而,**在一种重要的情形下,法律却并无遵循这项原则**:在债权或所有权让与的情形下,新债权人或新所有权人,尽管并不承担让与人的义务,但也可以被针对让与人(原债权人或原所有权人)的抗辩权所对抗。[344]

其三,在**非独立抗辩权的存续**方面,常言道,原则上非独立抗辩权会随着基础权利的消灭而消灭,例如,留置抗辩权和合同不履行抗辩权,会因为它们所旨在确保实现的那项债权获满足或被免除,而被废除。[345] 而且,非独立抗辩权由于只是基础权利的"一项功能而已",故理应只能连同这项权利一起被废除,而独立抗辩权则可因放弃(需受领的单方意思表示)而被单独废除,但学说往往又会有所保留,没有把话说得那么绝对:第一,**"除非有相反的特殊理由"**(soweit nicht besondere Gründe entgegenstehen),否则独立抗辩权可因放弃而被单独废除;第二,非独立抗辩权虽然不能被单独放弃,但通过合同来放弃非独立抗辩权,**通常可被解释成许诺不行使权利(Zusage der Nichtansübung des Rechtes)**,[346]因而被容许。

而且,在非独立抗辩权的存续问题上,请求权时效完成对请求权所对应的那项抗辩权的影响,也在学界引起了争论。第821条(不当得利抗辩权)和第853条(恶意抗辩权)都明确规定,在请求权时效完成后,这

---

[344] Andreas von Tuhr, Der allgemeine Teil des deutschen bürgerlichen Rechts, Erster Band: Allgemeine Lehren und Personrecht, Duncker & Humblot, 1910, S. 301 – 302.

[345] Andreas von Tuhr, Der allgemeine Teil des deutschen bürgerlichen Rechts, Erster Band: Allgemeine Lehren und Personrecht, Duncker & Humblot, 1910, S. 302.

[346] Ludwig Enneccerus/Theodor Kipp/Martin Wolff, Lehrbuch des Bürgerlichen Rechts, Erster Band, erste Abteilung: Einleitung, Allgemeiner Teil, von Ludwig Enneccerus, Marburg, 1926, S. 581 – 582.

项抗辩权依然会继续存在。BGB 理由书[347]和部分文献[348]认为,由于请求权时效完成后,债权不能再产生抗辩权,**因此,第 821 条和第 853 条是前述原则(非独立抗辩权在存续上的依存性)的例外。但另一派观点[349]则认为,这两条规定都是一般原则**,因而将相反的规定(例如,原第 478 条,其要求买受人必须已经告知出卖人物有瑕疵,其抗辩权才会在请求权时效完成后存续)理解成出于实务考量而设的例外规定(eine durch praktische Erwägungen gerechtfertigte Ausnahmebestimmung)。冯·图尔认为,后一派观点似乎才比较合理,这是因为:一方面,这种观点能切合 BGB 对时效的构造(Struktur der Verjährung),因为时效仅仅影响请求权(nur der Anspruch betroffen),而且只是阻碍(nur gehemmt)请求权,而非破坏(zerstört)请求权,故债权所包含的其他权能(die übrigen in der Forderung enthaltenen Befugnisse)不会受影响;另一方面,这种观点也能达致较公平的结果。[350] 然而,这场争论持续了上百年,一直不乏有人持相反见解。例如,胡布纳便认为,BGB 原第 478 条就是**立法者让"非独立抗辩权在某些情况下可以作为独立抗辩权而被保留下来"[351]的例子**。

笔者认为,论者之间之所以有不同见解,在很大程度上只是因为对非独立抗辩权的理解不一样而已。在讨论前,应当先明确界定以下两点:其一,非独立抗辩权所依据的基础权利,是指整项权利,抑或只是指

---

[347] Motive zu dem Entwurfe eines Bürgerlichen Gesetzbuches für das Deutsche Reich, Band 1, J. Guttentag, 1888, S. 291.

[348] Planck §. 194, 1; Endemann §. 92 Note 10; Enneccerus I §. 218 V; *apud* Andreas von Tuhr, Der allgemeine Teil des deutschen bürgerlichen Rechts, Erster Band: Allgemeine Lehren und Personrecht, Duncker & Humblot, 1910, S. 302, Anm. 51.

[349] Dernburg I §. 182 VI; Kipp, Zus. 3 zu Windscheid §. 112 (9. Aufl.); Crome §. 114, 1; Leonhard §. 63 V; Regelsberger, JheringsJ. 41, 328 fg.; Staudinger §. 194, 8; *apud* Andreas von Tuhr, Der allgemeine Teil des deutschen bürgerlichen Rechts, Erster Band: Allgemeine Lehren und Personrecht, Duncker & Humblot, 1910, S. 302, Anm. 52.

[350] Andreas von Tuhr, Der allgemeine Teil des deutschen bürgerlichen Rechts, Erster Band: Allgemeine Lehren und Personrecht, Duncker & Humblot, 1910, S. 303.

[351] Heinz Hübner, Allgemeiner Teil des Bürgerlichen Gesetzbuches, 2. Auflage, Walter de Gruyter, 1996, S. 220, Rn. 440: „Unter Umständen können unselbständige Einreden als selbständige erhalten bleiben".

权利所产生的请求权?其二,非独立抗辩权是指只需要在发生上依据基础权利的存在(例如,冯·图尔),抑或在存续上同样必须取决于基础权利的存在,因而若立法者规定其存续不取决于基础权利的存在,它便是独立抗辩权(例如,胡布纳)[352]?只要在这两点上有共识,相信便可以排除许多不必要的争议。撇开这一具体争论不谈,笔者认为有一点非常值得思考:非独立抗辩权,无疑是因基础权利而产生,因为这是非独立抗辩权的定义使然(无论是对"发生依赖说"论者还是"存续依赖说"论者而言,这一点都不成问题),**但问题是,为何一并发生,便必须一并消灭?** 也许在一些情形下立法者所保护的两种利益之间确有勾连,但也不难想象相反的情形,因此,是否值得将"非独立抗辩权随基础权利的消灭而消灭"奉为某种"先验"逻辑,不无疑问。

第三节 抗辩权的对象:抗辩权可否对抗请求权

一、问题所在:抗辩权功能的理解

自温德沙伊德以来,抗辩权和请求权一直是成双成对的概念:抗辩权被认为是用以"反对请求权"(einem Anspruch kann entgegenstehen)或者说"抵抗请求权的实现"(sich seiner Durchführung widerseβen kann)。[353] 在 BGB 生效后,抗辩权另一种非常流行的定义是"应为给付拒绝权"

---

[352] 例如,合同不履行抗辩权,便被一些人认为是独立抗辩权,而被另一些人认为是非独立抗辩权,这归根究底只是定义问题。关于合同不履行抗辩权的定性,参见 Andreas von Tuhr, Der allgemeine Teil des deutschen bürgerlichen Rechts, Erster Band: Allgemeine Lehren und Personrecht, Duncker & Humblot, 1910, S. 300, Anm. 42, S. 302, Anm. 51。笔者认为,假如认为非独立抗辩权是指发生上依赖于基础权利,则合同不履行抗辩权无疑属于非独立抗辩权,因为正如冯·图尔所言,它乃是双务合同所生对立债权的反面(Kehrseite der aus dem gegenseitigen Vertrag erwachsenden Gegenforderung)。

[353] Bernhard Windscheid, Lehrbuch des Pandektenrechts, Bd. 1, Buddeus, 1862, §. 47, S. 101 - 102.

(das Recht, eine geschuldete Leistung zu verweigern)[354]或简称“给付拒绝权”(das Recht, eine Leistung zu verweigern),[355]但归根究底,这种定义也是以请求权的概念为基础的,因为论者是先综合了 BGB 第 194 条(请求权是要求他人作为或不作为的权利)和第 241 条第 1 款(债务人有权索求给付,包括作为和不作为),得出请求权是要求给付的权利,从而推导出抗辩权是拒绝给付的权利。因此,作为“防御权”(Abwehrrecht),抗辩权被认为是功能在于阻碍请求权实现的一种权利。

“抗辩权旨在对抗请求权”这种理解,至今依然见于普遍的民法总则教科书中,例如,迪特尔·梅迪库斯(1929~2015)与延斯·彼得森(1969~)的教科书,[356]以及拉伦茨与沃尔夫的教科书。[357]

但是,**为何抗辩权的功能会被认为局限于对抗请求权?**归根究底,原因有二:其一,从法学史发展上看,罗马法上“*actio* 和 *exceptio* 的对立”,在温德沙伊德那里被转换成“请求权和抗辩权的对立”;[358]其二,从教义学解释上看,BGB 会议纪要[359]和理由书[360]都把抗辩权定义为“拒绝满足请求权的权能”(die Befugniß, die Befriedigung eines Anspruchs verweigern zu dürfen)。因此,从 20 世纪初起,“抗辩权旨在对抗请求权”便已成为主流见解。例如,保罗·朗海尼肯将抗辩权定义为“以单方意

---

[354] Paul Langheineken, Anspruch und Einrede nach dem Deutschen Bürgerlichen Gesetzbuch, Leipzig: Engelmann, 1903, S. 44, 272.

[355] Paul Langheineken, Anspruch und Einrede nach dem Deutschen Bürgerlichen Gesetzbuch, Leipzig: Engelmann, 1903, S. 46.

[356] Dieter Medicus/Jens Petersen, Allgemeiner Teil des BGB, 11., neu bearbeitete Auflage, C. F. Müller Verlag, Heidelburg, 2016, S. 51, Rn. 92; Dieter Medicus, Allgemeiner Teil des BGB, 8., neu bearbeitete Auflage, C. F. Müller Verlag, Heidelburg, 2002, S. 44, Rn. 92.

[357] Karl Larenz/Manfred Wolf, Allgemeiner Teil des Bürgerlichen Rechts, 9. Auflage, Verlag C. H. Beck, 2004, S. 267-268, Rn. 68.

[358] 参见第二章第三节的“三、新时代之始:温德沙伊德的抗辩权(Einrede)概念”。

[359] Protokolle der 1. Kommission zur Ausarbeitung des Entwurfs eines Bürgerlichen Gesetzbuches für das Deutsche Reich, I, S. 416.

[360] Motive zu dem Entwurfe eines Bürgerlichen Gesetzbuches für das Deutsche Reich, Band 1, J. Guttentag, 1888, S. 359.

思表示排除请求权主张生效的力量";[361] 冯·图尔更明确指出"由于抗辩权是给付拒绝权能,故在概念上它只能针对请求权"。[362]

然而,这两点理由真的合理吗?

就第一点亦即"法学史发展"理由而言,人们一向很容易忽略的是,19 世纪中叶从"*actio* 和 *exceptio* 的对立"到"请求权和抗辩权的对立"的实体法化转变上,"进攻方"其实一直都是**任何权利**,因为萨维尼所理解的"*actio*"是**任何权利受侵害后的新形态**,[363] 而温德沙伊德所理解的请求权则是**任何权利的本质内容**。[364] 在温德沙伊德身处的 19 世纪中后叶,形成权理论尚在酝酿之中,未获广泛承认,而他本人又不承认支配权,因为他认为只有人与人之间的请求权才是权利本质。因此,依温德沙伊德之见,"请求权不是权利的特殊种类;请求权是每项权利都可以具有的形态,因为它是权利的本质内容,以致依据权利,对人的意思的服从,是能够被要求的"。[365] 所以,他并无特别强调抗辩权只能对抗**哪一种**权利,这是非常自然的,因为在他眼中,请求权便是一切权利的表现。不过,众所周知,**随着 20 世纪初权利观的扩展,各种权利形态(尤其是形成权和支配权)相继被通说认可,请求权已不是唯一的一种权利表现。因此,语境已经悄然改变。但是,法律人早已习惯的"抗辩权旨在对抗请求权"一说,却俨然成了一项固定的命题,被剥离语境地继续受到遵循,甚至被奉为圭臬,因而传承了下来。**在这种不适当的去脉络化解读之

---

〔361〕 Paul Langheineken, Anspruch und Einrede nach dem Deutschen Bürgerlichen Gesetzbuch, Leipzig: Engelmann, 1903, S. 43.

〔362〕 Andreas von Tuhr, Der allgemeine Teil des deutschen bürgerlichen Rechts, Erster Band: Allgemeine Lehren und Personrecht, Duncker & Humblot, 1910, S. 309 – 310: „Da die Einrede die Befugnis der Verweigerung einer Leistung ist, so kann sie sich begrifflich nur gegen einen Anspruch richten. "此段中文译文,由笔者自行翻译。

〔363〕 参见第二章第三节的"二、旧时代之末:萨维尼的抗辩权(Exception)概念"。

〔364〕 参见第二章第三节的"三、新时代之始:温德沙伊德的抗辩权(Einrede)概念"。

〔365〕 Bernhard Windscheid, Lehrbuch des Pandektenrechts, Bd. 1, Buddeus, 1862, §. 43, S. 90: „Der Anspruch ist keine besondere Art des Rechts; der Anspruch ist eine Gestaltungsform, welche jedes Recht anzunehmen fähig ist, da es der wesentliche Inhalt der Rechte ist, daß aus denselben die Unterwerfung menschlichen Wollens verlangt werden kann. "此段中文译文,由笔者自行翻译。

下,尽管权利已不再局限于请求权,但昔日早已成形的“抗辩权对抗请求权”之说,却如同魔咒一般挥之不去,这不是因为在法学逻辑上抗辩权不可能对抗其他权利,而只是因为抗辩权被先天地定义成对抗请求权,“天生一对”,尽管请求权的内涵后来已经从温德沙伊德那时的“任何权利的本质内容”变成了“某类权利的本质内容”。可见,温德沙伊德本人其实一直都认为抗辩权有可能对抗任何权利。在权利观得到扩展,因而请求权概念受限缩之后,继续认为“抗辩权旨在对抗请求权”,反而才是没有遵从温德沙伊德的见解,甚至有被术语表象蒙蔽而忽视了这种对抗范式的实质之嫌。这是学界在权利作用类型的认知上有了扩张,但忘记了相应地对抗辩权的概念进行相应扩张所致。

就第二点亦即“教义学解释”理由而言,BGB 会议纪要和理由书之所以说抗辩权是用以对抗请求权,这必须结合当时的历史背景来理解,因为那同样完全是因当时的权利观使然。温德沙伊德论述其抗辩权概念的第1版《学说汇纂法教程》(*Lehrbuch des Pandektenrechts*)第一卷出版于1862年,而 BGB 的立法工作则是正式开展于1874年(当年第一委员会被任命起草 BGB),一直持续到19世纪末,这在时间上很好地说明了为何 BGB 立法者的权利观受到时代局限,以请求权为主轴构建 BGB,而忽略了其他类型权利,更重要的是,温德沙伊德自己便是第一委员会的成员之一,这又在立法人员组成上很好地说明了 BGB 为何“独尊”请求权。总言之,在整个 BGB 立法阶段,温德沙伊德的“权利的请求权式理解”一直都是主流,至少是在委员会的内部。然而,历史因素(前期立法预备文件)固然是法律解释所需斟酌的因素之一,但也不能忽略最基础的文义因素(最终法条文字表述):BGB 最终文本从来都没有定义抗辩权,也没有将抗辩权的功能局限于对抗请求权。因此,**从“消极面”看,认为抗辩权功能不限于请求权,并无违反 BGB 法条文义**。更重要的是,**BGB 有一些法条更是明文将一些不是对抗请求权的权利,称为抗辩权**(容后详论)。因此,**从“积极面”看,认为抗辩权功能不限于请求权,甚至才更加切合 BGB 的法条**。“抗辩权旨在对抗请求权”论者常举出 BGB 的一些条文(例如,第202条、第

222 条、第 273 条、第 322 条、第 2187 条、第 2318 条),来证明抗辩权反对的是给付,因而是用以对抗请求权。但是,**“抗辩权旨在对抗请求权”这种论断是非常脆弱的,因为只要在 BGB 的体系下有反例(抗辩权旨在对抗其他类型权利),便足以证伪,而实际上 BGB 的确有这样的法条。**[366]“抗辩权旨在对抗请求权”论者,其唯一的救命稻草,可谓就是 BGB 会议纪要和理由书。但是,相信任何理性的解释者也许都会同意,立法者在预备文件中所表达的看法不一定是对的,不能被奉为圭臬,如同经常所见的那样。

总言之,人们继续坚持“抗辩权旨在对抗请求权”,并不是因为法理上或实定法(例如,BGB)上不可能出现抗辩权对抗其他权利的情形,而只是先入为主地将抗辩权的概念限缩成只能对抗请求权而已。所以,长久以来,德国法学界一直都不乏反对声音。因此,下文将分别检视**抗辩权对抗各类权利的可能性**。

二、抗辩权对抗抗辩权

“抗辩权旨在对抗请求权”一说的缺陷之一是,此说无法解释“反抗辩权”(Gegeneinrede)的存在。一方面认为“抗辩权旨在对抗请求权”,另一方面却又承认“反抗辩权对抗抗辩权”,乃是自相矛盾。

“反抗辩”的概念,早在罗马法上[367]已和抗辩(*exceptio*)一同出现。反对诉权的抗辩本身也有可能被“*replicatio*”反对:“*replicatio* 是对抗辩的反对,仿佛是**对抗辩的抗辩(*exceptionis exceptio*)**”(D. 44, 1, 22, 1)、[368]“*duplicatio* 则反对 *replicatio*,而针对 *duplicatio* 又常会被赋予 *triplicatio*,且

---

[366] Heinz Hübner, Allgemeiner Teil des Bürgerlichen Gesetzbuches, 2. Auflage, Walter de Gruyter, 1996, S. 219 – 220, Rn. 438.

[367] 科申巴尔 – 韦斯科夫斯基为“replicatio”(以及动词“replicare”)、“duplicatio”(以及动词“duplicare”)和“triplicatio”的罗马法原始文本来源(Quellenstellen),整理了详尽列表,足堪参照。Vgl. Ignacy Koschembahr – Łyskowski, Die Theorie der Exceptionen nach klassischem römischen Recht, Bd. 1, Ersteres Heft: Der Begriff der exceptio, Berlin: Guttentag, 1893, S. XVII – XVIII.

[368] D. 44, 1, 22, 1: “*Replicatio est contraria exceptio, quasi exceptionis exceptio.*” 此段中文译文,由笔者自行翻译。

quadruplicatio 则是再反对 *triplicatio*”（D. 44, 1, 2, 3）。[369] 拉丁文前缀“*re* –”是指“再次”，而“*dup* –”“*tri* –”“*quadru* –”分别指“二”“三”“四”，故为了和抗辩这个表述接轨，并更直观易懂地反映问题所在，在这里不妨按字义把“*replicatio*”、“*duplicatio*”、“*triplicatio*”和“*quadruplicatio*”分别译为“反抗辩”“反反抗辩”“反反反抗辩”“反反反反抗辩”。

在德国普通法时期成形的现代抗辩权理论[370]中，罗马法上“*exceptio*”的这些后续连锁反抗辩，也一并被继受了下来。温德沙伊德便引用罗马法指出，抗辩权可以阻碍请求权，但抗辩权又可以被“反抗辩权”反对，而“反抗辩权”又可以有其“反抗辩权”（因此，温德沙伊德所说的“反抗辩权”是广义的，不只包括“*replicatio*”）：

> **抗辩权可以被“反抗辩权”（Gegeneinrede）反对。**这是指：请求权所受的阻碍，可以被一项反对这种阻碍的事由所排除，如同请求权本身被抗辩权排除那样，亦即阻碍就自身而言虽然继续是成立的，但不能被主张。同理，**“反抗辩权”又可以再被反对它的“反抗辩权”制服。如此类推。**[371]

而且，依温德沙伊德所言，如同抗辩权那样，“反抗辩权”也有“实体

---

〔369〕 D. 44, 1, 2, 3：“*contra replicationem duplication, et contra duplicationem solet dari triplicatio, et contra triplicationem rursus quadruplicatio.*”此段中文译文，由笔者自行翻译。

〔370〕 例如，Friedrich Carl von Savigny, System des heutigen römischen Rechts, Bd. 5, Berlin, 1841, §. 229, 此节标题名为“反抗辩、反反抗辩，诸如此类”（Replicationen, Duplicationen u. s. w.）；Bernhard Windscheid, Lehrbuch des Pandektenrechts, Bd. 1, Buddeus, 1862, §. 48, 此节无标题，内容论述的是“反抗辩权”（Gegeneinrede），至于 §. 48 则是论述抗辩权。

〔371〕 Bernhard Windscheid, Lehrbuch des Pandektenrechts, Bd. 1, Buddeus, 1862, §. 48, S. 104 – 105：„**Der Einrede kann eine Gegeneinrede entgegenstehen.** Das will sagen: die Hemmung eines Anspruchs kann durch einen ihr entgegenstehenden Umstand in derselben Weise ausgeschlossen werden, wie der Anspruch selbst durch die Einrede ausgeschlossen wird, d. h. so, daβ die Hemmung, obgleich sie fortfährt an und für sich begründet zu sein, doch nicht geltend gemacht werden kann. **Ebenso kann die Gegeneinrede ihrerseits wieder durch eine ihr entgegenstehende Gegeneinrede überwunden werden, und sofort.**“此段中文译文，由笔者自行翻译。粗体为笔者所标示。

法意义上的反抗辩权”和“纯诉讼法意义上的反抗辩权”之分;[372]“纯诉讼法意义上的反抗辩权”,即否认抗辩权的存在;**“实体法意义上的反抗辩权”,则是用以“间接阻碍[373]抗辩权的阻碍力量”(die hemmende Kraft der Einrede indirect gehemmt),亦即“阻碍其阻碍”**。显然,我们在这里只关注“实体法意义上的反抗辩权”而已。

那么,问题是,**温德沙伊德所说的“反抗辩权”,在性质上究竟是否属于抗辩权?** 他自己并没有清晰表态。答案只有“不是”或“是”而已。假如不是抗辩权的话,“反抗辩权”便在其体系中便没有容身之所,而且无论是从体系角度、论述方式还是术语本身来看,“反抗辩权”都应该属于抗辩权,**更重要的是,根据温德沙伊德自己的说法,“反抗辩权”显然也有阻碍力量,而这一点正是抗辩权的特征**;但**假如是抗辩权的话,便代表了抗辩权也可以用来反对抗辩权,亦即阻碍抗辩权的实现,可见,抗辩权这个概念根本并不局限于对抗请求权。** 若真的要坚持说温德沙伊德的抗辩权只局限于对抗请求权,便只能接受以下一种奇特的解读:既然他认为一切权利的本质内容都是请求权,[374]那么假设抗辩也能算是一种请求,因而抗辩权在本质上也是属于请求权(虽然正如上文所言,这是极有疑问的)[375],这样的话,“反抗辩权”阻碍抗辩权,便也是抗辩权在阻碍请求权了。可是,这种解读显然是疑点重重的。[376] 因此,**总言之,最合理的**

[372] Bernhard Windscheid, Lehrbuch des Pandektenrechts, Bd. 1, Buddeus, 1862, §. 48, S. 105.

[373] 他似乎是想说,“纯诉讼法意义上的反抗辩权”则是用以“直接”阻碍抗辩权的阻碍力量,因为其径直否定了抗辩权的存在。

[374] Bernhard Windscheid, Lehrbuch des Pandektenrechts, Bd. 1, Buddeus, 1862, §. 43, S. 90.

[375] 参见本章“第二节 抗辩权的本质:抗辩权是否属于权利”。

[376] 如果说“抗辩权只对抗请求权”这项命题在温德沙伊德那种狭隘的权利观(“权利的请求权式理解”)下尚且有那么一丁点的自洽可能(把抗辩也理解为请求)的话,随着20世纪初权利观的扩张,通说认为请求权不再是唯一的权利表现,因此,“抗辩权只对抗请求权”这种说法已经难以成立,这是由于,若要把抗辩权视为权利,则把它归入请求权绝对不是唯一的选择,而且绝对有其他更佳的选择,因为无论是认为抗辩权自成一种权利形态,还是把它归入形成权(参见本章“第五节 抗辩权的归类:抗辩权是否属于形成权”),都肯定比“抗辩权也是属于请求权”更有说服力,因此,可谓已不再有空间认为“抗辩权也是属于请求权,所以反抗辩权阻碍抗辩权,其实也是抗辩权阻碍请求权”。

解读是，在温德沙伊德的体系下，抗辩权除了用以阻碍请求权，还可用以阻碍抗辩权。因此，一旦我们承认“反抗辩权”这个概念，便不能接受“抗辩权旨在对抗请求权”这种狭隘的观念。

在萨维尼、温德沙伊德之后，“反抗辩权”这个概念也在学说上被传承了下来，一直到 BGB 出台后仍然如此。例如，恩内策鲁斯便指出“反抗辩权（Repliken），可用以使一项就自身而言成立的抗辩权被视为不生效力（因而使它不能驳倒请求权）”。[377]

然而，也是在 20 世纪初，或许是受前文所述两方面实际上相当脆弱的理由（“抗辩权旨在对抗请求权”的去脉络化解读，以及 BGB 立法预备文件中的抗辩权定义）所影响，德国法学界有学者如弗雷德里克·恩德曼（Friedrich Endemann）（1857～1936），坚持在概念上抗辩权只能对抗请求权，并明确认为 BGB 中的“反抗辩权”（Replik）并不属于抗辩权，而只是“抗辩权废除”异议权（eine die Einrede aufhebende Einwendung）。[378] 那么，**在 BGB 的体系中，真的不可能出现“抗辩权 vs 抗辩权”的情形吗？身处同时代的冯·图尔认为，是有可能的：**

> 在许多情形下，恩德曼都是对的：若原告声称抗辩权已被消除（Wegfall eines Einrederechts），例如，因为已被放弃，那么，他不是在主张任何反对权。**但是，若衍生出抗辩权的那项被告权利，被一项抗辩权所反对的话，便不是这样了**；例如，原告进行索还（vindiziert），被告根据第 986 条援引对物的质权；原告则回复道，被告已向其许诺放弃质权。在这里，原告不是声称

---

〔377〕 Ludwig Enneccerus/Theodor Kipp/Martin Wolff, Lehrbuch des Bürgerlichen Rechts, Erster Band, erste Abteilung: Einleitung, Allgemeiner Teil, von Ludwig Enneccerus, Marburg, 1926, S. 159, Anm. γ): „die Repliken, vermöge deren man eine an sich begrüdete Einrede als unwirksam behandeln darf (so daβ sie also den Anspruch nicht zu entkräften vermag).“此段中文译文，由笔者自行翻译。

〔378〕 Endemann, §. 88 Note 30; *apud* Andreas von Tuhr, Der allgemeine Teil des deutschen bürgerlichen Rechts, Erster Band: Allgemeine Lehren und Personrecht, Duncker & Humblot, 1910, S. 310, Anm. 80.

质权不存在,而是针对质权所生的抗辩权援引一项反对权,使针对原告那项质权的效力被驳倒。[379]

退一步言之,即使撇开这个例子不谈,“抗辩权 vs 抗辩权”在法理上和立法上是完全有可能出现的,而只要有这种理论上的可能性,便已经足够。像恩德曼等人那样认为针对抗辩权只可能有异议权(温德沙伊德所说的“纯诉讼意义上的反抗辩权”),也许只是由于想象力不足而已,因为实在看不出来为何立法者在逻辑上不能将反抗辩权设计成纯阻碍效力的抗辩权。尽管如此,冯·图尔还是受主流见解影响,将抗辩权的概念局限为对抗请求权,因而似乎只是把针对抗辩权的抗辩权归入“准抗辩权”(Quasieinrede)之中。[380] 然而,笔者认为,更好的做法是破除“抗辩权旨在对抗请求权”的迷思,而不必新设“准”抗辩权这样徒增混乱的中间类型。

总言之,抗辩权是有可能妨碍抗辩权实现的。

三、抗辩权对抗支配权

支配权能否被抗辩权所阻碍?主流见解指出,支配权可以排除他人干涉,无须他人协力。例如,根据梅迪库斯与彼得森所言,支配权使主体能够永久或在一定时间内使用所支配的利益,“排除他人使用”,“确保了

---

[379] Andreas von Tuhr, Der allgemeine Teil des deutschen bürgerlichen Rechts, Erster Band: Allgemeine Lehren und Personrecht, Duncker & Humblot, 1910, S. 310, Anm. 80: „In den meisten Fällen wird Endemann recht haben: behauptet der Kläger den Wegfall eines Einrederechts, z. B. durch Verzicht, so macht er damit kein Gegenrecht geltend. **Anders dagegen, wenn dem Recht des Beklagten, aus dem er eine Einrede ableitet, eine Einrede gegenübersteht**; z. B.: Kläger vindiziert, Beklagter beruft sich nach §. 986 auf ein Pfandrecht an der Sache; Kläger erwidert, daß ihm der Beklagte Verzicht auf das Pfandrecht zugesagt habe. Hier behauptet Kl äger nicht die Nichtexistenz des Pfandrecht sondern beruft sich gegenüber der aus dem Pfandrecht abgeleiteten Einrede auf ein Gegenrecht, durch welches die Wirksamkeit des Pfandrechts ihm gegenüber entkräftet wird. “此段中文译文,由笔者自行翻译。粗体为笔者所标示。

[380] Andreas von Tuhr, Der allgemeine Teil des deutschen bürgerlichen Rechts, Erster Band: Allgemeine Lehren und Personrecht, Duncker & Humblot, 1910, S. 310. 冯·图尔在脚注中批评了恩德曼的见解,指出抗辩权是有可能针对抗辩权的,然后在正文中列出了一些“准抗辩权”,但其中并没有列出针对抗辩权的抗辩权,这也许只是因为论述次序使然。

对抗第三人的支配可能”；[381] 根据拉伦茨与沃尔夫所言，支配权人“独自决定排除任何他人，不必依靠他们协力”“无须他人积极协助实现其权利”。[382] **也许会有人以此为据，认为支配权的概念和“支配权被抗辩权阻碍”不相容。** 然而，支配权的所谓“无须他人协力”或者“排除他人干涉”不能被太狭隘地理解。实际上，支配权在很多时候都不是能排除任何人的，但仍不失为支配权。例如，即使所有权人不能排除用益权人，但所有权在性质上仍会被认为是支配权，反之亦然。

除理论上完全有可能之外，更重要的是，实定法也的确肯定了“支配权可被抗辩权阻碍”一说。BGB 便有法条明文确认了所有权人对抗担保物权的反对权，而且在术语上也明确地、反复地称为抗辩权（Einrede）。 具体言之，在某些情形下，所有权人可以反对担保物的变卖（所有权人针对抵押权的抗辩权：第 1137 条、第 1169 条；所有权人针对质权的抗辩权：第 1211 条、第 1254 条）。那么，有没有可能将这些情形理解成所有权人的抗辩权是针对抵押权人或质权人的请求权？朗海尼肯认为，BGB 在这些法条中说抗辩权可以反对抵押权和质权，指的是反对这些权利所包含的请求权（die in diesen Rechten enthaltenen Ansprüche）。[383] 然而，正如冯·图尔所言，这种理解是不适当的，因为抵押权人或质权人针对所有权人的物而拥有的，并不是请求权，故不应将抵押权或质权理解成所谓的“属物之债”（Realobligation）从而认为这种情形是“抗辩权 vs 请求权”：

---

[381] Dieter Medicus/Jens Petersen, Allgemeiner Teil des BGB, 11., neu bearbeitete Auflage, C. F. Müller Verlag, Heidelburg, 2016, S. 38, Rn. 66; Dieter Medicus, Allgemeiner Teil des BGB, 8., neu bearbeitete Auflage, C. F. Müller Verlag, Heidelburg, 2002, S. 32, Rn. 66: „andere von der Nutzung ausgeschlossen werden“; „sichert diese Beherrschungsmöglichkeit gegen Dritte ab“.

[382] Karl Larenz/Manfred Wolf, Allgemeiner Teil des Bürgerlichen Rechts, 9. Auflage, Verlag C. H. Beck, 2004, S. 250, Rn. 2, S. 251, Rn. 4, S. 259, Rn. 38: „er unter Ausschluß aller anderen Personen und ohne auf deren Mitwirkung angewiesen zu sein, allein bestimmt“; „nicht der aktiven Mithilfe anderer Personen zur Verwirklichung seines Rechts bedarf“.

[383] Paul Langheineken, Anspruch und Einrede nach dem Deutschen Bürgerlichen Gesetzbuch, Leipzig: Engelmann, 1903, S. 48.

> **针对抵押权与质权的抗辩权(Einreden gegen Hypothek und Pfandrecht)**,参见第 1137 条、第 1169 条、第 1211 条、第 1254 条。假如认为质权是建基于所有权人"以物"满足债权人的属物之债,则这些抗辩权并不会遇到任何教义学上的困难:它们是所有权人拒绝应为给付的权能。然而,正如在第 116 页所说明的那样,质权并不包含所有权人一方的任何义务,因此质权人无任何请求权,而是有在所有权人不给付的情形下以自身行动亦即质物变卖来以物的价值受偿的权能。**如同在真正的请求权抗辩权的情形中,这项权能也可以被反对人(所有权人或者说出质人)的意思表示阻碍(gehemmt werden)**;若出质人以第 1211 条所列的任一理由提出反抗,则第 1228 条第 2 款的要件符合时可以有效地进行质物变卖,便不再能够发生。**如同请求权被抗辩权阻碍那样,一旦变卖权被出质人的反抗反对,变卖权便失去其效力(seine Wirksamkeit)**。[384]

而且,这并不只是 20 世纪初冯·图尔的见解。即使到了今天,在德

[384] Andreas von Tuhr, Der allgemeine Teil des deutschen bürgerlichen Rechts, Erster Band: Allgemeine Lehren und Personrecht, Duncker & Humblot, 1910, S. 310 – 311: „**Einreden gegen Hypothek und Pfandrecht**, §§ 1137, 1169, 1211, 1254. Geht man von der Anschauung aus, daß dem Pfandrecht eine sogenannte Realobligation des Eigentümers zugrunde liegt, den Gläubiger ‚aus der Sache' zu befriedigen, so bieten die Einreden keine dogmatische Schwierigkeit: sie sind die Befugnis des Eigentümers, die von ihm geschuldete Leistung zu verweigern. Aber das Pfandrecht enthält, wie ob. S. 116 ausgeführt, keine Verpflichtung des Eigentümers, daher auch keinen Anspruch des Pfandberechtigten, sondern eine Befugnis desselben, sich aus dem Wert der Sache ohne Leistung des Eigentümers durch eigene Tätigkeit, Pfandverkauf, zu befriedigen. **Diese Befugnis kann, wie bei der echten Einrede der Anspruch, durch Willenserklärung des Gegners (Eigentümers resp. Verpfänders) gehemmt werden**; der Pfandverkauf, der bei Vorliegen der Erfordernisse des §. 1228 Ⅱ wirksam vorgenommen werden könnte, kann nicht mehr erfolgen, wenn der Verpfänder aus einem der in §. 1211 genannten Gründe Widerspruch erhoben hat. **Wie der Anspruch durch die Einrede gehemmt ist, so verliert das Verkaufsrecht seine Wirksamkeit, wenn und solange ihm der Widerspruch des Verpfänders entgegensteht.**"此段中文译文,由笔者自行翻译。粗体为笔者所标示。

国法学界,依然有学者如胡布纳明确指出,立法者所确认的这些针对抵押权或质权的抗辩权,并不是针对请求权,因此**把抗辩权的功能局限于对抗请求权,并无道理。**[385]虽然冯·图尔也观察到这一点,但他始终受主流见解的影响,将抗辩权的概念局限为对抗请求权,[386]因而只将这种针对支配权的抗辩权,归类为"准抗辩权"。[387]然而,笔者认为,这样做只是徒添混乱而已。更合理、更彻底的做法是如同胡布纳那样,认为抗辩权的概念不局限于对抗请求权,将抗辩权的概念泛化为旨在对抗任何类型的权利:

> 抗辩权是永久或暂时阻碍或限制他人针对自己**权利**实现的权利。因此,它是一项对抗权利人举动的防御手段、一项反对权。**它通常是针对一项请求权的主张**,这就是为何抗辩权经常被定义为义务人拒绝满足请求权的权利,亦即拒绝给付的权利(参照第202条、第222条、第273条、第322条、第2187条、第2318条)。**然而,法律同样谈及所有权人(他不必同时是债务人)对抗抵押权、对抗质权和对抗物权性留置权的抗辩权,而根据主流见解,抵押权、对抗质权和对抗物权性留置权都不意味着任何给付请求权。因**

[385] Heinz Hübner, Allgemeiner Teil des Bürgerlichen Gesetzbuches, 2. Auflage, Walter de Gruyter, 1996, S. 219 – 220, Rn. 438.

[386] Andreas von Tuhr, Der allgemeine Teil des deutschen bürgerlichen Rechts, Erster Band: Allgemeine Lehren und Personrecht, Duncker & Humblot, 1910, S. 288.

[387] Andreas von Tuhr, Der allgemeine Teil des deutschen bürgerlichen Rechts, Erster Band: Allgemeine Lehren und Personrecht, Duncker & Humblot, 1910, S. 310.

此,抗辩权的概念必须同样包括这类反对权在内。[388]

综上所述,BGB 本身便已经宣告了"抗辩权旨在对抗请求权"一说站不住脚,因为 BGB 对抗辩权的理解并不仅限于对抗请求权。哪怕 BGB 会议纪要和理由书写道抗辩权是用以对抗请求权,但不应忘记的是,BGB 才是法律本身。在继受德国抗辩权理论的**我国法学界**,也已经有也许仍是非主流但实属**正确的见解(申海恩教授)认为,抗辩权所对抗者"也不限于请求权本身,对间接实现请求权的担保权也发生相应的效力",换言之,抗辩权也可用以对抗支配权,虽然仅限于其法律支配力而非事实支配力。**[389]

反对"抗辩权旨在对抗请求权"论者,所举的都是上述的例子,亦即 BGB 所规定的所有权人针对担保物权人的抗辩权。那么,我们是否能更进一步地反过来看,认为担保物权人以至任何他物权人,由于有可能在

---

〔388〕 Heinz Hübner, Allgemeiner Teil des Bürgerlichen Gesetzbuches, 2. Auflage, Walter de Gruyter, 1996, S. 219 – 220, Rn. 438: „Einrede ist das Recht, die Durchsetzung des **Rechts** eines anderen gegen sich dauernd oder zeitweilig zu hindern oder zu beschränken. Sie ist also ein Verteidigungsmittel gegenüber dem Vorgehen es Berechtigten, ein Gegenrecht. **Regelmäßig richtet sie sich gegen die Geltendmachung eines Anspruchs**, deshalb wird die Einrede auch meist als Recht des Verpflichteten definiert, die Erfüllung des Anspruchs, d. h. die Leistung zu verweigern (vgl. §§ 202, 222, 273, 322, 2187, 2318). **Das Gesetz spricht jedoch auch von Einreden des Eigentümers (der nicht mit dem Schuldner identisch zu sein braucht) gegen die Hypothek, also gegen die Pfandhaftung und gegen das dingliche Verwertungsrecht, die nach h. M. keine Leistungsansprüche darstellen. Der Begriff der Enrede muß deshalb auch Gegenrechte dieser Art umfassen.**"此段中文译文,由笔者自行翻译。粗体为笔者所标示。原文将"Einrede ist das Recht, die Durchsetzung des Rechts eines anderen gegen sich dauernd oder zeitweilig zu hindern oder zu beschränken"(抗辩权是永久或暂时阻碍或限制他人对自己权利实现的权利)以斜体强调。

〔389〕 申海恩教授认为:"基于抗辩权排除请求权实现可能性的主要效力,担保物权的实行这一请求权实现通道也应同时受抗辩权效力的影响。而鉴于抗辩权为法律世界中权利的属性,抗辩权效力对含有请求因子、以抵押权为典型的非占有担保物权具有延伸效力。占有担保物权因其对物有事实支配力而超出抗辩权效力射程,原则上不受抗辩权主要效力的影响。因此,笔者主张,在我国担保物权从属性具有绝对化倾向的法律体系中,抗辩权主要效力不因物保与人保而区分,物上担保人原则上也可以如同保证人一样主张债务人所有的抗辩权。抗辩权主要效力之于担保物权的影响范围,仅受担保物权事实支配力的限制。"参见申海恩:《抗辩权效力的体系构成》,载《环球法律评论》2020 年第 4 期。

某种情形下反对所有权人对物进行支配,所以都针对所有权人有抗辩权？笔者认为不可行。所有权与他物权并存的现象,乃是“所有权上的支配力量在这方面受限制”(die Herrschaftsmacht über das Eigentum wird insoweit eingeschränkt),[390] 因此,所有权人原本便无那方面的支配权可言,故并非支配权的行使被对方的反对阻碍。而且,由于无相应的支配权,故其举动已是在侵害对方权利(他物权)了,这与抗辩权旨在用来反对一项“就自身而言成立”(an und für sich begründet)的权利这种特征不符。相反,在上文所举的 BGB 法条例子中,担保物权人原本的确是有权将物变卖,因此变卖权是“就自身而言成立”,只不过其行使因对方反对而受阻碍而已。这一点非常重要,否则,在一切侵权情形下受害人便都会有抗辩权,这样无边际的泛化只会使抗辩权这个概念失去重要性。因此,抗辩权确实有可能妨碍支配权实现,但前提是支配权(或更准确地说,是支配权的一些面向亦即权能)“就自身而言成立”。

也许有人依然会认为,将抗辩从“反对他人向我们提出的请求”这种有缺陷的传统见解扩展至也包括“反对他人变动我们的法律领域”(亦即阻碍形成权,容后详论),尚可接受,因为这两种行为都是指向我们,但不可能将抗辩理解成反对别人支配客体,因为他人行为不是指向我们。但其实,这种想法归根究底只是依然不愿摒弃传统见解而已。抗辩权的重点不是自己不做某事,而是反对他人做某事,使其达不到目的。况且,**支配权人被反对的行为,例如,担保物权人的变卖,在某种意义上也肯定是指向反对者、影响反对者的,因而不悖于抗辩权的防御意象。**

总言之,抗辩权是有可能妨碍支配权实现的。

四、抗辩权对抗形成权

形成权能否被抗辩权阻碍？主流见解认为,形成权的特性是,形成

[390] Karl Larenz/Manfred Wolf, Allgemeiner Teil des Bürgerlichen Rechts, 9. Auflage, Verlag C. H. Beck, 2004, S. 251, Rn. 6.

权人可以"单方影响法律关系""无须他人协力"。[391] **也许会有人以此为据,认为形成权的概念与"形成权被抗辩权阻碍"不相容。然而,那并不是反对的理由。**

这是由于,即使是上述主流见解论者也不是严格地理解这种单方干涉特征的,因为他们自己也承认相对人在某些情形下可以有所谓的"形成反对权"(Gestaltungsgegenrecht),例如,[392] BGB 第 574 条针对出租人终止(Kündigung)的反抗权(Widerspruchsrecht),[393] 以及第 111 条第 2 句与第 174 条的否决权(Zurückweisungsrecht)。[394] 不过,根据主流见解如梅迪库斯与彼得森[395]和拉伦茨与沃尔夫[396]所言,用来消除或变更另一项形成权法律效力(die Rechtswirkungen anderer Gestaltungsrechte zu beseitigen oder zu modifizieren)的这种"形成反对权",乃是形成权的一种。

然而,笔者认为,主流见解将"形成反对权"归入形成权,但没将其定性为抗辩权,这在很大程度上只是因为他们都把抗辩权的功能限定为对

---

[391] Dieter Medicus/Jens Petersen, Allgemeiner Teil des BGB, 11., neu bearbeitete Auflage, C. F. Müller Verlag, Heidelburg, 2016, S. 46, Rn. 79; Dieter Medicus, Allgemeiner Teil des BGB, 8., neu bearbeitete Auflage, C. F. Müller Verlag, Heidelburg, 2002, S. 39, Rn. 79: „einseitige Einwirkung auf ein Rechtsverhältnis"; „Mitwirkung einer anderen Person".

[392] Karl Larenz/Manfred Wolf, Allgemeiner Teil des Bürgerlichen Rechts, 9. Auflage, Verlag C. H. Beck, 2004, S. 267 – 268, Rn. 68.

[393] 终止反抗权使租赁关系不被终结,以至于承租人可以继续租赁,参见 Karl Larenz/Manfred Wolf, Allgemeiner Teil des Bürgerlichen Rechts, 9. Auflage, Verlag C. H. Beck, 2004, S. 267 – 268, Rn. 68。

[394] 前提是它针对的是作为单方法律行为的一项形成表示,参见 Karl Larenz/Manfred Wolf, Allgemeiner Teil des Bürgerlichen Rechts, 9. Auflage, Verlag C. H. Beck, 2004, S. 267 – 268, Rn. 68。

[395] Dieter Medicus/Jens Petersen, Allgemeiner Teil des BGB, 11., neu bearbeitete Auflage, C. F. Müller Verlag, Heidelburg, 2016, S. 48, Rn. 86; Dieter Medicus, Allgemeiner Teil des BGB, 8., neu bearbeitete Auflage, C. F. Müller Verlag, Heidelburg, 2002, S. 41, Rn. 86.

[396] Karl Larenz/Manfred Wolf, Allgemeiner Teil des Bürgerlichen Rechts, 9. Auflage, Verlag C. H. Beck, 2004, S. 267 – 268, Rn. 68.

抗请求权而已。[397] 但如前文所述,把抗辩权的功能限定为对抗请求权,本身便是错误的,而如果抗辩权能够不限于对抗请求权,在逻辑上便难有理由不把抗辩权的对抗功能扩张至包括对抗形成权。实际上,所谓的"形成反对权"既然是用来消除或变更形成权的形成效力,便完全可谓是用来**阻碍形成权的实现**,这与传统理论认为抗辩权用以阻碍请求权的实现,在本质上并无二致,因为两者皆是用以阻碍权利实现。鉴于此,笔者认为,把"形成反对权"纳入抗辩权,其实是完全可行的。而且,与其说"形成反对权"是用来**形成(形塑)**对方法律领域,倒不如说是用来**反对**对方形成(形塑)自己的法律领域。这是因为,根据主流见解自身的说法,[398]"形成反对权"不是旨在消除或变更形成权,而是旨在消灭或变更形成权的**法律效力**。这样的话,它便不是针对权利的存在,而是针对权利的实现,而这正是抗辩权的根本特征。实际上,即使是梅迪库斯以及彼得森和拉伦茨与沃尔夫也同意,抗辩权是一种反对权(Gegenrecht)。[399] 因此,"形成反对权"的侧重点究竟是在于"形成"还是在于"反对",其实只是一种选择而已。可见,**主流见解不把所谓"形成反对权"归入抗辩权,唯一的理由其实是因为错误地将抗辩权的功能局限为阻碍请求权,仅此而已。然而,只要这种限定一被打破(而且如前文所述,更是应被打破),将"形成反对权"归入抗辩权,其实不会有任何逻辑障碍**。

---

〔397〕 Dieter Medicus/Jens Petersen, Allgemeiner Teil des BGB, 11., neu bearbeitete Auflage, C. F. Müller Verlag, Heidelburg, 2016, S. 51, Rn. 92; Dieter Medicus, Allgemeiner Teil des BGB, 8., neu bearbeitete Auflage, C. F. Müller Verlag, Heidelburg, 2002, S. 44, Rn. 92; Karl Larenz/Manfred Wolf, Allgemeiner Teil des Bürgerlichen Rechts, 9. Auflage, Verlag C. H. Beck, 2004, S. 267 – 268, Rn. 68.

〔398〕 Karl Larenz/Manfred Wolf, Allgemeiner Teil des Bürgerlichen Rechts, 9. Auflage, Verlag C. H. Beck, 2004, S. 267 – 268, Rn. 68.

〔399〕 Dieter Medicus/Jens Petersen, Allgemeiner Teil des BGB, 11., neu bearbeitete Auflage, C. F. Müller Verlag, Heidelburg, 2016, S. 50, Rn. 91; Dieter Medicus, Allgemeiner Teil des BGB, 8., neu bearbeitete Auflage, C. F. Müller Verlag, Heidelburg, 2002, S. 43, Rn. 91; Karl Larenz/Manfred Wolf, Allgemeiner Teil des Bürgerlichen Rechts, 9. Auflage, Verlag C. H. Beck, 2004, S. 267 – 268, Rn. 68.

总言之,抗辩权是有可能妨碍形成权实现的。

五、小结:抗辩权功能的泛化

综上所述,将抗辩权的功能泛化至对抗各类权利,这种做法不只可行,更是合理的。如是者,视乎抗辩权所阻碍的权利类型如何,将抗辩权分成请求抗辩权、形成抗辩权、支配抗辩权、抗辩抗辩权,应该是更可取的见解。当然,单就立法者确认的数量而言,旨在对抗请求权的抗辩权肯定依然是最主要的一类,因此予以凸显并无不可,但抗辩权的概念不宜再被限于对抗请求权。恩内策鲁斯早在20世纪初便采用的抗辩权功能描述方式,亦即在定义或者说概念上不将对方权利限于请求权,但强调对抗请求权者是主要形态,粗中有细,至今依然值得参详:"抗辩权,是用来使一项就自身而言成立的**权利**被视为不生效力的反对权,**尤其**(**zumal**)是可以**拒绝**履行所**请求**的给付"[400]"抗辩权并不废除它所反对的**权利**(**尤其是请求权**[**insbesondere den Anspruch**])"。[401]

而且,笔者也认为,**不必像冯·图尔那样,将对抗请求权以外类型权利的抗辩权称为"准抗辩权"(Quasieinrede)**。因为既然抗辩权无立法定义,而BGB却明文说某些权利是抗辩权,则应该是学说因应立法(如果说"迁就立法"会让学术界不太高兴,不妨说是"因应立法")而扩张抗辩权概念,而不是反过来,创造出"准抗辩权"这种尴尬的中间概念。相反,像胡布纳那样顺应BGB术语,将抗辩权概念扩张至包括那些阻碍非请

---

〔400〕 Ludwig Enneccerus/Theodor Kipp/Martin Wolff, Lehrbuch des Bürgerlichen Rechts, Erster Band, erste Abteilung: Einleitung, Allgemeiner Teil, von Ludwig Enneccerus, Marburg, 1926, S. 159, Anm. γ): „Einreden, d. h. Gegenrechte, vermöge deren man ein an sich begründetes **Recht** als unwirksam behandeln, also **zumal** die Leistung eines **Anspruchs** weigern darf. "此段中文译文,由笔者自行翻译。粗体为笔者所标示。

〔401〕 Ludwig Enneccerus/Theodor Kipp/Martin Wolff, Lehrbuch des Bürgerlichen Rechts, Erster Band, erste Abteilung: Einleitung, Allgemeiner Teil, von Ludwig Enneccerus, Marburg, 1926, S. 582: „Die Einrede habt **das Recht**, gegen das sie sich richtet (**insbesondere den Anspruch**) nicht auf. "此段中文译文,由笔者自行翻译。粗体为笔者所标示。

求权的情形在内,[402]才是更明智的做法。因为不应忘记的是,法教义学的主要任务始终是解释现行法。

法学界一直无法摆脱"抗辩权 vs 请求权"范式,只是基于"抗辩权 vs 请求权"范式的强烈路径依赖,以及学说和立法者对"抗辩权旨在对抗请求权"的错误去脉络化解读而已,而不是真正有逻辑上不可跨越的障碍。只有将抗辩权的主流概念加以泛化,才不至于"成也'抗辩权 vs 请求权'范式,败也'抗辩权 vs 请求权'范式"。**"抗辩权 vs 请求权"范式只是抗辩权的诞生地,但也许不应该是抗辩权终其一生也不离开的地方。**

第四节　抗辩权的运用:抗辩权是否需司法行使

一、"必需司法行使说"的两种内涵

有别于异议(Einwendung),抗辩非由法院依职权(von Amtswegen)宣告,亦即不是自动被考虑,而是须由当事人主张,亦即应当事人提出才被考虑,否则,即使法院注意到抗辩权基础事实,也不得考虑。[403] 然而,抗辩权究竟是可以经由**司法**主张或**非司法**主张(gerichtliche oder außergerichtliche Geltendmachung)(或称"**程序上**"主张或"**程序前**"主张"prozessuale oder vorprozessuale Geltendmachung"、"**程序内**"提出或"**程序外**"提出"innerprozessuale Erhebung oder außerprozessuale Erhebung")

〔402〕 Heinz Hübner, Allgemeiner Teil des Bürgerlichen Gesetzbuches, 2. Auflage, Walter de Gruyter, 1996, S. 219 - 220, Rn. 438.

〔403〕 Karl Larenz/Manfred Wolf, Allgemeiner Teil des Bürgerlichen Rechts, 9. Auflage, Verlag C. H. Beck, 2004, S. 329, Rn. 55; Dieter Medicus/Jens Petersen, Allgemeiner Teil des BGB, 11., neu bearbeitete Auflage, C. F. Müller Verlag, Heidelburg, 2016, S. 51, Rn. 92. 本书在这里所讨论的是抗辩权的阻碍效力本身,而不是其他旁属或者说附带的效力:除行使抗辩权所生的法律效果之外,尚有一些实体法律效果甚至在抗辩权行使前便已发生(Rechtsfolgen schon vor Ausübung der Einrede)。这些法律效果主要是,受制于抗辩权的债权不得被抵销(第 390 条),而且一项被抗辩权所反对的债权,其债务人不会陷入迟延。在一切抗辩权的情形,这些实体法律效果都仅因抗辩权存在而发生,无须抗辩权被行使。Vgl. Karl Larenz/Manfred Wolf, Allgemeiner Teil des Bürgerlichen Rechts, 9. Auflage, Verlag C. H. Beck, 2004, S. 331, Rn. 66.

予以行使,抑或必须经由司法主张予以行使？此问题从 BGB 出台时起便在德国法学界引发争论,而且争论持续至今。

然而,**“必需司法行使说”可再细分为两重内涵**。其一,认为非司法行使无意义,因此,即使在程序前已有提出抗辩,也尚须在程序内再次提出抗辩,本书称为**“程序外行使无意义”**说。其二,认为应以司法行使为准,换言之,程序前提出抗辩是有意义的,但依然可以在程序内改变主意,本书称为**“以程序内取态为准”**说。下文将就这两种内涵,分而述之。

二、是否程序外行使无意义

(一)赞同见解

虽然 BGB 并无明文规定抗辩权必须经由诉讼主张,但 BGB 理由书却明确认为,在实体法上抗辩权必须在诉讼上被主张,甚至更将这一点视为抗辩权和撤销权之间的本质区别:

> 抗辩权在本质上都如同撤销权那样受制于相同的一些原则。然而,根据草案,撤销权和抗辩权的区别在于,撤销是撤销者的一项单方约束性法律行为,其既可以在诉讼内发生,也可以在诉讼外发生(第 113 条第 1 款),而以撤销来废除请求权亦然(第 112 条),但**抗辩权则只在程序内才可被成功主张**。[404]

这就是为什么根据 BGB 理由书的说法,抗辩权的功能在于“把自身

---

[404] Motive zu dem Entwurfe eines Bürgerlichen Gesetzbuches für das Deutsche Reich, Band 1, J. Guttentag, 1888, S. 359 – 360:„steht das Einrederecht im Wesentlichen unter den gleichen Grundsätzen wie das Anfechtungsrecht. Das letztere unterscheidet sich aber von dem ersteren nach dem Entwurfe dadurch, dass die Anfechtung ein einseitiges, den Anfechtenden bindendes Rechtsgeschäft ist, welches sowohl in dem Prozesse, als außerhalb desselben erfolgen kann (§. 113 Abs. 1), sowie dadurch, dass mit der Anfechtung der Anspruch aufgehoben ist (§. 112), während **die Einrede nur im Prozesse mit Erfolg geltend gemacht werden kann**.“此段中文译文,由笔者自行翻译。粗体为笔者所标示。

成立的**诉讼**请求权的实现可能性排除掉”(die Durchführbarkeit des an sich begründeten **Klag**anspruches ausschließen)。[405] 根据这种观点,抗辩权的阻碍效力(hemmende Wirkung),准确言之,便只是指**阻碍对方以司法途径行使权利**。这种狭隘的抗辩权功能观和 BGB 理由书的上述“程序外行使无意义”一说是相辅相成的。这种观念也旋即获得了当时的一些学说认同,更因为被一些权威学者和入门教科书采纳而得以广为传播。例如,恩斯特·齐特尔曼(1852~1923)在其 1900 年的民法教科书《民法典法学:自学与教学用体系.第一卷:总则》(*Das Recht des Bürgerlichen Gesetzbuchs System zum Selbststudium und zum Gebrauch bei Vorträgen, I. Allgemeiner Teil*)中便认为,抗辩所阻碍的是“权利的**司法**实现”(die **gerichtliche** Durchführung des Rechts),故抗辩权是“阻碍亦即排除或影响权利**司法**实现的权利”。[406]

根据 BGB 理由书的前述见解,即使抗辩先前已经由非司法途径被主张也好,也必须再在程序内提出抗辩。这很快成了当时的主流见解,例如,朗海尼肯[407]与保罗·奥特曼(Paul Oertmann)(1865~1938)[408]便皆持此见解。奥特曼为此提出的论据,是**民事诉讼法上的“辩论主义”**

---

[405] Motive zu dem Entwurfe eines Bürgerlichen Gesetzbuches für das Deutsche Reich, Band 1, J. Guttentag, 1888, S. 359.

[406] Ernst Zitelmann, Das Recht des Bürgerlichen Gesetzbuchs System zum Selbststudium und zum Gebrauch bei Vorträgen, Ⅰ. Allgemeiner Teil, Duncker & Humblot, 1900, S. 29: „Recht, die **gerichtliche** Durchführung des Rechts zu hemmen, d. h. auszuschließen oder zu beeinflussen“; *apud* Paul Langheineken, Anspruch und Einrede nach dem Deutschen Bürgerlichen Gesetzbuch, Leipzig: Engelmann, 1903, S. 43, Anm. 2. 此段中文译文,由笔者自行翻译。粗体为笔者所标示。

[407] Paul Langheineken, Anspruch und Einrede nach dem Deutschen Bürgerlichen Gesetzbuch, Leipzig: Engelmann, 1903, S. 351.

[408] Paul Oertmann, Vorb. B 2e vor §. 194; *apud* Andreas von Tuhr, Der allgemeine Teil des deutschen bürgerlichen Rechts, Erster Band: Allgemeine Lehren und Personrecht, Duncker & Humblot, 1910, S. 298, Anm. 36.

(die Verhandlungsmaxime),[409] 亦即裁判基础事实必须由当事人在程序内提出。

BGB 理由书的观点,也一直影响着后来的学说。在 20 世纪末叶,赫伯特·罗特(Herbert Roth)(1951 ~)1988 年资格论文(Habilitationsschrift)《民法上的抗辩权》(*Die Einrede im Bürgerlichen Recht*)[410] 所提出的**抗辩权之作为"被诉方形成权"(Gestaltungsbeklagtenrecht)**一说,**其前设便是抗辩权必须经由司法途径行使**。依罗特之见,如果说抗辩权须经司法途径主张才能生效的话,那么便有"由被诉方的私权利再加上经由法院进行形成的需要所组成"(bestehend aus einem subjektiven Privatrecht des Beklagten und ergänzt um das Erfordernis richterlicher Gestaltung)的所谓"双重事实构成"(zweigliedrige Tatbeständ),换言之,抗辩权人**必须由法院协力行使抗辩权**,从而对起诉方的请求权引发形成效力(阻碍效力),而这其实就跟"形成诉权"(Gestaltungsklagerecht)如出一辙,故是其对立概念。[411] 正因如此,罗特认为,若以非司法途径提出抗辩,便只是意味着,抗辩权人**宣称他将会在程序内主张抗辩权**。[412] 因此,罗特的见解实际上便是前述 BGB 理由书观点的进一步发展。

至今,这种观点仍然影响着部分学者对抗辩权的理解。假如抗辩权的非司法主张并无意义,其功能便只在于对抗起诉,实际上便与实体法上的请求权并无直接关联了。这也就不难理解,为何杨·德克·哈克(Jan Dirk Harke)(1969 ~)在谈论抗辩权的法律性质(Rechtsnatur der Einrede)时,会认为**抗辩权"和请求权没有任何实体法上的关**

---

〔409〕 Paul Oertmann, Vorb. B 2e vor §. 194; *apud* Andreas von Tuhr, Der allgemeine Teil des deutschen bürgerlichen Rechts, Erster Band: Allgemeine Lehren und Personrecht, Duncker & Humblot, 1910, S. 298, Anm. 36.

〔410〕 Herbert Roth, Die Einrede des bürgerlichen Rechts, Beck, München 1988.

〔411〕 Herbert Roth, Die Einrede des bürgerlichen Rechts, Beck, München 1988, S. 139.

〔412〕 Herbert Roth, Die Einrede des bürgerlichen Rechts, Beck, München 1988, S. 134.

联"[413]"把抗辩权排除出'依法律'具有效力的机制群组之外，不仅把它们交到请求权相对人的手上，**也把它们移除出了实体法的领域**"。[414] 究其根本，哈克的这种说法还是建基于"抗辩权程序外行使无意义"这样的观念。

(二)反对见解

1. 赞同见解的根本错误："诉权 vs 抗辩权"的罗马法思维残留

"历史上的立法者"(der historische Gesetzgeber)的见解，从来都不是法律解释上必须奉行的圭臬。从 BGB 于 1900 年正式生效起，德国法学界便一直有人对 BGB 理由书上述观点提出批评。早在 1903 年，狄奥多·基普(Theodor Kipp)(1862 ~ 1931)在其《权利观与后悔权》(*Rechtswahrnehmung und Reurecht*)中，便针对上文所引的 BGB 理由书段落批评道："BGB 理由书完全视抗辩权的非司法行使无法律意义(rechtlich erheblich)，这无疑是错的(或至少不符合 BGB 中抗辩权的构造)。"[415] 即使是到今天，反对见解对 BGB 理由书观点的批评，也一直没有停过。

首先，奥特曼为 BGB 理由书观点而提出的**"辩论主义"论据，是不成立的**。正如安德烈雅士·冯·图尔(1864 ~1925)所言，从"辩论主义"只能推导出，抗辩被提出一事不得由法院依职权考虑，而是必须由其中一

---

[413] Jan Dirk Harke, Rechtsnatur der Einrede und Rückwirkungsverbot: Bundes - Bodensschutzgesetz und mietrechtliche Verjährung, in Archiv für die civilistische Praxis 202, 2002 (S. 951 - 971), S. 965: „ohne sachlichrechtliche Verbindung zum Anspruch".

[414] Jan Dirk Harke, Rechtsnatur der Einrede und Rückwirkungsverbot: Bundes - Bodensschutzgesetz und mietrechtliche Verjährung, in Archiv für die civilistische Praxis 202, 2002 (S. 951 - 971), S. 967: „Der Ausschluss der Einrede auf dem Kreis der Institute, die ‚von Rechts wegen' Wirkung entfalten, legt sie nicht nur in die Hand des Anspruchsgegeners, sondern **verweist sie aus dem Gebiet des materiellen Rechts**."此段中文译文，由笔者自行翻译。粗体为笔者所标示。

[415] Theodor Kipp, Rechtswahrnehmung und Reurecht, in: Festgabe der juristischen Gesellschaft zu Berlin für Richard Koch, 1903, S. 133: „die Motive darin unzweifelhaft irren (oder wenigstens auf die Gestaltung der Einrede im BGB. nicht passen), daß sie die außergerichtliche Geltendmachung der Einrede überhaupt nicht als rechtlich erheblich ansehen."此段中文译文，由笔者自行翻译。

方当事人主张,仅此而已。"辩论主义"绝不意味着,在抗辩经由非司法途径被提出后,必须再次在程序内提出。而且,从抗辩权的本质亦即其权利属性也能推导出,它应当如同任何权利那样被行使,易言之,若权利人无主张,法院即不得考虑。[416] 但是,既然非司法主张本身便已经是一种主张,那么便难以理解为何在非司法主张后,尚需在程序内再提出一次。哪怕司法主张无疑是最确凿、清晰的一种方式,[417] 但这并不是排除非司法主张的理由。

归根究底,BGB 理由书与其追随者们,之所以错误地认为抗辩的司法行使才有意义,乃是受到诉(*actio*)对抗辩(*exceptio*)这种根源于罗马法的思想所影响。[418] 换言之,这种主流见解只不过是"法律发展连续性"(Kontinuität der Rechtsentwirklung)的后果罢了,因为**罗马法上的抗辩正是被告的诉讼保护手段**,[419] 与诉讼密不可分。一直到 19 世纪上半叶德国普通法时代,诉权和抗辩权依然是互相对应的。然而,随着 19 世纪中后叶实体法上请求权概念的奠立,诉权的内涵已被明确化为指向国家的公权力。换言之,有别于请求权,诉权是用以"**向法院**要求给予法律保护"。[420] **相应地,抗辩权也被实体化了,因为其对立概念已经不再是诉权,而是请求权**。因此,若继续把抗辩对应于诉,从而认为抗辩必须在程序内提出,乃是无视了这一事实。现今,抗辩权的对应概念乃是请求权,因此它们的行使方式也应当互相对应。克里斯·托马尔(Chris Thomale)(1982 ~)正确地指出 BGB 理由书的观点是自相矛盾的:

---

[416] Andreas von Tuhr, Der allgemeine Teil des deutschen bürgerlichen Rechts, Erster Band: Allgemeine Lehren und Personrecht, Duncker & Humblot, 1910, S. 298, Anm. 36.

[417] Andreas von Tuhr, Der allgemeine Teil des deutschen bürgerlichen Rechts, Erster Band: Allgemeine Lehren und Personrecht, Duncker & Humblot, 1910, S. 297.

[418] Andreas von Tuhr, Der allgemeine Teil des deutschen bürgerlichen Rechts, Erster Band: Allgemeine Lehren und Personrecht, Duncker & Humblot, 1910, S. 297.

[419] Andreas von Tuhr, Der allgemeine Teil des deutschen bürgerlichen Rechts, Erster Band: Allgemeine Lehren und Personrecht, Duncker & Humblot, 1910, S. 298, Anm. 36: „ein prozessuales Schutzmittel des Beklagten".

[420] Konrad Hellwig, Lehrbuch des deutschen Civilprozeßrechts, I, Leipzig: Deichert, 1903, §. 36, S. 251: „**dem Gerichte** Rechtsschutzgewährung verlangt".

"BGB 理由书这样把抗辩权束缚于诉讼,会与其为'**实体法上抗辩权**'所做的基本概念决策互相矛盾。"[421] 这是因为,BGB 理由书认为,抗辩权是和请求权互相对峙的一项对立权利:抗辩权是"拒绝满足请求权的权能,尽管请求权自身成立"。[422] 因此,坚持抗辩权的诉讼因素,是不合时宜(anachronistisch)的。[423] 然而,这种罗马人的诉讼型法律思想(aktioneenrechtlichen Denken der Römer)是根深蒂固的,以致即使是那些认为程序前主张抗辩权也有意义的论者,有时候似乎也过分强调了抗辩权的行使反映在诉讼层面上的作用,将对抗请求权的抗辩权的功能说成是影响判决,例如,拉伦茨便写道"时效抗辩权,是尽管负有给付义务的债务人排除**给付责令(Verurteilung zur Leistung)**的权利"。[424] 更正确的做法是在实体法层面上描述抗辩权,最多只是附带地提及诉讼层面,例如像冯·图尔所言,"抗辩权一经行使,**请求权便被阻碍**;债务人不必做应为债务给付;诉讼被驳回"。[425]

对抗辩权早已被实体法化的这种忽视,也导致了以此为前提的推论

---

[421] Chris Thomale, Die Einrede als materielles Gestaltungsrecht, in Archiv für die civilistische Praxis, Dezember 2012, 212. Bd., H. 6 (Dezember 2012), Mohr Siebeck, S. 926: „Mit dieser prozessrechtlichen Verengung der Einrede würden sich die Motive jedoch zu der konzeptionellen Grundentscheidung für eine ‚**Einrede des materiellen Rechts**' in Widerspruch setzen."此段中文译文,由笔者自行翻译。

[422] Motive zu dem Entwurfe eines Bürgerlichen Gesetzbuches für das Deutsche Reich, Band 1, J. Guttentag, 1888, S. 359: „die Befugniß [...], die Befriedigung eines Anspruches verweigern zu dürfen, obwohl der Anspruch an und für sich besteht."此段中文译文,由笔者自行翻译。

[423] Chris Thomale, Die Einrede als materielles Gestaltungsrecht, in Archiv für die civilistische Praxis, Dezember 2012, 212. Bd., H. 6 (Dezember 2012), Mohr Siebeck, S. 953.

[424] Karl Larenz, Lehrbuch des Schuldrechts, Band Ⅰ: Allgemeiner Teil, 14. Auflage, Verlag C. H. Beck, 1987, S. 20: „Verjährungseinrede ist, so geschen, das Recht des Schuldners, trotz seiner bestehenden Leistungspflicht eine **Verurteilung zur Leistung** auszuschließen."此段中文译文,由笔者自行翻译。粗体为笔者所标示。

[425] Andreas von Tuhr, Der allgemeine Teil des deutschen bürgerlichen Rechts, Erster Band: Allgemeine Lehren und Personrecht, Duncker & Humblot, 1910, S. 308–309: „Wird die Einrede ausgeübt, so **ist der Anspruch gehemmt**: der Schuldner braucht die geschuldete Leistung nicht vorzunehmen; die Klage wird abgewiesen."此段中文译文,由笔者自行翻译。粗体为笔者所标示。

站不住脚。笔者认为,这一点显见于罗特“**被诉方**形成权”(Gestaltungs**beklagten**recht)概念的根本结构缺陷。他想将抗辩权构造成“被诉方形成权”,从而作为“形成**诉**权”(Gestaltungs**klage**recht)的对立概念。[426] 然而,正如克里斯托弗·克兰普(Christoph Krampe)(1943~)所言,罗特的这种概念重构是不适当的,因为抗辩并不必然是由被告(Beklagter)提出的,而只不过是在典型情形下是这样而已。所以,称抗辩权为“被诉方权利”(Beklagtenrecht)是不妥的。[427] 在罗特的见解背后,正是那种将抗辩继续对应于诉的思维。这种根源自罗马法的思维,预设了诉由起诉方(原告)提起,抗辩是由被诉方(被告)提出。现今,行使抗辩权的不一定是被诉方(被告),**这正是因为抗辩的对应概念在今天已经不是诉,而是请求权**。

2.“请求权 vs 抗辩权”概念对应的推论:行使方式上的对应

如前文所述,由于抗辩权的对应概念已从诉权转变成请求权,因此,**在理论上,“抗辩权程序外行使无意义”一说,实乃有悖于现今抗辩权和请求权的概念对应**。根据传统见解,抗辩权是旨在对抗请求权,那么,既然请求权既可经由司法途径行使,又可经由非司法途径行使[例如,不经由法院而只是以私人表示来“索求”(Einfordern)给付],便难以理解为何抗辩权不是对应地也有这两种行使方式。当然,法律绝对可以有例外规定,以实定法打破这种理论,如同法律原则上容许形成权(例如,撤销权)经由非司法途径行使,但也可以例外地规定其必须经由司法途径行使那样。例如,BGB 第 2342 条便将以失格为由的撤销权限定为必须经由撤销之诉(Anfechtungsklage)来行使,从而将“预设”的“普通形成权”属性转变成“形成诉权”属性。然而,就抗辩权而言,并无这样的规定。因此,最合理的理解,难道不是认为抗辩权同样能以非司法途径行使吗?实际上,**这样的思考,也很快便在**

---

[426] Herbert Roth, Die Einrede des bürgerlichen Rechts, Beck, München 1988, S. 139.

[427] Christoph Krampe, Rezension zu Herbert Roth, Die Einrede des Bürgerlichen Rechts, in Archiv für die civilistische Praxis 1991, 191. Bd., H. 1/2 (1991) (S. 163-171), S. 166.

20 世纪初德国的一些民事诉讼法和民事实体法的教科书中出现,因而加速了传播。

就**民事诉讼法教材**而言,康拉德·赫尔维格(1856~1913)在其《德国民事诉讼法教程》(*Lehrbuch des deutschen Civilprozeßrechts*)中指出,既然 BGB 无明文将抗辩权的行使方式限定为诉讼行使,那么便应当认为,如同**给付请求权**既能司法途径行使生效,又能以非司法途径行使生效那样,作为**给付拒绝权**的抗辩权,也相应地有这两种主张途径,而且除非有特别规定,否则两者效力相同:[428]

> 抗辩权的行使方式:主流观点认为抗辩权只能在诉讼上发生效力;因此,抗辩权被理解为只是反对请求权司法主张的权利。据称,法律要求这样做。但是,任何地方都没有这样的规定。相反,法律总是将抗辩权的内容称为"拒绝给付"的权能。但是现在可以肯定的是,正如给付在司法途径以外也生效那样,**给付在司法途径以外也可被索求**。[……]由此至少可知,**给付的拒绝同样可以经由非司法途径为之**。法律必须有相反的规定,正如某些"撤销权"(例如,BGB 第 2342 条)那样。法律还规定,抗辩权(指的是因其运用而)"永久排除请求权的主张(Geltendmachung)"(BGB 第 813 条、第 886 条、第 1169 条、第 1966 条、第 2354 条)。然而,**主张绝不仅意味着起诉**,而且意味着请求权所许可的**索求和其他非司法举动(das Einfordern und sonstiges außergerichtliches Tun)**。法律若只想指要提起诉

[428] Konrad Hellwig, Lehrbuch des deutschen Civilprozeßrechts, I, Leipzig: Deichert, 1903, §.36, S.252.

讼,它会说“司法主张”(gerichtlich Geltendmachung)。[429]

就**民事实体法教材**而言,冯・图尔同样在《德国民法总则》(*Der allgemeine Teil des deutschen bürgerlichen Rechts*)中表达了相同的看法,认为请求权的行使和抗辩权的行使,是互相对应的:

> **正如 BGB 的请求权不取决于程序**,而且意味着以司法途径或非司法途径要求给付那样,在 BGB 领域内反对请求权的抗辩权,同样应当是指**以相同于要求的方式(wie sie verlangt wird)**来拒绝被要求的那项给付的权能,易言之,如果请求是在程序外被提出的话,则以非司法途径拒绝。若给付是以非司法途径,通过指向义务人的权利人**意思表示**亦即催告而被要求的话,给付的拒绝则是通过义务人对权利人的一项**相应表示**

---

〔429〕 Konrad Hellwig, Lehrbuch des deutschen Civilprozeßrechts, I, Leipzig: Deichert, 1903, §.36, S.250-251: „Art der Ausübung des Einrederechts. – Die herrschende Meinung nimmt an, dass sie mit Wirksamkeit nur in dem Prozesse geschehen könne; das Einrederecht wird also als ein Recht aufgefaßt, das sich lediglich gegen die gerichtliche Geltendmachung des Anspruchs kehrt. Es wird behauptet, dass das Gesetz dies vorschreibe. Es enthält jedoch nirgends einen derartigen Satz. Das Gegenteil folgt daraus, dass das Gesetz als den Inhalt des Einrederechts stets die Befugnis bezeichnet ‚die Leistung zu verweigern‘. Nun ist aber gewiss, dass die Leistung, wie sie außergerichtlich bewirkt wird, **so auch außergerichtlich zu fordern ist** [...]. Dieraus folgt aber mindestens, dass **die Leistungsverweigerung auch außergerichtlich geschehen kann**. Das Gegenteil müßte im Gesetz gesagt sein, wie es bei gewissen ‚Anfechtungsrechten‘(z. B. B. 2342) geschehen ist. – Das Gesetz spricht ferner davon, dass durch die Einrede (scil. durch ihren Gebrauch) ‚die Geltendmachung des Anspruchs dauernd ausgeschlossen wird‘(B. 813, 886, 1169, 1966, 2354). **Geltendmachung bedeutet aber keineswegs nur die Einklagung**, fondern ebenso gut **das Einfordern und sonstiges außergerichtliches Tun**, wozu der Anspruch befugt. Wo das Gesetz nur die Einklagung meint, spricht es von ‚gerichtlich Geltendmachung‘.“此段中文译文,由笔者自行翻译。粗体为笔者所标示。

来实行。[430]

3. BGB 规范的佐证：法条对抗辩权程序外行使的预设

"抗辩权程序外行使无意义"一说，除了在理论上有悖于请求权和抗辩权的概念对应之外，**甚至在实定法上，也有悖于 BGB 本身的法律规定。归根究底，这也正是因为，BGB 体系采纳了实体法上抗辩权的观念。**首先应当澄清的是，虽然许多法条(例如，第 390 条、第 813 条、第 866 条、第 1169 条、第 1254 条)都规定抗辩有实体法律效果(an Einreden materielle Rechtsfolgen knüpfen)，但从这一点并不能得出抗辩权可以经由非司法途径主张。道理就如同，虽然 BGB 规定诉讼系属(Rechtshängigkeit)有某些实体法律效果(第 291 条、第 292 条、第 818 条第 4 款、第 986 条以下)，但不代表诉讼系属与程序无关，因为诉讼系属根据 ZPO(Zivilprozessordnung = 民事诉讼规例)第 253 条第 1 款、第 261 条第 1 款，正是取决于在程序上提起诉讼(prozessualen Klageerhebung)。因此，BGB 规定抗辩有实体法律效果，的确并不足以证成抗辩权可以经由非司法途径行使。[431]

然而，BGB 的一些规定，在内容上或者说在前提上，是要求抗辩权的程序外主张的。这便说明，BGB 是预设了抗辩权可以经由非司法途径行使。例如，所有权人依第 886 条、第 1169 条、第 1254 条，之所以有权请求预告登记债权人、抵押权人或质权人放弃其物权地位(dingliche

---

[430] Andreas von Tuhr, Der allgemeine Teil des deutschen bürgerlichen Rechts, Erster Band: Allgemeine Lehren und Personrecht, Duncker & Humblot, 1910, S. 297: „Aber **wie der Anspruch im BGB**. vom Prozeß losgelöst ist und das Verlangen einer Leistung, sei es gerichtlich oder außergerichtlich, bedeutet, so ist auch die dem Anspruch entgegentretende Einrede im Rahmen des BGB. als die Befugnis zu bezeichnen, die verlangte Leistung so zu verweigern, **wie sie verlangt wird**, also außergerichtlich, wenn der Anspruch außerhalb eines Prozesses erhoben wird. Wird die Leistung außergerichtlich durch eine an den Verpflichteten gerichtete **Willenserklärung** des Berechtigten, Mahnung, verlangt, so erfolgt die Verweigerung der Leistung durch eine **entsprechende Erklärung** des Verpflichteten an den Berechtigten". 此段中文译文，由笔者自行翻译。粗体为笔者所标示。

[431] Chris Thomale, Die Einrede als materielles Gestaltungsrecht, in Archiv für die civilistische Praxis, Dezember 2012, 212. Bd., H. 6 (Dezember 2012), Mohr Siebeck, S. 927.

Rechtsposition),正是因为所有权人**已经**在程序外表示了其永久抗辩。假如无程序外提出抗辩的可能性的话,所有权人便会只能够通过提起诉讼才能够创设这些请求权了,这样的话,举例而言,BGB 第 286 条的诉讼前催告(eine vorgerichtliche Mahnung)便会被排除,但这种方案并无明显的理由支持。同样,仅当认为规管非司法主张抗辩的 BGB 第 273 条、第 320 条所规管的是"常规"的抗辩提出(„normalen" Einredenerhebung),并将规管司法主张抗辩的第 274 条、第 322 条看成在规管"非常规"的特定法律效力(die spezifischen Rechtswirkungen regeln),方属合理。这是因为,假如抗辩权必须在程序内提出的话,程序内抗辩的效力便应当被一般性地进行规管(überhaupt regelungsbedürftig),如是者,第 274 条、第 322 条便是它们所指抗辩权的基础规范(Grundnormen),而不会只是一种补充(und nicht bloße Ergänzungen sein)。但是,**现行法的规范编排方案却恰好相反,这就可用以支持说,抗辩权是可以在程序外被主张的**。[432]

4. 抗辩权非司法行使的"程序导入":程序外举动的程序内显现

因此,综上所述,"程序外行使无意义"一说,实不足采。在实务上,也有法院判决认同程序外行使。[433] 换言之,抗辩可以随时被提出,发生其实体效力(materiell wirksam),至于是发生在程序内或程序外,都无关紧要。一经由非司法途径提出抗辩,请求权便即被阻碍(并有其余效果如阻却迟延[434])。[435] 无论是哪一种主张方式,抗辩权人都会有同样在程序内生效的防御可能性(eine auch prozessual wirksame

---

[432] Chris Thomale, Die Einrede als materielles Gestaltungsrecht, in Archiv für die civilistische Praxis, Dezember 2012, 212. Bd., H. 6 (Dezember 2012), Mohr Siebeck, S. 927–928.

[433] OLG Düsseldorf NJW 1991, 2089 f.; *apud* Chris Thomale, Die Einrede als materielles Gestaltungsrecht, in Archiv für die civilistische Praxis, Dezember 2012, 212. Bd., H. 6 (Dezember 2012), Mohr Siebeck, S. 926, Fn. 19.

[434] 关于抗辩权的这些"次要效力"、"旁属效力"或者"附随效力"(Nebenwirkung),参见申海恩:《论抗辩权的附随效力》,载《华东政法大学学报》2019 年第 5 期。

[435] Andreas von Tuhr, Der allgemeine Teil des deutschen bürgerlichen Rechts, Erster Band: Allgemeine Lehren und Personrecht, Duncker & Humblot, 1910, S. 298.

Verteidigungsmöglichkeit)。[436] 因此,若在程序前已提出抗辩,便**不能也不必**再在程序内再次提出抗辩。仅当原告否认抗辩权在程序外有被行使,且获法院采信时,被告在法庭上提出抗辩[437]才可被看成在行使抗辩权。[438] 仅在抗辩**甚至在程序外也没有被提出**时,法院才不得加以考虑,此时,基于判决的既判力,抗辩权会被排除,债务人不得拒绝履行。[439]

然而,**抗辩权无须在程序内再次主张,当然不代表无须就事实方面(in tatsächlicher Hinsicht)将"抗辩权基础"亦即抗辩权发生事由(Einredegrund),以及"抗辩已在程序外被提出"(außerprozessuale Einredenerhebung)一事引入程序**,亦即经由申立(Vortrag)而使它们进入讼案材料(Streitmaterial)或者程序素材(Prozessstoff)。这是因为,"抗辩权基础"的申立意在证明"被告拥有抗辩权","抗辩已在程序外被提出"的申立则是意在证明"被告已在程序外行使了抗辩权"。**当事人总是必须这样做的。**因为程序正是旨在将实体法律状况(die materielle Rechtslage)带给法院和当事人们知悉。只有经由程序,实体法律状况才变得可见。[440] **这种举动有别于抗辩权的"行使"本身**:在程序外或程序内行使抗辩权,乃以意思表示(Willenserklärung)为之,亦即表达自己意欲拒绝做给付;然而,"将程序外已行使一事引入程序内"则不是意思表示,而是通知(Mitteilung)法院说,在程序前发生了一件阻碍请求权的事

[436] Chris Thomale, Die Einrede als materielles Gestaltungsrecht, in Archiv für die civilistische Praxis, Dezember 2012, 212. Bd., H. 6 (Dezember 2012), Mohr Siebeck, S. 927.

[437] 被告在程序内提出抗辩权基础事实(Vorbringen von Tatsachen, die eine Einrede begründen),通常已经意味着是想行使抗辩权;若遇有疑问,法官必须运用 ZPO 第 139 条的审问权(Fragerecht)。Vgl. Karl Larenz/Manfred Wolf, Allgemeiner Teil des Bürgerlichen Rechts, 9. Auflage, Verlag C. H. Beck, 2004, S. 329, Rn. 55 – 56.

[438] Andreas von Tuhr, Der allgemeine Teil des deutschen bürgerlichen Rechts, Erster Band: Allgemeine Lehren und Personrecht, Duncker & Humblot, 1910, S. 298.

[439] Andreas von Tuhr, Der allgemeine Teil des deutschen bürgerlichen Rechts, Erster Band: Allgemeine Lehren und Personrecht, Duncker & Humblot, 1910, S. 298.

[440] Chris Thomale, Die Einrede als materielles Gestaltungsrecht, in Archiv für die civilistische Praxis, Dezember 2012, 212. Bd., H. 6 (Dezember 2012), Mohr Siebeck, S. 926.

实,[441]亦即陈述自己先前已拒绝做给付,从而使“抗辩已在程序外被提出”一事被引入程序。现今主流学说,也已经正确地强调了这一点。拉伦茨与沃尔夫便指出,抗辩权可以是**抗辩权人在程序前已经主张,而且此事后来在程序内被提出**,也可以是抗辩权人直接在程序内行使抗辩权。[442]

另外,**即使是原告声称被告在程序外已主张抗辩也好,法官也应当加以考虑。**[443]换言之,无论“抗辩已被提出”一事是经由原告抑或被告的申立而进入讼案材料,皆在所不问。结合民事诉讼法的规定,这一点在以下情形更加显而易见:如果原告就事实方面申立了“抗辩权基础”和“抗辩已在程序外被提出”一事,然后声请缺席判决(ein Versäumnisurteil beantragt)的话,那么,他的起诉是不正当(unschlüssig)或者是不合理、不合逻辑的,故根据 ZPO 第 331 条第 2 款主文第 2 句,会被不真正缺席判决(unechte Versämunisurteil)(因为驳回不是针对缺席当事人,而是针对出席当事人)所驳回,因而是被终局判决(Endurteil)所驳回。[444]

最后,值得一提的是,**现今主流学说的表述有时候颇易引人误解**,使人误以为论者采“程序外行使无意义”一说。例如,梅迪库斯与彼得森在其民法典总则教科书中“程序前主张或程序内**主张**”(Vorprozessuale oder prozessuale **Geltendmachung**)一节[445]中认为,“就这个法律并无规管的问题,应当认为:由于抗辩权首要地(in erster Linie)旨在妨碍责令,

---

[441] Andreas von Tuhr, Der allgemeine Teil des deutschen bürgerlichen Rechts, Erster Band: Allgemeine Lehren und Personrecht, Duncker & Humblot, 1910, S. 298.

[442] Karl Larenz/Manfred Wolf, Allgemeiner Teil des Bürgerlichen Rechts, 9. Auflage, Verlag C. H. Beck, 2004, S. 329, Rn. 56: „direkt im Prozeß ausübt“.

[443] Andreas von Tuhr, Der allgemeine Teil des deutschen bürgerlichen Rechts, Erster Band: Allgemeine Lehren und Personrecht, Duncker & Humblot, 1910, S. 298.

[444] Chris Thomale, Die Einrede als materielles Gestaltungsrecht, in Archiv für die civilistische Praxis, Dezember 2012, 212. Bd., H. 6 (Dezember 2012), Mohr Siebeck, S. 927.

[445] Dieter Medicus/Jens Petersen, Allgemeiner Teil des BGB, 11., neu bearbeitete Auflage, C. F. Müller Verlag, Heidelburg, 2016, S. 53, Rn. 98, 2. Vorprozessuale oder prozessuale Geltendmachung = Dieter Medicus, Allgemeiner Teil des BGB, 8., neu bearbeitete Auflage, C. F. Müller Verlag, Heidelburg, 2002, S. 46, Rn. 98.

故它们应当是在程序内有其主要意义(Hauptbedeutung)。因此,**是以抗辩权人的程序内意思为准**"。[446] 以上说法,结合相应的章节标题,很容易令人误以为梅迪库斯与彼得森采"必需诉讼行使说"。然而,结合其整体论述可知,他们的立场并非如此。这是因为,他们一方面认为,应当"以抗辩权人的程序内意思为准";另一方面又认为,抗辩权人的**"程序前举动"(vorprozessuales Verhalten)**同样可用以推断出(erschlossen werden)其**"程序内意思"(Willen im Prozess)**,所以"就此而言,对决定性的程序内意思来说,这种举动是**作为迹象(als Indiz)**而有意义"。[447] 因此,若抗辩权人在程序前已经主张抗辩,例如,向债权人主张时效抗辩,那么由于抗辩权人"一直到进入程序,通常都不会改变其意思,所以在这里**程序前主张(die vorprozessuale Geltendmachung)已经足够**;当然,这必须以某种方式被引入程序内,以便在程序内被考量"。[448] 因此,总言之,以"程序内意思"为准,不代表必须"程序内主张"(在程序内行使抗辩权),因为"程序前主张"这种"程序前举动"可以经由事实申立而进入讼案材料,从而成为当事人的"程序内意思"。因此,在程序前已提出过抗

---

[446] Dieter Medicus/Jens Petersen, Allgemeiner Teil des BGB, 11., neu bearbeitete Auflage, C. F. Müller Verlag, Heidelburg, 2016, S. 54, Rn. 98: „Zu dieser gesetzlich nicht geregelten Frage ist zu sagen: Da Einreden in erster Linie die Verurteilung hinder sollen, müssen sie ihre Hauptbedeutung im Prozess haben. Deshalb **kommt es auf den Willen des Einredeberechtigten im Prozess an.**" = Dieter Medicus, Allgemeiner Teil des BGB, 8., neu bearbeitete Auflage, C. F. Müller Verlag, Heidelburg, 2002, S. 46, Rn. 98. 此段中文译文,由笔者自行翻译。粗体为笔者所标示。原文以斜体强调"im Prozess"(程序内)。

[447] Dieter Medicus/Jens Petersen, Allgemeiner Teil des BGB, 11., neu bearbeitete Auflage, C. F. Müller Verlag, Heidelburg, 2016, S. 54, Rn. 98: „Insofern hat dieses Verhalten also Bedeutung als Indiz für den maßgeblichen Willen im Prozess." = Dieter Medicus, Allgemeiner Teil des BGB, 8., neu bearbeitete Auflage, C. F. Müller Verlag, Heidelburg, 2002, S. 46, Rn. 98. 此段中文译文,由笔者自行翻译。粗体为笔者所标示。

[448] Dieter Medicus/Jens Petersen, Allgemeiner Teil des BGB, 11., neu bearbeitete Auflage, C. F. Müller Verlag, Heidelburg, 2016, S. 54, Rn. 98: „bis zu einem Prozess seinen Willen regelmäßig nicht geändert haben. Daher genügt hier **die vorprozessuale Geltendmachung**; freilich muss sie irgendwie in den Prozess eingeführt werden, um dort berücksichtigt werden zu können." = Dieter Medicus, Allgemeiner Teil des BGB, 8., neu bearbeitete Auflage, C. F. Müller Verlag, Heidelburg, 2002, S. 46, Rn. 98. 此段中文译文,由笔者自行翻译。粗体为笔者所标示。

辩的抗辩权人,无须在程序内再次提出抗辩。

三、是否以程序内取态为准

(一)赞同见解

抗辩是否可在程序外被主张,已如前述。然而,抗辩在程序外被主张后,抗辩权人是否可以在程序内有相反取态,亦即"**抗辩效力的可撤回性**"(**Unwiderruflichkeit der Einredewirkungen**),则是截然不同的一个问题。即使是某些认同抗辩可在程序外主张的学者,也都认为抗辩权人在主张抗辩权后,依然可以放弃抗辩权。如是者,抗辩权人便也同样可以在程序内放弃抗辩权了。换言之,乃是以最终在程序内的取态为准。

自20世纪初开始,便一直有意见(例如,冯·图尔)认为抗辩权经由非司法途径被提出后,也可以被**收回**(**zurückgenommen**),使这项反对权被消除,让对方的请求权不再受阻碍。[449] 换言之,若抗辩权人行使抗辩权之后,放弃抗辩权,便会令请求权重新生效(wieder wirksam)。[450] 这种见解现今也广被采纳。例如,拉伦茨与沃尔夫便同样认为,抗辩权人不只可以放弃抗辩权,而且可以**在主张抗辩权之后放弃抗辩权**。依其之见,正是这一点将抗辩权区别于行使后会被消耗(verbraucht)的其他形成权。[451] 梅迪库斯与彼得森也似乎认为,即使抗辩权人在程序前已主张抗辩,也可以在程序内改变主意,撤回抗辩。虽然他们并无明言,但似乎暗示了这是可行的,因为他们提到抗辩权人"**通常**都不会改变其意思",但他们看来并无排除"改变主意"这种"非通常"情形。[452]

因此,根据这种见解,在程序外提出抗辩的抗辩权人,在程序内**事实**

---

[449] Andreas von Tuhr, Der allgemeine Teil des deutschen bürgerlichen Rechts, Erster Band: Allgemeine Lehren und Personrecht, Duncker & Humblot, 1910, S. 298.

[450] Andreas von Tuhr, Der allgemeine Teil des deutschen bürgerlichen Rechts, Erster Band: Allgemeine Lehren und Personrecht, Duncker & Humblot, 1910, S. 308 – 309.

[451] Karl Larenz/Manfred Wolf, Allgemeiner Teil des Bürgerlichen Rechts, 9. Auflage, Verlag C. H. Beck, 2004, S. 329, Rn. 55.

[452] Dieter Medicus/Jens Petersen, Allgemeiner Teil des BGB, 11., neu bearbeitete Auflage, C. F. Müller Verlag, Heidelberg, 2016, S. 54, Rn. 98.

上有“后悔权”(de facto ein Reurecht erhält)。他可以**单纯透过在程序内沉默**来行使它(er **durch bloßes Schweigen** im Prozess ausüben kann)。[453]

(二)反对见解

抗辩权可被放弃,自无疑义。这也正是抗辩权的权利属性[454]的表现。BGB 理由书也同样表明了这一点:“受制于一项抗辩权的请求权,其被驳倒[Entkräftung(丧失力量)]的可能性,是可被消除的,**这尤其是因为抗辩权可被义务人放弃,而一旦如此,请求权便获得力量(Kraft)**。”[455]然而,**这种放弃,是否仅限于抗辩权在被行使前的放弃,抑或同样可以在行使抗辩权后放弃,则是另一个问题。**

虽然抗辩效力撤回论者们往往并无明言,但正如克里斯·托马尔(1982~)所指,此说的基础有二:**其一,是“抗辩权的诉讼法本性”(prozessrechtlicher Natur der Einrede);其二,是“抗辩权的较弱法律效力”(schwächere Rechtswirkung der Einrede)**。然而,托马尔认为,这两项论据都站不住脚。[456] 关于前者亦即“抗辩权的诉讼法本性”,其不合理之处,上文已有详论,兹不赘述。

关于第二项论据“**抗辩权的较弱法律效力**”方面,传统见解(也是主流见解)认为,抗辩权只影响请求权的可实现性(die Durchsetzbarkeit des

---

[453] Chris Thomale, Die Einrede als materielles Gestaltungsrecht, in Archiv für die civilistische Praxis, Dezember 2012, 212. Bd., H. 6 (Dezember 2012), Mohr Siebeck, S. 953.

[454] Karl Larenz/Manfred Wolf, Allgemeiner Teil des Bürgerlichen Rechts, 9. Auflage, Verlag C. H. Beck, 2004, S. 329, Rn. 55: „der Charakter der Einrede“.

[455] Motive zu dem Entwurfe eines Bürgerlichen Gesetzbuches für das Deutsche Reich, Band 1, J. Guttentag, 1888, S. 359 – 360: „Einmal kann die Möglichkeit der Entkräftung des mit einer Einrede behafteten Anspruches wegfallen, **insbesondere kann auf die Einrede von dem Verpflichteten verzichtet werden, und, wenn dies geschieht, erlangt der Anspruch seine Kraft**.“此段中文译文,由笔者自行翻译。粗体为笔者所标示。

[456] Chris Thomale, Die Einrede als materielles Gestaltungsrecht, in Archiv für die civilistische Praxis, Dezember 2012, 212. Bd., H. 6 (Dezember 2012), Mohr Siebeck, S. 953.

Anspruchs),而不会使请求权消灭(例如,冯·图尔、[457] 梅迪库斯与彼得森、[458] 拉伦茨与沃尔夫[459])。正因为抗辩只是变动(modifiziere)了请求权,并不废除请求权,而是让其维持原样(als solchen aber bestehen lasse),因此,**若要撤回撤销效力**,请求权无须重新出现,相反,根据延斯·克莱因施密特(Jens Kleinschmidt)(1975 ~)所言,只不过发生了"仅仅内容上的变更",**那并不影响"请求权人或第三人的自由领域"**。[460] 简言之,此说认为,抗辩不废除请求权,故撤回抗辩也不会使请求权复活,所以,既然一行使一撤回,皆不影响请求权的存在,那么对请求权人和第三人便都不会有影响。相反,放弃已经发生的抗辩效力,只影响债务人自己的自由领域而已。而且,撤回抗辩效力对债务人自己不利,但既然他自己同意,便也没有问题,此乃基于"既然同意,即无侵害"(*volenti non fit iniuria*)的法理。[461] 既然如此,便没有理由禁止抗辩权人行使后撤回。

然而,笔者认为,托马尔有说服力地指出,这种论据同样并不成立。这是因为,债法现代化法(Schuldrechtsmodernisierungsgesetz)所引入的**BGB 第 275 条第 2 款和第 3 款的"不能抗辩权"(Unmöglichkeitseinreden)**,其行使会引致抗辩权人自己的对立给付请求权(Gegenleistungsanspruch)根据第 326 条第 1 款同样被消灭,因此,他必须根据第 326 条第 4 款、第 248 条至第 348 条,返还债权人已做的对立给付。因此,假如债务人在行

---

[457] Andreas von Tuhr, Der allgemeine Teil des deutschen bürgerlichen Rechts, Erster Band: Allgemeine Lehren und Personrecht, Duncker & Humblot, 1910, S. 197.

[458] Dieter Medicus/Jens Petersen, Allgemeiner Teil des BGB, 11., neu bearbeitete Auflage, C. F. Müller Verlag, Heidelburg, 2016, S. 51, Rn. 93; Dieter Medicus, Allgemeiner Teil des BGB, 8., neu bearbeitete Auflage, C. F. Müller Verlag, Heidelburg, 2002, S. 44, Rn. 93.

[459] Karl Larenz/Manfred Wolf, Allgemeiner Teil des Bürgerlichen Rechts, 9. Auflage, Verlag C. H. Beck, 2004, S. 267 – 268, Rn. 68.

[460] Jens Kleinschmidt, Der Verzicht im Schuldrecht, Mohr Siebeck, 2004, S. 238, 240 f.: „lediglich eine inhaltliche Anderung"; „Freiheitssphäre des Anspruchsinhabers oder Dritter"; *apud* Chris Thomale, Die Einrede als materielles Gestaltungsrecht, in Archiv für die civilistische Praxis, Dezember 2012, 212. Bd., H. 6 (Dezember 2012), Mohr Siebeck, S. 953.

[461] Chris Thomale, Die Einrede als materielles Gestaltungsrecht, in Archiv für die civilistische Praxis, Dezember 2012, 212. Bd., H. 6 (Dezember 2012), Mohr Siebeck, S. 954.

使其抗辩权后，可以放弃抗辩效力的话，他便可以单方地从债权人手中夺走返还请求权了，这便会如同解除效力的撤回（Widerruf von Rücktrittswirkungen），**使债权人陷于明显不合理的法律上不确定性（ersichtlich unzumutbarer Rechtsunsicherheit）**。而且，**就那些次要抗辩效力（sekundären Einredewirkungen）而言，也是如此**：举例而言，若债权人的解除只因为债务人立即提出抗辩而失败，那么，假如债务人随后可以单方撤回抗辩效力，则他便可以恢复 BGB 第 346 条以下的返还债务关系，从而可以影响债权人的义务了。[462]

第三人受影响的状况（Drittbetroffenenkonstellationen），也是可以设想的。例如，若无限公司撤回起初已被提出的抗辩的效力，则从属的债务人便会马上因为《德国商法典》（HGB）第 128 条和第 129 条第 1 款而受到影响。这同样适用于从属的担保人，除非 BGB 第 768 条第 2 款、第 1137 条第 2 款、第 1211 条第 2 款被延伸至已发生的抗辩效力的撤回。[463]

因此，若认为抗辩效力可被事后单方撤回，乃是违背了 BGB 第 311 条第 1 款的合同原则（Vertragsprinzip）。[464] 总言之，不应当承认抗辩效力可被单方撤回。

---

[462] Chris Thomale, Die Einrede als materielles Gestaltungsrecht, in Archiv für die civilistische Praxis, Dezember 2012, 212. Bd., H. 6 (Dezember 2012), Mohr Siebeck, S. 954.

[463] Chris Thomale, Die Einrede als materielles Gestaltungsrecht, in Archiv für die civilistische Praxis, Dezember 2012, 212. Bd., H. 6 (Dezember 2012), Mohr Siebeck, S. 954.

[464] Chris Thomale, Die Einrede als materielles Gestaltungsrecht, in Archiv für die civilistische Praxis, Dezember 2012, 212. Bd., H. 6 (Dezember 2012), Mohr Siebeck, S. 954.

第五节　抗辩权的归类:抗辩权是否属于形成权

一、问题所在:抗辩权被归入形成权的理论可能

(一)汉语法学界现状

在汉语法学界,通说一向将抗辩权区别于形成权,认为在效力上两者有别,互不相干:抗辩权的效力,是阻碍请求权的实现,或者说,排除请求权的可实现性;[465]形成权的效力,则是变动权利,亦即创设、变更或废除权利。[466] 这种通说,仿佛早已成为汉语法学界法律人的"常识"。然而,只要稍做反思,便不难察觉这种"常识"其实非常值得怀疑:既然**抗辩权与形成权的作用对象,都是法律世界的状态,两者皆旨在影响相对人权利**,那么它们可否被认为具有相同的本质?既然形成权的"形成效力"(Gestaltungswirkung)在于变动权利,那么,**抗辩权的"阻碍效力"(hemmende Wirkung)是否可以被设想成也是一种权利变动,从而使抗辩权也被归为形成权的一种?**此大哉问也。一切的关键似乎只是在于,我们如何理解"阻碍效力"与"形成效力"而已。

实际上,于德国法学界,此问题早在 19 世纪已经埋下伏笔,并在

---

[465] 例如,王泽鉴:《民法总则》,作者 2009 年自版,第 104 页;郑冠宇:《民法总则》(第 2 版),台北,新学林出版股份有限公司 2014 年版,第 184 ~ 185 页;郑玉波:《民法概要》(第 11 版),台北,东大图书股份有限公司 2009 年版,第 12 页;朱庆育:《民法总论》,北京大学出版社 2013 年版,第 503 页;申海恩:《抗辩权效力的体系构成》,载《环球法律评论》2020 年第 4 期;[德]汉斯·德勒:《法学上之发现》,王泽鉴译,载王泽鉴:《民法学说与判例研究》(第 1 册),中国政法大学出版社 1998 年版,第 14 页。郑玉波教授曾在书中将抗辩权归入广义之形成权,但并无详细论述,参见郑玉波:《民法总则》(第 11 版),台北,三民书局股份有限公司 2008 年版,第 56 ~ 58 页。

[466] 例如,王泽鉴:《民法总则》,作者 2009 年自版,第 106 页;施启扬:《民法总则》,作者 2009 年自版,第 56 页;郑冠宇:《民法总则》(第 2 版),台北,新学林出版股份有限公司 2014 年版,第 185 页;郑玉波:《民法概要》(第 11 版),台北,东大图书股份有限公司 2009 年版,第 12 页;朱庆育:《民法总论》,北京大学出版社 2013 年版,第 505 页;申海恩:《私法上的权力:形成权理论之新开展》,北京大学出版社 2011 年版,第 2 页;[德]汉斯·德勒:《法学上之发现》,王泽鉴译,载王泽鉴:《民法学说与判例研究》(第 1 册),中国政法大学出版社 1998 年版,第 14 页。

BGB 出台后(更准确而言是 BGB 理由书出台后),旋即引爆一场大论战。有意思的是,这场论战在 20 世纪初看似平息后,此后数十年间,却每隔一段时间便再有德国学者重拾这个议题。如是往复,**至今仍争论不休。与德国法学界争论之激烈相映成趣的是,汉语法学界就此问题一片平静,甚至连这样的专题研究也未曾出现过,更遑论"论战"**。那么,是因为这个问题没有意义,或早已被德国学说解决吗?非也。首先,此问题直击权利分类理论这个民法学体系的中心议题,意义巨大;其次,此问题在德国法学界之所以被一代代法律人重拾,正是因为它的复杂性令学界莫衷一是。然而,笔者留意到,**近年德国法学界已有新近见解提出本书认为有说服力的理论模型**,以证成抗辩权"形成权说"。因此,此说在当代可谓有复兴之势,这一点深值汉语法学界留意。下文即旨在评介抗辩权"形成权说"的法学史沿革,以及近年德国法学界的最新见解,检视前人走过哪些路尤其是歪路,以免重蹈覆辙。鉴于此问题的研究在汉语法学界至今尚付阙如,本书祈能补白。

(二)抗辩权"阻碍效力"一说的传统

早在 19 世纪德国普通法学上,以弗里德里希·卡尔·冯·萨维尼(1779~1861)和伯纳德·温德沙伊德(1817~1892)为代表的**主流见解已认为,抗辩权的效力在于"妨碍"(hindern)或者说"阻碍"(hemmen)对方权利**(对萨维尼而言是诉权,对温德沙伊德而言是请求权)。

因此,**无论是杜绝型抗辩权还是延缓型抗辩权,其效力在本质上都一样,只是时间上有别**。详言之,萨维尼认为,这两类抗辩权的效力(Wirkung)都是"妨碍"诉权:"有些抗辩权只在某段时间或因某种情事而发生效力,因此当时限届至或情事有变,它们便不再**妨碍**诉权。[……]至于其他的大多数抗辩权,并无此限制,故可以在任何时间和在任何情事下发生效力。前者谓之延缓型抗辩或暂时型抗辩权,后者谓之杜绝型或永久型抗辩权。"[467]温德沙伊德同样认为,这两类抗辩权的"消极效力"(negative Wirkung)[468]都对请求权起着"阻碍力量"(die hemmende Kraft)[469]:"有一项反对请求权的事由起了作用,使义务人可以拒却请求权,或者说抵抗请求权的实现;请求权便是被此项事由所**阻碍**。"[470]"阻碍本身可以是永久或暂时的",此即"永久型或称杜绝型抗辩权,以及暂时型抗辩权或称延缓型抗辩"[471]之分。

后来,BGB 理由书也采纳了这样的构造,认为义务人的抗辩权只不过是"容许他拒绝满足就自身而言成立的请求权(die Befriedigung des an und für sich begründeten Anspruchs),无论是就一时或对人而言,还是永远地拒绝"。[472] 然而,BGB 理由书狭隘地认为"抗辩权只在程序内才可被成功主张"。[473] 因此,根据 BGB 理由书,抗辩权的功能在于"把自身成立的**诉讼**请求权的实现可能性排除掉"(die Durchführbarkeit des an

---

[467] Friedrich Carl von Savigny, System des heutigen römischen Rechts, Bd. 5, Berlin, 1841, §. 227, S. 175 – 176: „Manche derselben sind blos für eine gewisse Zeit, oder für gewisse Umstände wirksam, so daß sie die Klage nicht mehr **hindern**, wenn die Zeit abgelaufen ist, oder die Umstände verändert sind; […] Andere, und zwar die meisten, haben eine solche Beschränkung nicht, so daß siezu jeder Zeit und unter allen Umständen wirken können. – Die erſten heißen dilatoriae oder temporales, die zweyten peremptoriae oder perpetuae." 此段中文译文,由笔者自行翻译。

[468] Bernhard Windscheid, Die Actio des römischen Civilrechts vom Standpunkte des heutigen Rechts, J. Buddens, 1856, S. 110.

[469] Bernhard Windscheid, Lehrbuch des Pandektenrechts, Bd. 1, Buddeus, 1862, §. 48, S. 105, Anm. 2.

[470] Bernhard Windscheid, Lehrbuch des Pandektenrechts, Bd. 1, Buddeus, 1862, §. 47, S. 101 – 102: „[…] ein ihm entgegenstehender Umstand bewirkt, daβ der Verpflichtete ihn abweisen, sich seiner Durchführung widerseβen kann; durch diesen Umstand ist der Anspruch **gehemmt**." 此段中文译文,由笔者自行翻译。粗体为笔者所标示。

[471] Bernhard Windscheid, Lehrbuch des Pandektenrechts, Bd. 1, Buddeus, 1862, §. 47, S. 102 – 103: „Die Hemmung selbst kann eine bleibende oder eine vorübergehende"; Anm. 3: „Exceptiones perpetuae, peremtoriae-temporalis, dilatoriae".

[472] Motive zu dem Entwurfe eines Bürgerlichen Gesetzbuches für das Deutsche Reich, Band 1, J. Guttentag, 1888, S. 313, 314, 316, 317, 319.

[473] Motive zu dem Entwurfe eines Bürgerlichen Gesetzbuches für das Deutsche Reich, Band 1, J. Guttentag, 1888, S. 360: „die Einrede nur im Prozesse mit Erfolg geltend gemacht werden kann." 此段中文译文,由笔者自行翻译。

sich begründeten **Klag**anspruches ausschließen)。[474] 根据这种观点，所谓阻碍，更准确言之，便只是指阻碍对方以司法途径行使权利。这种观点获得了当时的一些学说认同，例如，恩斯特·齐特尔曼（1852～1923）便认为，被阻碍的是"权利的**司法**实现"（die **gerichtliche** Durchführung des Rechts），故抗辩权是"阻碍亦即排除或影响权利司法实现的权利"。[475] 后来，虽然"抗辩权须经司法主张"一说终被摒弃，[476] 但这只是将阻碍效力这个概念的诉讼因素除去而已，也就是将"阻碍权利司法实现"变回"阻碍权利实现"（无论权利是经司法行使或非司法行使）。**不变的是，通说依然认为抗辩权的效力是"阻碍效力"。**

（三）"阻碍效力"与"形成效力"的区分争论

1. 绪说

如何在权利分类体系内，处理抗辩权的这种所谓"阻碍效力"，在20世纪初备受德国法学界思考。根据19世纪中后叶温德沙伊德的"权利的请求权式理解"，一些不能产生请求权的法律地位，都被排除出权利概念以外。温德沙伊德这种狭隘的思想一直到19世纪和20世纪相交之际，仍有一定市场。例如，保罗·朗海尼肯便认为抗辩权只是不属于权利的"权能"（Befugniß）。[477] 但随着"权利的请求权式理解"被打破，尤其是**基于形成权理论在20世纪初的奠立，[478] 在抗辩权的权利分类问题**

[474] Motive zu dem Entwurfe eines Bürgerlichen Gesetzbuches für das Deutsche Reich, Band 1, J. Guttentag, 1888, S. 359.

[475] Ernst Zitelmann, Das Recht des Bürgerlichen Gesetzbuchs System zum Selbststudium und zum Gebrauch bei Vorträgen, I. Allgemeiner Teil, Duncker & Humblot, 1900, S. 29: „Recht, die gerichtliche Durchführung des Rechts zu hemmen, d. h. auszuschließen oder zu beeinflussen"; *apud* Paul Langheineken, Anspruch und Einrede nach dem Deutschen Bürgerlichen Gesetzbuch, Leipzig: Engelmann, 1903, S. 43, Anm. 2. 此段中文译文，由笔者自行翻译。

[476] Andreas von Tuhr, Der allgemeine Teil des deutschen bürgerlichen Rechts, Erster Band: Allgemeine Lehren und Personrecht, Duncker & Humblot, 1910, S. 309.

[477] 参见本章"第二节 抗辩权的本质：抗辩权是否属于权利"的"一、旧时代权利观下的迷思：抗辩权可否是权利"。

[478] Emil Seckel, Die Gestaltungsrechte des bürgerlichen Rechts, in: Festgabe der juristischen Gesellschaft zu Berlin für Richard Koch, 1903, S. 205 ff.

上,德国法学家们找到了一条新的可能出路,那便是将抗辩权归入形成权,因为抗辩权是旨在阻碍对方权利实现,因而是指涉法律状况,而非指涉现实状况,这一点正是形成权的特征所在。即使是单从法学史的角度看,德国法学家们有这种思考也是完全可以理解的,因为抗辩权概念早在19世纪中叶德国普通法学上便已奠立,一直有自己的话语体系,但在形成权概念在20世纪初被提出之后,抗辩权概念在何种程度上尚有独立的空间?

2. 理论一:阻碍效力"非形成效力说"

一开始,甚至是在形成权理论正式奠立的同一时间,德国学界便已经有声音反对将抗辩权归入形成权。要言之,这种见解认为,抗辩权的效力只是永久或暂时阻碍**权利行使**而已,而不会影响**权利本身**,但形成权的形成效力(Gestaltungswirkung)却是旨在**创设(Entstehung)**[或称设立(Begründung);甚至从主体的角度称为取得(Erwerb)]、**变更(Änderung)**或**废除(Aufhebung)**[或称毁灭(Vernichtung)或消灭(Untergung)]权利,因而是影响权利本身。**根据此说,阻碍效力并不属于创设效力、变更效力或废除效力三者中的任意一种。本书称为"非形成效力说"。**

持这种见解的佼佼者,便包括形成权概念创始人之一埃米尔·塞克尔(Emil Seckel)(1864~1924)。他在其经典的《民法上的形成权》(*Die Gestaltungsrechte des bürgerlichen Rechts*)一文中认为,抗辩权不属于形成权,因为抗辩权并不废除对方权利,因而是独立于形成权的一类权利。[479] 塞克尔认为,抗辩并不影响请求权本身,而是针对其个别的行使行为:

> 在抗辩权经司法或非司法行使后,就相关请求权的存在和

[479] Emil Seckel, Die Gestaltungsrechte des bürgerlichen Rechts, in: Festgabe der juristischen Gesellschaft zu Berlin für Richard Koch, 1903, S. 216.

可行使性而言，一切都保持原样；它只是令个别的行使行为没有效力而已。[480]

这是由于，虽然塞克尔所提出的形成权定义“形成权是以单方意思表示**引发法律效力**的权利”[481]看似开放，因为似乎没有对“法律效力”(rechtliche Wirkung)的类型有所限定，但其实结合其具体论述可见，他认为这里所谓“法律效力”只有三种形态，亦即“设立、变更、废除”(Begründung, Änderung, Aufhebung)三种[482]：“人们可以首先按照形成权的行使对受影响那项法律关系所具有的效力，把形成权的诸般个别表现集合起来，分为设立权、变更权和废除权(毁灭权)。”[483]至于抗辩权的所谓阻碍效力，则不在此列。

塞克尔的这种见解，获得了当时一些学者的赞同。例如，**冯·图尔便按照塞克尔的见解，**[484]只将形成权分成设立权、变更权和废除权三

---

[480] Emil Seckel, Die Gestaltungsrechte des bürgerlichen Rechts, in: Festgabe der juristischen Gesellschaft zu Berlin für Richard Koch, 1903, S. 216: „Die gerichtliche oder außergerichtliche Ausübung der Einrede läßt alles beim alten, soweit Existenz und Ausübbarkeit des Anspruchs in Frage stehen; sie setzt nur den einzelnen Akt der Geltendmachung außer Wirkung. “此段中文译文，由笔者自行翻译。

[481] Emil Seckel, Die Gestaltungsrechte des bürgerlichen Rechts, in: Festgabe der juristischen Gesellschaft zu Berlin für Richard Koch, 1903, S. 236: „Das Gestaltungsrecht ist das Recht, durch einseitige Willenserklärung **eine rechtliche Wirkung herbeizuführen**. “此段中文译文，由笔者自行翻译。粗体为笔者所标示。

[482] Emil Seckel, Die Gestaltungsrechte des bürgerlichen Rechts, in: Festgabe der juristischen Gesellschaft zu Berlin für Richard Koch, 1903, S. 212 f., S. 250, Anm. 2.

[483] Emil Seckel, Die Gestaltungsrechte des bürgerlichen Rechts, in: Festgabe der juristischen Gesellschaft zu Berlin für Richard Koch, 1903, S. 212: „Man kann die Einzelerscheinungen der Gestaltungsrechte zunächst gruppieren nach der Wirkung, die ihre Ausübung auf die betroffene Rechtsbeziehung hat. Danach würden sie zerfallen in Begründungsrechte, Anderungsrechte und Aufhebungs - (Vernichtungs -) rechte. “此段中文译文，由笔者自行翻译。

[484] 他在脚注中明确指出他这种以效力为标准的三分法，是按照塞克尔的见解为之，参见 Andreas von Tuhr, Der allgemeine Teil des deutschen bürgerlichen Rechts, Erster Band: Allgemeine Lehren und Personrecht, Duncker & Humblot, 1910, S. 162, Anm. 8。

类,〔485〕而且并无将抗辩权归入其中的任何一类,而是把抗辩权作为独立于形成权以外的一类权利来论述。〔486〕虽然冯·图尔认为,形成权中的废除权和抗辩权在效力上的确有共通之处,〔487〕因为两者都是用以"否定"对方权利,故都可被归类为"消极权"(negetive Rechte)。〔488〕但在冯·图尔看来,具体而言,**废除权和抗辩权的"否定"效力并不一样,因为废除权的"否定"是毁灭对方权利,消极权的"否定"则是阻碍对方权利行使**,故冯·图尔始终没有把抗辩权归入形成权:

> **抗辩权**是消极权的特殊种类;它们只指涉请求权,而且与

---

〔485〕 Andreas von Tuhr, Der allgemeine Teil des deutschen bürgerlichen Rechts, Erster Band: Allgemeine Lehren und Personrecht, Duncker & Humblot, 1910, S. 162.

〔486〕 Andreas von Tuhr, Der allgemeine Teil des deutschen bürgerlichen Rechts, Erster Band: Allgemeine Lehren und Personrecht, Duncker & Humblot, 1910, S. 288 f.

〔487〕 两者的另一个共通点是,它们都是和对方权利"对立",故都可被归类为"反对权"(Gegenrechte),参见 Andreas von Tuhr, Der allgemeine Teil des deutschen bürgerlichen Rechts, Erster Band: Allgemeine Lehren und Personrecht, Duncker & Humblot, 1910, S. 289(抗辩权属于反对权):"BGB 意义上抗辩权[要件]事实,既不妨碍请求权创设,也不妨碍请求权存续,而是为义务人产生一项反对权,亦即拒绝给付的权能,尽管给是应为的。"(„[...] Einredetatsachen im Sinn des BGB; das sind Tatsachen, durch welche weder die Entstehung noch der Fortbestand des Anspruchs gehindert wird, aus denen aber für den Verpflichteten ein Gegenrecht erwächst: die Befugnis, die Leistung, obgleich sie geschuldet ist, dennoch zu verweigern.");S. 164(废除权属于反对权):"废除权,例如撤销权、抵销权、离婚权,相对于受其影响的权利而言,可被描述为'反对权'。"(„die Aufhebung Rechte z. B. Anfechtung, Aufrechnung, Recht zur Scheidung, können im Verhältnis zu den ihrer Einwirkung unterliegenden Rechten als ‚Gegenrechte'.")以上中文译文,由笔者自行翻译。然而,这无关效力问题,因为"反对权"并不是以效力标准区分出来的权利类型。

〔488〕 Andreas von Tuhr, Der allgemeine Teil des deutschen bürgerlichen Rechts, Erster Band: Allgemeine Lehren und Personrecht, Duncker & Humblot, 1910, S. 164(废除权属于消极权):"废除权,例如撤销权、抵销权、离婚权[……]就其功能而言,可被描述为'消极权'。"(die Aufhebung Rechte zB. Anfechtung, Aufrechnung, Recht zur Scheidung, können [...] mit Rücksicht auf ihre Funktion als ‚negative Rechte' bezeichnet werden.)以上中文译文,由笔者自行翻译。

> 其余消极权不一样，**它们的效力并非废除，而是阻碍请求权。**[489]
>
> **抗辩权**，连同上文所述的废除权，尤其是撤销权和抵销权，都属于消极权，但抗辩权在客体和**效力形态上（die Art ihrer Wirkung）**都**有别于废除权**，因而有别于撤销权和抵销权：撤销权和抵销权是指向法律关系或权利，但抗辩权则并不触及法律关系和权利，而**只是影响权利所产生的请求权**。撤销权和抵销权的效力是彻底的破坏性的（wirken definitiv zerstörend），而**抗辩权则是阻碍它所反对的请求权**；若抗辩权消失，请求权便可以不受阻碍地被主张。[490]

这种见解至今在德国学界，依然有支持者。例如，迪特尔·梅迪库斯（1929～2015）与延斯·彼得森（1969～）便把抗辩权和形成权区别论述。在抗辩权方面，他认为抗辩权的**效力（Wirkung）**是仅仅暂时地或永久地**妨碍**权利主张（**hindern** die Geltendmachung des Rechts nur vorübergehend

〔489〕 Andreas von Tuhr, Der allgemeine Teil des deutschen bürgerlichen Rechts, Erster Band: Allgemeine Lehren und Personrecht, Duncker & Humblot, 1910, S. 197: „Eine besondere Klasse der negative Rechte sind **die Einreden**; sie richten sich nur gegen Ansprüche, und **bewirken**, im Gegensatz zu den übrigen negativen Rechten, **nicht Aufhebung, sondern Hemmung des Anspruchs**. " 此段中文译文，由笔者自行翻译。粗体为笔者所标示。

〔490〕 Andreas von Tuhr, Der allgemeine Teil des deutschen bürgerlichen Rechts, Erster Band: Allgemeine Lehren und Personrecht, Duncker & Humblot, 1910, S. 292: „**Die Einreden** gehören zusammen mit den oben besprochenen Aufhebungsrechten, insbesondere Anfectung und Aufrechnung, zu den negativen Rechten, unterscheiden sich aber von ihnen-und darum sind Anfechtung und Aufrechnung keine Einreden im Sinn des BGB. – durch ihr Objekt und **die Art ihrer Wirkung**: Anfectung und Aufrechnung richten sich gegen Rechtsverhältnis resp. Rechte, die Einrede läßt Rechtsverhältnis und Recht unberührt und **affiziert nur den aus dem Recht entstandenen Anspruch**. Anfechtung und Aufrechnung wirken definitiv zerstörend, **die Einrede hemmt den Anspruch, solange sie ihm entgegensteht**; fällt die Einrede wieder fort, so kann der Anspruch ungehindert geltend gemacht werden. "此段中文译文，由笔者自行翻译。

oder dauernd);[491]至于形成权方面,同样是根据效力标准,梅迪库斯与彼得森没有采传统分类法将形成权三分,而是采用了"消极形成权"(negative Gestaltungsrechte)和"积极形成权"(positive Gestaltungsrechte)二分,前者的"消极效力"(negative Wirkung)是"废除形成相对人的法律状况"(„eine Rechtsposition des Gestaltungsgegeners aufheben"),后者的"积极效力"(positive Wirkung)则是"设立形成相对人的法律状况"(eine Rechtsposition des Gestaltungsgegeners begründen),[492]然而他所列示的"消极形成权"只有撤销权、解除权、抵销权、终止权(Kündigung)等,[493]而不包括抗辩权在内。

兹将"非形成效力说"总结图示如下(见图 3-1),以期醒目。

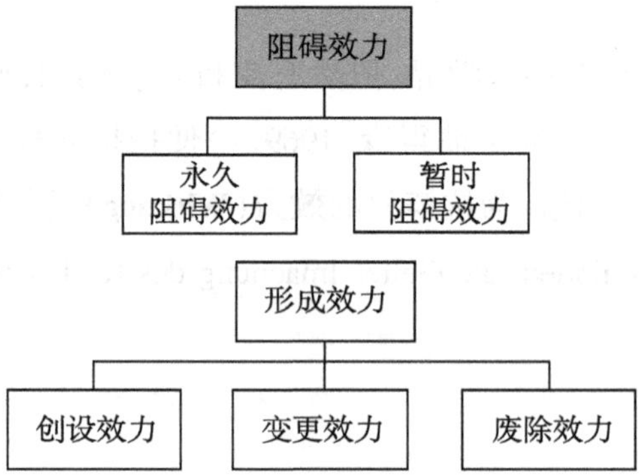

图 3-1 非形成效力说

[491] Dieter Medicus/Jens Petersen, Allgemeiner Teil des BGB, 11., neu bearbeitete Auflage, C. F. Müller Verlag, Heidelburg, 2016, S. 51, Rn. 93; Dieter Medicus, Allgemeiner Teil des BGB, 8., neu bearbeitete Auflage, C. F. Müller Verlag, Heidelburg, 2002, S. 44, Rn. 93.

[492] Dieter Medicus/Jens Petersen, Allgemeiner Teil des BGB, 11., neu bearbeitete Auflage, C. F. Müller Verlag, Heidelburg, 2016, S. 49, Rn. 87; Dieter Medicus, Allgemeiner Teil des BGB, 8., neu bearbeitete Auflage, C. F. Müller Verlag, Heidelburg, 2002, S. 42, Rn. 87.

[493] Dieter Medicus/Jens Petersen, Allgemeiner Teil des BGB, 11., neu bearbeitete Auflage, C. F. Müller Verlag, Heidelburg, 2016, S. 47, Rn. 81; Dieter Medicus, Allgemeiner Teil des BGB, 8., neu bearbeitete Auflage, C. F. Müller Verlag, Heidelburg, 2002, S. 39, Rn. 81.

3. 理论二：阻碍效力"非传统形成效力说"

显然，"非形成效力说"的出发点，是将形成效力局限于创设效力、变更效力与废除效力三种。但问题是，形成效力真的只能指涉权利本身吗？假如将传统的形成效力概念予以扩张，使其不仅包括"指涉权利本身"，而且尚包括"指涉权利行使"的话，那么，就算我们认为抗辩权不影响对方权利本身，也可以将抗辩权归入形成权。易言之，假如我们在三类**传统(指涉权利本身)的形成效力**亦即**创设效力、变更效力和废除效力**以外，再加上一类**非传统(指涉权利行使)的形成效力**亦即阻碍效力的话，抗辩权便完全可以属于形成权的一种了，尽管是**"自成一格"(*sui generis*)的形成权**。如是者，很快地，德国学界便已经开始有人按照这种思路，扩大形成权的概念，以便将抗辩权纳入。**本书称为"非传统形成效力说"。**

而且，持"非传统形成效力说"者，不乏影响力巨大的学者。**路德维希·恩内策鲁斯**(1843～1928)即其中一员。恩内策鲁斯在论述形成权[494]时，便将以下几类形成权[495]并列：α)取得权(Erwerbsberechtigungen)；β)废除权(Aufhebungsrechte)；**γ)抗辩权(Einreden)**；δ)变更权(Rechtsänderungsrechte im engeren Sinn；本义的权利变动权)。[496]可见，**依恩内策鲁斯之见，在三类传统形成效力亦即创设效力(取得权的效力)、**[497]

---

[494] 恩内策鲁斯所采用的术语是"权利变动权"(Rechte auf Rechtsänderung 或 Rechtsänderungsrechte)，而没有采用塞克尔所建议的"形成权"(Gestaltungsrechte)这个术语，但这纯粹名称不同而已。关于恩内策鲁斯对这类权利术语的论述，参见 Ludwig Enneccerus/Theodor Kipp/Martin Wolff, Lehrbuch des Bürgerlichen Rechts, Erster Band, erste Abteilung: Einleitung, Allgemeiner Teil, von Ludwig Enneccerus, Marburg, 1926, S. 158, Anm. 12。

[495] 其实恩内策鲁斯在最后还列出了第五类，亦即许多的公权利(öffentliche Rechte)(例如，投票权、公职担任权)，但由于公私之分无关效力标准，而只是关系性质标准，因此，本书在此把它排除。恩内策鲁斯的用意应该只是在其民法总则教科书中谈论私权利时，顺带一提公权利而已。Vgl. Ludwig Enneccerus/Theodor Kipp/Martin Wolff, Lehrbuch des Bürgerlichen Rechts, Erster Band, erste Abteilung: Einleitung, Allgemeiner Teil, von Ludwig Enneccerus, Marburg, 1926, S. 159, δ).

[496] Ludwig Enneccerus/Theodor Kipp/Martin Wolff, Lehrbuch des Bürgerlichen Rechts, Erster Band, erste Abteilung: Einleitung, Allgemeiner Teil, von Ludwig Enneccerus, Marburg, 1926, S. 159, α), β), γ), δ).

[497] 为他人创设权利，在此人的视角观之，即取得权利。

变更效力(变更权的效力)和废除效力(废除权的效力)以外,尚有独特的一类形成效力,那便是抗辩权的阻碍效力。值得注意的是,恩内策鲁斯明显认为抗辩权和废除权(亦即废除性形成权)是有某种关联的,因为他在谈论抗辩权这个类别时,在抗辩权前面加了一个括号说道,抗辩权是"和废除权相似的"或者说"和废除权同宗的"(den Aushebungsrechten verwandten):"γ)(和废除权相似的)抗辩权是指用来使一项就自身而言成立的权利被视为不生效力的反对权。"[498] 他似乎想说,抗辩权虽然不是旨在废除权利,但由于旨在使权利不生效力,所以在某种意义上也可谓是"废除"了些什么东西,那便是权利的效力。然而,恩内策鲁斯指出,哪怕抗辩权并不是真的废除了权利本身,但**"阻碍权利的效力发生"也不失为一种权利变动,因而同属形成效力**:

> 塞克尔前揭论文[499]第216页,不将抗辩权归入形成权,因为请求权并不会被抗辩权毁灭(vernichtet)。后面那一点是正确的,因此抗辩权不是废除权。不过,**请求权变得不生效力(unwirksam),或者说,在其效力上受阻碍(in seiner Wirkung gehemmt),同样是请求权的一类变动或者说形成。**[500]

---

[498] Ludwig Enneccerus/Theodor Kipp/Martin Wolff, Lehrbuch des Bürgerlichen Rechts, Erster Band, erste Abteilung: Einleitung, Allgemeiner Teil, von Ludwig Enneccerus, Marburg, 1926, S. 159, γ): „γ) die (den Aushebungsrechten verwandten) Einreden, d. h. Gegenrechte, vermöge deren man ein an sich begründetes Recht als unwirksam behandeln, also zumal die Leistung eines Anspruchs weigern darf. "此段中文译文,由笔者自行翻译。

[499] 本书按:指的是其《民法上的形成权》(*Die Gestaltungsrechte des bürgerlichen Rechts*)一文,参见 Emil Seckel, Die Gestaltungsrechte des bürgerlichen Rechts, in: Festgabe der juristischen Gesellschaft zu Berlin für Richard Koch, 1903。

[500] Ludwig Enneccerus/Theodor Kipp/Martin Wolff, Lehrbuch des Bürgerlichen Rechts, Erster Band, erste Abteilung: Einleitung, Allgemeiner Teil, von Ludwig Enneccerus, Marburg, 1926, S. 159, Anm. 15: „Seckel S. 216 rechnet die Einreden nicht zu den Gestaltungsrechten, weil der Anspruch durch die Einrede nicht vernichtet werde. Letzteres ist richtig und deshalb ist die Einrede kein Aushebungsrecht. **Eine Veränderung oder Gestaltung des Anspruches liegt aber auch darin, daβ er unwirksam oder in seiner Wirkung gehemmt wird.** "此段中文译文,由笔者自行翻译。粗体为笔者所标示。

此说影响甚深。**在当今德国学说上,部分见解便将抗辩权归入形成权。**例如,卡尔·拉伦茨(1903~1993)与曼弗雷德·沃尔夫(1948~)便认为,抗辩权的效力,亦即**“请求权实现阻碍效力”(Anspruchsdurchsetzung hemmende Wirkung),**[501]也是在引发“法律状况变动”或者说“权利状况变动”(Änderung der Rechtslage),因为依其之见,形成权的**“形成可能”(Gestaltungsmöglichkeit)或者说“形成效力”**,除包括创设新的法律关系[例如,选择权(Optionsrecht)像是先买权与买回权]、进一步确定法律关系内容[例如,选择之债关系上的选择权(Wahlrecht)]、变更法律关系(例如,借由合同协定的延长选择能引发持续型债务关系的延长)、终结或废除法律关系(例如,终止权、解除权、撤回权、撤销权)[502]之外,**尚包括阻碍请求权实现,因此,抗辩权也可被归入形成权:**

> **同样可被归入形成权**的,有反对权例如给付拒绝权,它作为抗辩权阻碍请求权的实现(参见第214条第1款、第273条第1款、第320条第1款等)。**它们的形成效力(Gestaltungswirkung)是,让权利人能去除(zu nehmen)它们所针对的请求权的可实现性(Durchsetzbarkeit)。**[503]

兹将“非传统形成效力说”总结图示如下(见图3-2),以期醒目。

---

[501] Karl Larenz/Manfred Wolf, Allgemeiner Teil des Bürgerlichen Rechts, 9. Auflage, Verlag C. H. Beck, 2004, S. 267-329, Rn. 55.

[502] Karl Larenz/Manfred Wolf, Allgemeiner Teil des Bürgerlichen Rechts, 9. Auflage, Verlag C. H. Beck, 2004, S. 267-267, Rn. 66.

[503] Karl Larenz/Manfred Wolf, Allgemeiner Teil des Bürgerlichen Rechts, 9. Auflage, Verlag C. H. Beck, 2004, S. 267-268, Rn. 68: „**Den Gestaltungsrechten zurechenbar sind auch** Gegenrechte wie die Leistungsverweigerungsrechte, die als Einrede die Durchsetzung von Ansprüchen hemmen (s. z. B. §. 214 Abs. 1, §. 273 Abs. 1, §. 320 Abs. 1). **Ihre Gestaltungswirkung besteht darin, daß sie es dem Berechtigten ermöglichen, dem Anspruch, gegen den sie sich richten, die Durchsetzbarkeit zu nehmen.**“此段中文译文,由笔者自行翻译。粗体为笔者所标示。

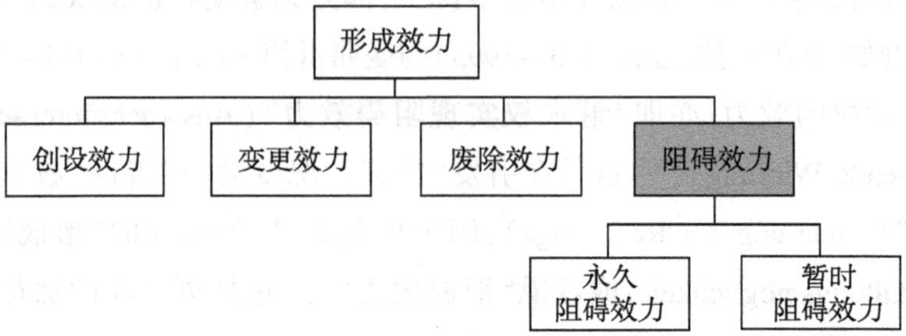

图3－2　非传统形成效力说

观乎普遍的“非传统形成效力说”支持者的论述不难发现,他们虽然极力把抗辩的阻碍效力归类为一种非传统的形成效力,自成一格,但总是有某种格格不入之感:无论是早期的恩内策鲁斯,还是后期的拉伦茨与沃尔夫,都只是把阻碍效力和传统的三种形成效力[504]并列在一起。但是,既然按他们的理解,阻碍效力并不针对权利本身,而是针对权利效力(或者说权利行使),那么更好的做法,也许是先将形成效力分成传统的“指涉权利本身”和非传统的“指涉权利效力”两大类,然后再在前一类之下细分为创设、变更、废除三种,而**不是直接将阻碍效力和这三类传统形成效力并列放在一起**,因为它们根本是分属不同层面的效力。

兹将经本书修正的“非传统形成效力说”总结图示如下(见图3－3),以期醒目。

---

[504] 虽然拉伦茨与沃尔夫把“进一步确定法律关系内容”独立出来,但其实只是比较特殊的一种权利变更而已,因此,拉伦茨与沃尔夫实际上还是把“形成效力”四分成创设、变更、废除、阻碍(去除请求权的可实现性)。

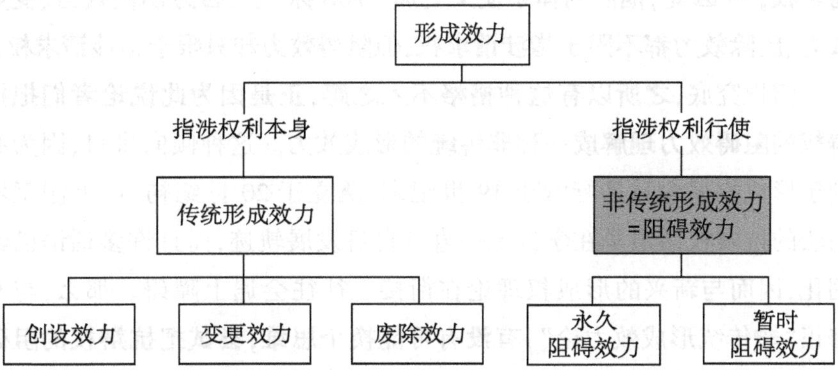

图 3－3　经本书修正的非传统形成效力说

4. 理论三:阻碍效力"传统形成效力说"

"非传统形成效力说"支持者们的论述,经常予人一种立场摇摆不定的感觉。例如,拉伦茨与沃尔夫虽然认为阻碍效力也算是形成效力,但在一般性地界定形成权时,却把阻碍效力完全忽略掉了,"形成权是特定人以作为单方行为的形成表示引起权利变动,亦即创设新法律关系、在内容上进一步予以确定、变更、终结或消灭法律关系的权利";[505] 又如,拉伦茨与沃尔夫有时在论述上会把抗辩权和形成权区别开来,像是说道"若是**形成权与抗辩权**,它们所指向的相对人的侵害,是不可想象的,因为它们的效力就只是其行使在法律上所引发的权利状况变动"。[506] **更有甚者,由于有些论者(例如,拉伦茨与沃尔夫)仍将抗辩权局限为对抗**

[505] Karl Larenz/Manfred Wolf, Allgemeiner Teil des Bürgerlichen Rechts, 9. Auflage, Verlag C. H. Beck, 2004, S. 266, Rn. 65: „Ein Gestaltungsrecht ist das einer bestimmten Person zustehende Recht, durch eine Gestaltungserklärung als einseitigen Akt eine Rechtsänderung herbei zu führen, indem ein Rechtsverhältnis neu begründet, inhaltlich näher bestimmt, geändert, beendet oder aufgehoben wird. "此段中文译文,由笔者自行翻译。

[506] Karl Larenz/Manfred Wolf, Allgemeiner Teil des Bürgerlichen Rechts, 9. Auflage, Verlag C. H. Beck, 2004, S. 262, Rn. 51: „Bei **den Gestaltungsrechten und den Einreden** ist eine Verletzung durch denjenigen, gegen den sie sich richten, nicht denkbar, weil sich ihre Wirkung in der durch ihre Ausübung ipso iure herbeigeführten Änderung der Rechtslage erschöpft. "此段中文译文,由笔者自行翻译。粗体为笔者所标示。

请求权,〔507〕**因此,他们的体系便又更加"不对称"了,因为创设效力、变更效力、废除效力都不限于指涉请求权,但阻碍效力却只限于指涉请求权。**

归根究底,**之所以有这种格格不入之感,正是因为此说论者们把抗辩权的阻碍效力理解成一种非传统的形成效力**。这种倾向来自,因为有别于形成权概念只是酝酿于19世纪末、奠立于20世纪初,可上溯至罗马法的抗辩权话语早在学说上一直有自身发展轨迹,而且许多话语已经固化,因而与新兴的形成权理论在衔接上往往会遇上障碍。那么,与其修正"非传统形成效力论",**有没有可能换个思维,尝试把抗辩权的阻碍效力归入传统的形成效力之中?** 这是因为,无论是"非形成效力说"抑或"非传统形成效力说",都是非常值得质疑的,而且在德国法学界也一直受到质疑。可疑之处在于:**其一,权利行使受"永久阻碍"真的可以区别于权利废除吗?其二,权利行使受"暂时阻碍"真的可以区别于权利变更吗?假如这两个问题的答案都是否定的话,那么抗辩权便完全可以被纳入形成权的理论框架,因而无独立性。本书将这种理解称为"传统形成效力说"。**

兹将"传统形成效力说"图示如下(见图3-4),以期醒目。

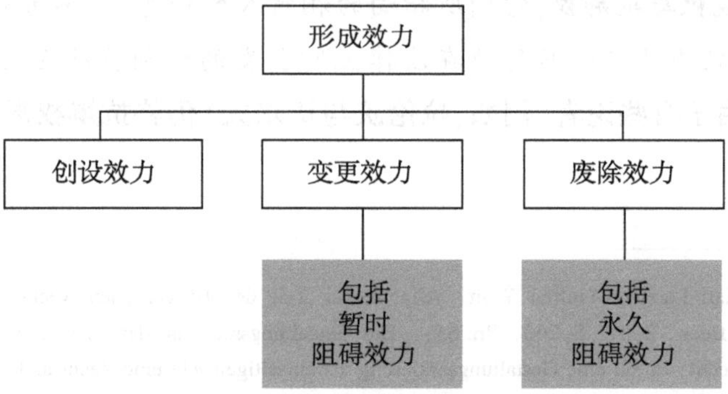

图3-4 传统形成效力说

〔507〕 关于是否应当将抗辩权泛化成不局限于对抗请求权,参见本章"第三节 抗辩权的对象:抗辩权可否对抗请求权"。

将抗辩权纳入形成权的传统效力三分框架,这样的尝试在德国法学界早已有人做过,而且从20世纪中后叶一直到21世纪初,依然备受讨论。**更重要的是,在德国学说上,这种尝试在近年取得了重大进展,其经验值得借鉴。**因此,为了回答上述问题,下文将检视历代德国学说围绕这个问题所展开的论战,探讨杜绝型抗辩权的"永久阻碍效力"是否不可能被等同于废除效力、延缓型抗辩权的"暂时阻碍效力",又是否不可能被等同于变更效力。

二、杜绝型抗辩权的"永久阻碍效力"是否等于"废除效力"

(一)论题澄清:"效力形态问题"之区别于"主张问题"

毫无疑问的是,立法者可以选择"赋予当事人抗辩权"而非"直接规定相对人权利消灭",[508] 换言之,**可以交由当事人决定法律效力是否发生**,让法律效力"因抗辩的作用"(*ope exceptionis*)而非"依法律本身"(*ipso iure*)发生。这里所涉及的是所谓的**"主张问题"(die Frage der Geltendmachung)**,亦即法律效力的发生是否取决于当事人的主张。

然而,立法"赋予当事人抗辩权"有别于"直接规定相对人权利消灭",并不代表当事人主张抗辩权所引发的法律效力便必须有别于权利消灭。前者关乎效力的发生(Zustandekommen der Wirkungen)本身,后者才是关乎效力的内容(Inhalt der Wirkungen)。抗辩的法律效力如何,是**截然不同于效力发生的另一个问题,亦即"效力形态问题"或者说"作用方式问题"(die Frage der Wirkungsweise),这两个问题无必然关联,必须分开讨论。**[509] 因此,讨论杜绝型抗辩权的"永久阻碍效力"是否等同于"废除效力",这个问题绝非无意义。

---

[508] 参见本章"第一节 抗辩权的存在:抗辩权是否合乎逻辑"的"四、本书见解"。

[509] Peter Schlosser, Selbständige peremptorische Einrede und Gestaltungsrecht im deutschen Zivilrecht, in JuS (Juristische Schulung) 1966 (S. 257 – 268), S. 257 – 258; Peter Gröschler, Zur Wirkungsweise und zur Frage der Geltendmachung von Einrede und Einwendung im materiellen Zivilrecht, AcP 201 (2001) (S. 48 – 90), S. 51.

(二)术语澄清:"杜绝型"抗辩权

杜绝型抗辩权(peremptorische Einreden,另类拼法为 peremtorische Einreden),又名永久型抗辩权(dauernde Einreden)、除斥型抗辩权(ausschließende Einreden)、断绝型抗辩权(abschneidende Einreden)。[510]甚至,早期的法律如1753年巴伐利亚《法院规例》(Gerichtsordnung),[511]也有称为稳定型抗辩权(standhafte Einreden),因为其存续并不是暂时性的。BGB虽然常以"永久"一词提示这类抗辩权(例如,第886条的写法是"使请求权主张被永久地排除的抗辩权",[512]亦参见第1169条、第1254条),但学说上"杜绝型抗辩权"一语十分常用。

在汉语文献上,"peremptorische Einreden"的"peremptorische"往往被译为"灭却"。但是,德国法学界部分见解(也是汉语法学界的主流见解)认为,这类抗辩权如同另一类抗辩权,亦即延缓型抗辩权那样,都只是阻碍(虽然是永久阻碍)请求权的行使而已,而不是废除请求权,亦即引致请求权消灭。这便引起了以下疑问:"peremptorische"被译为"灭却",真的合适吗?

德语"peremtorisch"一词源自拉丁语"*peremptorius*"。在罗马法上,这类抗辩便名为"*exceptio peremptoria*"。这个形容词"*peremptorius*"源自动词"*perimpere*",由前缀"*per* -"和"*emere*"构成。前缀"*per* -"指"透""透过",因而引申为彻底、完全,这一点如同中文"糟透""透彻"里"透"的用法一样;"*emere*"则是指"取"。所以,"*perimpere*"字面上是指

---

[510] Paul Langheineken, Anspruch und Einrede nach dem Deutschen Bürgerlichen Gesetzbuch, Leipzig: Engelmann, 1903, S. 273; Andreas von Tuhr, Der allgemeine Teil des deutschen bürgerlichen Rechts, Erster Band: Allgemeine Lehren und Personrecht, Duncker & Humblot, 1910, S. 288; Heinz Hübner, Allgemeiner Teil des Bürgerlichen Gesetzbuches, 2. Auflage, Walter de Gruyter, 1996, S. 220, Rn. 441.

[511] Bayer. Gerichtsordnung von 1753, Kap. Ⅳ §. 3; *apud* Paul Langheineken, Anspruch und Einrede nach dem Deutschen Bürgerlichen Gesetzbuch, Leipzig: Engelmann, 1903, S. 273, Anm. 4.

[512] „eine Einrede zu, durch welche die Geltendmachung des [...] Anspruchs dauernd ausgeschlossen wird".

“完全取走”“完全除去”，故又引申为“断绝”“排除”，然后再引申为“摧毁”。因此，一些源自拉丁语“*peremptorius*”的词，例如，英语“peremptory”，还可以指称专横霸道，因为所谓专横霸道，便是指剥夺对方不同意的选择或机会。

可见，将“peremptorisch”译为“灭却”，虽然不是完全没有任何道理，因为此词的确**可以**指“摧毁”“毁灭”“湮灭”等，但问题是，这种翻译**并不是最合适的**。在德国学界，“peremptorische Einreden”的效力究竟是消灭对方权利，抑或只是永久阻碍对方权利，从 19 世纪至今一直备受讨论，争议不息。因此，若将“peremptorisch”译为“灭却”，便会有以下弊端：其一，**把“peremptorisch”译为“灭却”，等于是在术语中译上便已先入为主地采“消灭(废除)效力说”**；其二，**尴尬的是，在汉语法学界，通说(至少是主流见解)认为这类抗辩权的功能只是永久阻碍对方权利，而非废除对方权利，所以若持通说见解者继续使用“灭却”抗辩权一词，便是自相矛盾了**；其三，**承上点，也许正因如此，持通说见解者往往在中文上会采用“永久”抗辩权这个术语，但有些持通说见解者又会在这个词后面标注德语“peremptorische Einreden”，这显然是不适宜的，因为真正对应“永久”抗辩权的术语，应该是“dauernde Einreden”**。

可见，之所以会出现以上种种问题，正是由于汉语学界一直对“peremptorisch”一词的中译处理不当所致。无论是观乎“peremptorisch”一词的字面含义，抑或德国学界的长久论战，皆可得知，在这里不宜把“peremptorisch”译成“灭却”。**这是把原本笼统包容的词，往偏激处进行翻译**。笔者认为，不妨将“peremptorisch”译成“杜绝”，从而“peremptorische Einreden”译成“杜绝型抗辩权”。这是因为，“杜绝”更切合“peremptorisch”一词的词义，因为“peremptorisch”原本并不是指“灭却”“消灭”“摧毁”之义，而只是指**更笼统的“断然”“尽然”意象**，这也是为什么这类抗辩权又被称为“断绝型抗辩权”(abschneidende Einreden)。而且，“杜绝”也更能体现德国学说的理论争议，因为在这类抗辩权效力问题上，无论是持“废除效力说”抑或“阻碍效力说”，德国学者们都会使用

"peremptorische Einreden"这个名称。一些抗辩权的专著论者,哪怕是明确反对"废除效力说"而持"阻碍效力说"也好,也都全无疑虑地在全书通篇使用"peremptorische Einreden"一词。[513] 这也佐证了"peremptorische"在这里的含义比"灭却"笼统。笔者认为,法律翻译上是应该尽可能地选择最忠实于该词的含义,而非只选取自己所认同的理解进行翻译,尤其是在理论有争议之时,否则,只会在翻译上便已经掩藏了一切有意义的争议,不利于学说溯源。近年来,我国有学者(例如,申海恩教授)将"peremptorische Einrede"译为"绝对抗辩权",[514] 但笔者认为,此新译法虽然比"灭却"为佳,但依然未能准确表达其内涵。

总言之,**为免在术语中译上先入为主**,笔者把"peremptorische Einreden"称为"杜绝型抗辩权"。**至于这里的"杜绝",具体而言,究竟是指"废除"效力抑或纯粹的"永久阻碍"效力,则是截然不同的另一个问题**,也是下文即将阐述的问题。

(三)19世纪中后期的理论开端:萨维尼和温德沙伊德对抗辩权废除效力的论述

萨维尼和温德沙伊德二人都认为杜绝型抗辩权有永久阻碍效力,已如前述。但这种所谓永久阻碍效力,是否等同于废除效力?从二人的具体论述来看,他们似乎认为是的。以他们对最具代表性的一种杜绝型抗辩权,亦即时效抗辩权的讨论为切入点,即可见一斑。

萨维尼在其1841年出版的《当代罗马法体系》(*System des heutigen römischen Rechts*)第五卷"**诉权的废除(Aufhebung des Klagrechts)**. Ⅲ、时效.效力"一节[515] 中写道,罗马法原始文献对这个问题没有明确的答案,"时而说是**诉权丧失(verlornen *actio*)**,时而说是债被废除(aufgehobenen *obligatio*);前一类片段被用作较弱效力(die schwächere

[513] 例如,Paul Langheineken, Anspruch und Einrede nach dem Deutschen Bürgerlichen Gesetzbuch, Leipzig: Engelmann, 1903, S. 273, Anm. 5。

[514] 申海恩:《抗辩权效力的体系构成》,载《环球法律评论》2020年第4期。

[515] Friedrich Carl von Savigny, System des heutigen römischen Rechts, Bd. 5, Berlin, 1841, S. 374, §. 249. Aufhebung des Klagrechts. Ⅲ. Verjährung. Wirkung. (Fortſetzung)

Wirkung)的证据,而后一类片段则被用作较强效力(die stärkere Wirkung)的证据”。[516] 他认为,时效抗辩只是废除诉权,而并无废除债,因为仍有自然之债残留下来,只不过是不能被强制履行而已。[517]

至于温德沙伊德,在其1862年出版(第1版)的《学说汇纂法教程》(*Lehrbuch des Pandektenrechts*)第一卷中泛论抗辩权时,虽然只是说抗辩权旨在“抵抗请求权的实现”(sich seiner Durchführung widerseβen kann),[518]但他在具体论述“请求权时效的效力”(Wirkung der Anspruchsverjährung)一节[519]中,却和萨维尼一样认为时效抗辩权有“废除”效力:“时效**废除**请求权(**hebt** den Anspruch **auf**)。这并不是就其自身而言:就其自身而言,请求权继续存在;相反,那是透过设立一项排除请求权的抗辩权为之。”[520]而且,由于温德沙伊德认为债权与请求权被混为一体,因此,请求权被废除,债权也会随之而被废除:“对人权被包含在请求权中、存在于请求权中;**请求权的消灭,同样是对人权的消灭**。”[521]如是者,他并不同意萨维尼的自然之债残留之说:“人们经常主张说,债权请求权的时效,并不完全消除债权,而只是有限度地消除债权,以致

[516] Friedrich Carl von Savigny, System des heutigen römischen Rechts, Bd. 5, Berlin, 1841, S. 374: „welche entweder von einer verlornen actio, oder aber von einer aufgehobenen obligatio sprechen. Stellen der erften Art wurden für die schwächere, Stellen der zweyten für die stärkere Wirkung als Beweiſe angeführt.“此段中文译文,由笔者自行翻译。粗体为笔者所标示。

[517] Friedrich Carl von Savigny, System des heutigen römischen Rechts, Bd. 5, Berlin, 1841, S. 377.

[518] Bernhard Windscheid, Lehrbuch des Pandektenrechts, Bd. 1, Buddeus, 1862, §. 47, S. 101－102.

[519] Bernhard Windscheid, Lehrbuch des Pandektenrechts, Bd. 1, Buddeus, 1862, S. 265, §. 112. Wirkung der Anspruchsverjährung.

[520] Bernhard Windscheid, Lehrbuch des Pandektenrechts, Bd. 1, Buddeus, 1862, S. 265: „Die Verjährung hebt den Anspruch auf. Nicht an und für sich: an und für sich fährt er fort zu bestehen; aber durch Begründung einer ihn ausschließenden Einrede.“此段中文译文,由笔者自行翻译。粗体为笔者所标示。

[521] Bernhard Windscheid, Lehrbuch des Pandektenrechts, Bd. 1, Buddeus, 1862, S. 266: „Das persönliche Recht geht in dem Anspruch auf, es besteht in dem Anspruch; **der Untergang des Anspruchs ist also auch sein Untergang**.“此段中文译文,由笔者自行翻译。粗体为笔者所标示。

自然之债连同其自身法律效力残留下来,但这种观点是欠缺适当理据的。"[522]

可见,萨维尼和温德沙伊德二人,无论是认为时效抗辩废除诉权、请求权或债权也好,对效力的定性,自始至终都明显是**废除**,亦即引致既存权利不存在。因此,二人同样采纳了所谓的**"较强抗辩效力"(die stärkere Wirkung der Einrede)说,亦即引致权利消灭(Untergang),或者说权利不再存在(nicht mehr besteht)**。这与后来的主流学说截然相反。

(四)19世纪末叶的重大转向:BGB理由书对抗辩权废除效力的否定

后来的主流学说,之所以与萨维尼和温德沙伊德的理解不同,主因是实定法立法者采取了完全相反的立场。实际上,废除效力说在当时也不是通说。例如,与二人同时代的乔治·威廉·韦策尔(Georg Wilhelm Wetzell)(1815~1890)便明确认为:"一切抗辩的共通点是,它们**并不攻击权利的存在(Existenz),而只是使其不生效力(unwirksam)**,换言之,只以反效力(Gegenwirkung)来对抗它。"[523]

BGB理由书(1888年)非常明确地认为,抗辩权无废除效力。不过,由于当时形成权理论于德国尚在酝酿之中,因此,BGB理由书并不是笼统地以"消灭性形成权"或称"废除性形成权"来与杜绝型抗辩权对比。但是,BGB理由书对比了抗辩权和撤销权(Anfechtungsrecht)这类后来被归入废除性形成权的重要权利。BGB理由书认为,抗辩权和撤销权,

---

[522] Bernhard Windscheid, Lehrbuch des Pandektenrechts, Bd. 1, Buddeus, 1862, S. 266-267: „Wenn vielfach behauptet wird, dass die Verjährung des obligatorischen Anspruchs das obligatorische Recht nicht vollständig, sondern nur in dem Maasse beseitige, dass eine natürliche Verbindlichkeit mit den ihr eigenthümlichen Rechtswirkungen übrig bleide, so fehlt es dieser Ansicht an der gehörigen Begründung."此段中文译文,由笔者自行翻译。

[523] Georg Wilhelm Wetzell, System des ordentlichen Civilprocesses, Leipzig: Tauchnitz, 1865, §. 117, S. 141: „haben alle Exceptionen das mit einander gemein, daß sie das ihnen gegenüberstehende Recht nicht in seiner Existenz angreisen, sondern es nur unwirksam machen, oder, was dasselbe sagt, ihm nur eine Gegenwirkung entgegenstellen."此段中文译文,由笔者自行翻译。粗体为笔者所标示。

虽然都受制于某些相同原则，例如，两者都必须由当事人主张，但它们是有区别的。就效力而言，“根据草案，撤销权和抗辩权的区别在于[……]**抗辩权[……]并非指涉请求权的存在（Bestand des Anspruches），而只是指涉其实现（Durchsetzung）”**。[524]根据BGB理由书，虽然“**从经济的观点看**，被永久排除其主张的抗辩权所反对的一项请求权，便等同于一项不存在或不再存在的请求权”，[525]但**在法律上**两者并不一样。总言之，BGB理由书以效力不同为由，将抗辩权（包括杜绝型抗辩权）区别于撤销权：前者只有“阻碍效力”，不影响权利存在；后者则有“废除效力”，使权利从存在变成不存在。

BGB理由书的这种见解，在学界也得到了一些学者的附和。例如，在20世纪初，保罗·朗海尼肯便认为，撤销权和抗辩权不能相提并论。[526]这归根究底便是因为，他认为抗辩权的功能在于“排除请求权主张生效”（die Wirksamkeit der Geltendmachung eines Anspruches auszuschließen），[527]而不是废除请求权。因此，依其之见，虽然有人将延缓型抗辩权称为“阻碍型抗辩权”（hemmende Einreden），而将杜绝型抗辩权称为“破坏型抗辩权”（zerstoricliche Einreden），“然而，也许应当避免这些名称，**因为杜绝型抗辩权也同样只是阻碍（hemmt）请求权而已**，

---

[524] Motive zu dem Entwurfe eines Bürgerlichen Gesetzbuches für das Deutsche Reich, Band 1, J. Guttentag, 1888, S. 360：„Das letztere [= Anfechtungsrecht] unterscheidet sich aber von dem ersteren [= Einrede] nach dem Entwurfe dadurch, dass [...] **die Einrede sich nicht gegen den Bestand des Anspruches, sondern nur gegen dessen Durchsetzung richtet**. “此段中文译文，由笔者自行翻译。粗体为笔者所标示。

[525] Motive zu dem Entwurfe eines Bürgerlichen Gesetzbuches für das Deutsche Reich, Band 1, J. Guttentag, 1888, S. 360：„**In wirthschaftlicher Hinsicht** ist allerdings ein Anspruch, welchem eine seine Geltendmachung dauernd ausschließende Einrede entgegesteht, einem nicht bezw. nicht mehr vorhandenen Anspruche gleichwerthig. “此段中文译文，由笔者自行翻译。粗体为笔者所标示。

[526] Paul Langheineken, Anspruch und Einrede nach dem Deutschen Bürgerlichen Gesetzbuch, Leipzig：Engelmann, 1903, S. 43 – 44.

[527] Paul Langheineken, Anspruch und Einrede nach dem Deutschen Bürgerlichen Gesetzbuch, Leipzig：Engelmann, 1903, S. 43.

而非破坏(zerstört)请求权”。[528]

(五)20世纪初叶的疑惑萌芽:霍尔德对“抗辩权”和“撤销权”效力区分的质疑

BGB理由书将杜绝型抗辩权“永久阻碍效力”区别于撤销权“废除效力”一说,显然无法说服当时的一些德国法学家。虽然,抗辩权废除效力一早见于萨维尼和温德沙伊德,**但若以BGB为讨论基础的话,杜绝型抗辩权废除效力说,最早乃发端于19世纪和20世纪之交部分德国学说对BGB理由书立场的质疑。**

同一时代的爱德华·霍尔德(1847～1911),便多次表态认为抗辩权只是一种撤销权。[529] 要言之,霍尔德的理由是,**请求权的可实现性(Durchsetzbarkeit),乃是请求权的法律效力,而且属于请求权的“自身内容”或者说“固有内容”“本征内容”(eigene Inhalte),与请求权密不可分,因此,其一旦被排除,请求权便不再存在**。他在1902年的《论请求权与抗辩权》(*Ueber Ansprüchen und Einreden*)一文中比较详细地指出,事实的自身内容(那是一件什么事)和事实的法律效力(这件事在法律上引发什么作用)是互相分离的,但权利则不然,因为权利的自身内容无法分离于权利的法律效力,两者是一体的:

> 假定存在一项请求权,但这项请求权是指涉一项对方有权

---

[528] Paul Langheineken, Anspruch und Einrede nach dem Deutschen Bürgerlichen Gesetzbuch, Leipzig: Engelmann, 1903, S. 273, Anm. 5:„Diese Bezeichnungen sind aber vielleicht desser zu vermeiden, da die peremtorische Einrede ebenfalls nur den Anspruch hemmt, nicht zerstört.“此段中文译文,由笔者自行翻译。粗体为笔者所标示。

[529] Eduard Hölder, Kommentar zum allgemeinen Theil des Bürgerlichen Gesetzbuchs, Kommentar Vorbem. vor §. 194, C. H. Becksche Verlagsbuchhandlung, 1900, S. 405 f., 407(“抗辩权不外乎是一项撤销权”;„die Einrede ist nichts anderes als ein Anfechtungsrecht“); Eduard Hölder, Die richterliche Herabsetzung einer Vertragsstrafe, in Das Recht, 1900, S. 163(“撤销权不属于抗辩权,但抗辩权不外乎是一项撤销权”;„das Anfechtungsrecht geht nicht im Einrederecht auf, aber das Einrederecht ist nichts anderes als ein Anfechtungsrecht“); *apud* Paul Langheineken, Anspruch und Einrede nach dem Deutschen Bürgerlichen Gesetzbuch, Leipzig: Engelmann, 1903, S. 43, Anm. 5.

拒绝的给付,这是自相矛盾的。两项权利,如同两项事实那样,若是互相对立,以致一项权利排除或限制了另一项权利,则必然会影响后者的存在或内容。一项事实的法律效力,不属于其自身内容。然而,一项法律关系的法律效力,则属于其自身内容。若两项事实互相对立,以致其中一项事实没有了若无另一项事实便原本会有的法律效力,则前者的存在不会受影响。然而,若两项法律关系互相对立,以致其中一项法律关系没有了若无另一项法律关系便原本会有的效力,则前者的**内容**便会因为后者的存在而受限制,所以,**与内容不可分离的存在**亦然。**若一项权利自身存在的任何效力会被另一项权利的存在所排除,则这项权利本身便会被排除。因此,若请求权的可实现性被义务人的对立权利所排除,则便不可能有请求权。**若前者绝对地被后者排除,则根本不存在请求权。**若前者是在义务人作出相应意思表示的情形下被后者排除,则请求权只是作为一项可被撤销的请求权而存在。**[530]

---

[530] Eduard Hölder, Ueber Ansprüchen und Einreden, in Archiv für die civilistische Praxis 93. Bd., H. 1/2 (1902) (S. 1 – 130), S. 75: „ist es ein Widerpruch, die Existenz eines Anspruchs auf eine mit Recht verweigerte Leistung anzunehmen. Es können überhaupt nicht zwei Rechte wie zwei Thatsachen einander in der Weise gegenüberstehen, dass ein Recht die Wirkung des anderen ausschließt oder beschränkt, ohne dessen Existenz oder Inhalt zu berühren. Die rechtliche Wirkung einer Thatsache gehört nicht zu ihrem eigenen Inhalte. Die rechtliche Wirkung eines Rechtsverhältnisses gehört aber zu seinem eigenen Inhalte. Stehen sich zwei Thatsachen so gegenüber, dass die eine Thatsache die rechtliche Wirkung, die sie ohne die andre hätte, wegen dieser nicht hat, so wird dadurch die Existenz jener Thatsache nicht berührt. Stehen sich aber zwei Rechtsverhältnisse so gegenüber, dass eines von ihnen eine Wirkung, die es ohne die Existenz des anderen hätte, wegen dessen Existenz nicht hat, so erfährt es dadurch eine Beschränkung seines **Inhaltes** und damit **seiner von diesem nicht zu trennenden Existenz. Würde durch die Existenz eines anderen Rechtes jede Wirkung seiner eigenen Existenz ausgeschlossen, so wäre diese selbst ausgeschlossen. Daher kann es keinen Anspruch geben, dessen Durchsetzbarkeit ausgeshlossen ist durch ein ihm gegenüberstehendes Recht des Verpflichteten.** Ist sie durch dieses schlechthin ausgeschlossen, so existirt der Anspruch überhaupt nicht. **Ist sie durch dieses ausgeschlossen im Falle einer entsprechenden Willenserklärung des Verpflichteten, so existirt der Anspruch nur als ein anfechtbarer.**"此段中文译文,由笔者自行翻译。粗体为笔者所标示。

可见,霍尔德虽然认为抗辩权和请求权的并存是合乎逻辑的,但抗辩权的行使会使请求权被撤销,而不只是使请求权被阻碍而已。如果请求权被撤销,则它便等同于自可被撤销时起不存在;如果请求权不被撤销,那么它就仿佛自始不可被撤销一样。[531]

然而,霍尔德的见解有一点弊病:他的论述是一般性地针对抗辩权这个概念的,但其说法似乎难以适用于延缓型抗辩权。这是由于,假如延缓型抗辩权也是撤销权,便难以解释为何明明行使了延缓型抗辩权,但当事人在一段时间之后仍然必须履行给付,因为那恰好便说明请求权并无消灭。因此,霍尔德的见解充其量只能适用于杜绝型抗辩权。

(六)20世纪初叶的论战爆发:赫尔维格对“杜绝型抗辩权”和“撤销权”效力区分的质疑

1. 赫尔维格反对说的实体法与诉讼法论据

如果说霍尔德的见解在范围上因**涵盖延缓型抗辩权**而失之过宽,并不完善,而且只是立足于**纯法理**逻辑构造的角度,未有援引实定法论据支持,那么同一时代的康拉德·赫尔维格(1856~1913),其见解则没有这两点缺陷:一来,赫尔维格把枪头对准了**杜绝型抗辩权**;二来,他也试图在**实定法**上找出论据以反驳BGB理由书及其追随者。因此,赫尔维格可谓是“杜绝型抗辩权废除效力说”的真正代表。这也在一定程度上解释了,为何后来德国学界的批评几乎都集中火力针对他,而不是霍尔德。

赫尔维格在其1900年的《请求权与诉权:民法与诉讼法论稿》(*Anspruch und Klagerecht: Beiträge zum bürgerlichen und zum Prozessrecht*)一书中认为,若请求权被提出延缓型抗辩,则债务人的确只是如同BGB第202条第1款所说的那样“有权暂时拒绝给付”,但是,**若请求权被提**

---

[531] Eduard Hölder, Ueber Ansprüchen und Einreden, in Archiv für die civilistische Praxis 93. Bd., H. 1/2 (1902) (S. 1–130), S. 75.

出永久型抗辩,则便已等同于被废除。[532] 因此,强行区分“被提出永久型抗辩的请求权”和“被废除的请求权”两者,实属诡辩,并无意义:“假如人们试图将被废除的请求权,区别于被合法地以[杜绝型]抗辩权为由拒绝满足的请求权,便是在法律上引入了**最大的诡辩(die größten Spitzfindigkeiten)**,并会得出完全站不住脚的结论。这样一个影子存在(eine solche Schattenexistenz),在实务上是无价值的,而且在理论上也只会引起完全不必要和不可解的难题。”[533] 这种立场,后来也被赫尔维格在其 1903 年的《德国民事诉讼法教程》(*Lehrbuch des deutschen Civilprozeßrechts*)[534] 中再度重申。

赫尔维格的论据可被归纳为两类:一类关涉实体法,另一类关涉诉讼法。

在**实体法论据**方面,他认为,BGB 第 2318 条的“缩减”(kürzen)一词可资佐证其见解。根据第 2318 条第 1 款,继承人可以拒绝履行使其加重负担的遗赠;相应地,第 2318 条第 2 款和第 3 款写道,继承人可以“缩减”遗赠或负担。赫尔维格认为,BGB 之所以在这里使用“缩减”一词,明显便是想指废除,可见永久型抗辩权是有废除效力的:“全方位地正确确立了抗辩权的 BGB 第 2318 条规定,债务人可以‘**缩减**’其债务,也就

---

[532] Konrad Hellwig, Lehrbuch des deutschen Civilprozeßrechts, I, Leipzig: Deichert, 1903, §. 36, S. 255 (V. Die ausschiebenden Einrederechte).

[533] Konrad Hellwig, Anspruch und Klagerecht: Beiträge zum bürgerlichen und zum Prozessrecht, G. Fischer, 1900, S. 10: „Man trägt in das Gesetz **die größten Spitzfindigkeiten** hinein und man gelangt zu ganz unhaltbaren Resultaten, wenn man zwischen dem Anspruche, der aufgehoben ist, und dem Anspruche, dessen jemalige Erfüllung auf Grund der Einrede rechtmäßig verweigert worden ist, einen Unterschied machen will. Eine solche Schattenexistenz ist praktisch wertlos und theoretisch nur geeignet, ganz unnötige und unlösbare Schwierigkeiten zu bereiten.“此段中文译文,由笔者自行翻译。粗体为笔者所标示。

[534] Konrad Hellwig, Lehrbuch des deutschen Civilprozeßrechts, I, Leipzig: Deichert, 1903, §. 36, S. 249, 253 – 254.

是说,**部分废除(teilweise aufheben)**其债务。"[535]

在**诉讼法论据**方面,依其之见,若原告的请求权被被告的抗辩权主张所阻碍,则法院的判决便是确认(Festellung)了原告在法律上不能要求被告给付,这正是因为其请求权因抗辩而被废除。赫尔维格在谈论杜绝型抗辩权的行使[536]时写道:"其效力何在,可以清晰地从下面这一点推导出来:一经行使,对主事项(第24节,Ⅰ)的判决会被作成,而且诉讼会被驳回(因其并无依据)。而那便是**确认了请求权不存在(die Festellung, dass der Anspruch nicht besteht)**。重新主张请求权存在的任何尝试,都将会违反既判力。若这是正确的话,驳回便一定是基于'请求权因给付拒绝而被废除'这项实体法理由;判决是纯粹宣告性(deklarativ)的,而不是构成性(konstitutiv)的。现今,杜绝型抗辩权的援用,是一项权利废除事实(eine rechtsaufhebende Tatsache),正如其他废除权的行使,或者其他引致法律关系消灭的事实的发生那样。"[537]

若从一个更宏观的角度检视赫尔维格的权利观,便可以发现,他其

---

[535] Konrad Hellwig, Lehrbuch des deutschen Civilprozeßrechts, Ⅰ, Leipzig: Deichert, 1903, §.36, S.253-254: „B. §.2318, in dem von allen Seiten mit Recht eine Einrede gefunden wird, ihren Inhalt dahin bestimmt, dass der Schuldner seine Schuld ‚**kürzen**', d. h. **teilweise aufheben** kann."此段中文译文,由笔者自行翻译。粗体为笔者所标示。亦参见 Konrad Hellwig, Anspruch und Klagerecht: Beiträge zum bürgerlichen und zum Prozessrecht, G. Fischer, 1900, S.8 ff。

[536] Konrad Hellwig, Lehrbuch des deutschen Civilprozeßrechts, Ⅰ, Leipzig: Deichert, 1903, §.36, S.249 (Ⅲ. Die Ausübung des peremtorischen Einrederechts).

[537] Konrad Hellwig, Lehrbuch des deutschen Civilprozeßrechts, Ⅰ, Leipzig: Deichert, 1903, §.36, S.249: „Worin ihre Wirkung besteht, erhellt daraus, dass dann ein Urteil zur Hauptsache (24, Ⅰ) ergeht und auf Abweisung der Klage (als unbegründet) lautet. Das ist aberdie Festellung, dass der Anspruch nicht besteht. Jeder Versuch, die Existenz des Anspruchs nochmals zu behaupten, verstößt gegen die Rechtskraft. Ist dies richtig, so muss die Abweisung aus dem materiellrechtlichen Grunde erfolgen, dass durch die Leistungsverweigerung der Anspruch aufgehoben ist; das Urteil ist rein deklarativ, nicht etwa konstitutiv. Der Gebrauch des peremtorischen Einrederechts ist heute eine rechtsaufhebende Tatsache ebenso, wie die Ausübung eines anderen Aufhebungsrechts oder der Eintritt von sonstigen Tatsachen, die ein Rechtsverhältnis erlöschen lassen."此段中文译文,由笔者自行翻译。粗体为笔者所标示。原文以字距强调主事项的"主"(Haupt)、"实体法"(materiellrechtlichen)、"废除"(aufhebende)。亦参见 Konrad Hellwig, Anspruch und Klagerecht: Beiträge zum bürgerlichen und zum Prozessrecht, G. Fischer, 1900, S.8 ff。

实已经把所谓“永久阻碍效力”归入传统形成效力类型中了。这是因为，赫尔维格采纳了齐特尔曼“法律能权”（Rechten des rechtlichen Könnens）（也就是后来被普遍称为“形成权”的一类权利）的概念，认为有一些权利有其独特之处，因为“权利人有力量以其意思行为来设立任何人都必须承认的法律效力”，[538] 它们被赫尔维格分为**“废除权”（Aufhebungsrechte）**与“设立权”（Begrundungsrechte）两大类。前者的例子有**撤销权**、解除权、撤回权、终止权（Kündigungsrecht）、抵销权、婚姻解销权（Recht auf Scheidung der Ehe）、遗产拒绝权。**与 BGB 理由书的见解相反**，赫尔维格认为，**杜绝型抗辩权属于撤销权的一种**，其指涉的不是法律行为，而是个别的请求权。[539]

赫尔维格的上述见解甫一提出，很快便成为众矢之的，引来德国学界一众学者的批评。下文将分别论述其实体法论据和诉讼法论据所受的反驳。

2. 赞同说对赫尔维格实体法论据的反驳

首先，形成权理论奠基人之一的**塞克尔**，在赫尔维格发表上述见解的 3 年后亦即 1903 年（也是赫尔维格的民事诉讼法教程出版的同一年），在其《民法上的形成权》一文中指出，虽然第 2318 条是使用了“缩减”一词，但若整体地连同**BGB 其他法条**一并进行解释可知，BGB 并不是在“废除”这种意义上使用“缩减”一词，因为第 1169 条规定，若所有权人有抗辩权可永久排除抵押权主张，则所有权人可向债权人要求放弃抵押权。塞克尔认为，**假如杜绝型抗辩权（亦即法条所指的永久型抗辩权）的效力是引致对方权利消灭，则 BGB 根本就无必要在第 1169 条向当事**

---

[538] Konrad Hellwig, Anspruch und Klagerecht: Beiträge zum bürgerlichen und zum Prozessrecht, G. Fischer, 1900, S. 2: „bei welchen der Berechtigte die Macht hat, durch seinen Willensakt eine von Jedermann anzuerkennende Rechtswirkung zu begründen.“此段中文译文，由笔者自行翻译。在 1903 年，赫尔维格在其《德国民事诉讼法教程》中则兼采“法律能权”（Rechten des rechtlichen Könnens）和“权利变动权”（Rechten auf Rechtsänderung）这两个术语，参见 Konrad Hellwig, Lehrbuch des deutschen Civilprozeßrechts, Ⅰ, Leipzig: Deichert, 1903, §.34, S. 232, 234。

[539] Konrad Hellwig, Anspruch und Klagerecht: Beiträge zum bürgerlichen und zum Prozessrecht, G. Fischer, 1900, S. 9 f.

人赋权请求对方放弃权利，这会令第 1169 条成为一条很奇怪的规范："赫尔维格把杜绝型民法意义上抗辩权归入形成权，因为他认为给付拒绝权的司法或非司法行使，会使先前被阻碍的那项权利消灭，但行使以权利人的要求为前提。因此，抗辩便类似撤销权那样，是一项请求权毁灭权（Anspruchsvernichtungsrecht）。虽然 BGB 有时在表述上（'缩减'）倾向毁灭说（Vernichtungstheorie），但从法律的其余内容清晰可见，民法上的抗辩权并无毁灭力量（Vernichtungskraft）（**尤其比照 BGB 第 1169 条等的法律规定**）。在抗辩权经司法或非司法行使后，就相关请求权的存在和可行使性而言，一切都保持原样；它只是令个别的行使行为没有效力而已。"[540]

1903 年，**狄奥多·基普（Theodor Kipp）**（1862～1931）在其《权利观与后悔权》（*Rechtswahrnehmung und Reurecht*）一文中同样认为，不能像赫尔维格那样将第 2318 条的"缩减"一词解释成是部分废除："赫尔维格认为，抗辩权的行使不应是排除请求权的主张，而是请求权本身应当被毁灭且有追溯效力。法律的用词绝不符合赫尔维格的观点。赫尔维格认为其观点获 BGB 第 2318 条佐证，因为抗辩权的内容在那里被规定为，债务人可以缩减亦即部分废除债务。但这种解释是没有道理的；缩减在那里只不过是指**部分拒绝履行**（die Erfüllung teilweise verweigern）

---

[540] Emil Seckel, Die Gestaltungsrechte des bürgerlichen Rechts, in: Festgabe der juristischen Gesellschaft zu Berlin für Richard Koch, 1903, S. 216: „Hellwig zählt zu den Gestaltungsrechten die peremtorischen Einreden im Sinn des bürgerlichen Rechts, indem er annimmt, daß durch gerichtliche oder außergerichtliche Ausübung des Leistungsverweigerungsrechts, die aber ein Fordern des Berechtigten zur Voraussetzung habe, das bisher gehemmte Recht erlösche. Die Einrede wäre also, ähnlich wie das Anfechtungrecht, ein Anspruchsvernichtungsrecht. Obgleich das BGB. einigemal im Ausdruck (, kürzen ') zugunsten der Vernichtungstheorie entgleist ist, ergibt sich doch aus dem übrigen Gesetzesinhalt, daß der ausgeübten zivilrechtlichen Einrede nicht Vernichtungskraft zukommt (**vgl. insbesondere Gesetzesbestimmungen wie § . 1169 BGB**). Die gerichtliche oder außergerichtliche Ausübung der Einrede läßt alles beim alten, soweit Existenz und Ausübbarkeit des Anspruchs in Frage stehen; sie setzt nur den einzelnen Akt der Geltendmachung außer Wirkung. "此段中文译文，由笔者自行翻译。粗体为笔者所标示。

而已。"[541]在基普看来,BGB 的其他法条并不支持赫尔维格的见解。基普提及塞克尔也有援引的第 1169 条:"无论如何,BGB **第 1169 条**绝对和赫尔维格的理论不相容。以针对抵押权的杜绝型抗辩权为由,债权人可被要求放弃抵押权,然后抵押权根据第 1168 条复归所有权人。法律向抗辩权人赋予的,无疑是少于根据赫尔维格的观点应当赋予的。若采纳其观点的话,**抵押权所担保的债权(Hypothekforderung)**便必须因为一次性的给付拒绝而消灭,并有追溯效力,追溯至抗辩权设立之时。抵押权从此根据第 1163 条便必须被视为属于所有权人。然而,根据法律的内容,杜绝型抗辩权的情形无疑不是这样,而是抵押权仅在被放弃的那一瞬间归于所有权人。"[542]此外,基普尚援引了与第 1169 条类似的第 886 条和第 1254 条,因为根据第 886 条,若有抗辩权可永久排除预告登记所保全的请求权,则可向债权人要求除去预告登记,而根据第 1254 条,若出质人有抗辩权可永久排除质权主张,则可向所有权人要求返还质物。依基普之见,假如赫尔维格是对的,便难以理解第 886 条和第 1254 条为

[541] Theodor Kipp, Rechtswahrnehmung und Reurecht, in: Festgabe der juristischen Gesellschaft zu Berlin für Richard Koch, 1903, S. 133: „Durch den Gebrauch der Einrede soll ja auch nach Hellwigs eigener Meinung nicht die Geltendmachung des Anspruchs ausgeschlossen, sondern dieser selbst vernichtet werden und zwar rückwirkend. Die Redeweise des Gesetzes stimmt also mit Hellwigs Ansicht in keinem Falle überein. Im §. 2318 BGB. findet Hellwig (S. 253) eine Bestätigung seiner Ansicht insofern, als dort als Inhalt einer Einrede bestimmt werde, der Schuldner könne seine Schuld kürzen, d. h. teilweise aufheben. Diese Auslegung ist aber ohne Grund; kürzen heißt dort nichts als: **die Erfüllung teilweise verweigern**."此段中文译文,由笔者自行翻译。粗体为笔者所标示。

[542] Theodor Kipp, Rechtswahrnehmung und Reurecht, in: Festgabe der juristischen Gesellschaft zu Berlin für Richard Koch, 1903, S. 137: „Jedenfalls aber ist **§. 1169** BGB. mit Hellwigs Theorie auf keine Weise zu vereinigen. Auf Grund peremtorischer Einrede gegen die Hypothek kann verlangt werden, daß der Gläubiger auf die Hypothek verzichtet, die dann nach §. 1168 an den Eigentümer fällt. Das Gesetz gewährt hier dem Einredeberechtigten zweifellos weniger, als es ihm nach Hellwigs Ansicht gewähren müßte. Nach jener Ansicht müßte durch einmalige Leistungsweigerung die **Hypothekforderung** erlöschen und zwar mit Rückwirkung auf die Zeit der Begründung der Einrede. Von da an müßte nach §. 1163 die Hypothek als dem Eigentümer zustehend betrachtet werden. So ist es aber im Falle der peremtorischen Einrede nach Inhalt des Gesetzes zweifellos nicht, sondern die Hypothek fällt erst vom Augenblick des Verzichts an den Eigentümer."此段中文译文,由笔者自行翻译。粗体为笔者所标示。

何有这样的规定,**因为若抗辩已可引致对方权利消灭,则立法者便根本没有必要向当事人赋权请求对方放弃权利**:“若采纳一贯被采纳的抗辩权理论的立场,法律在这里的处理相当合乎逻辑;但假如法律认为一次性地拒绝给付便会使受制于抗辩权的请求权变得不存在,则法律的处理便不合逻辑了。因为假如是那样的话,**第 886 条**的规定便会既多余又有误导性,模糊了法律对抗辩权主张的真正观点。同样地,赫尔维格的理论也与 BGB **第 1254 条**相矛盾。若采纳赫尔维格的立场,那么,允许质权设定人要求返还质物,从而引致质权毁灭(第 1253 条),便根本没有必要,因为他只要被告知,**质权所担保的债权(Pfandforderung)**便会因给付被拒绝而毁灭,因而使质权也毁灭(第 1252 条),然后再要求物的返还,因为质权已消灭在先。”[543]

此后,**BGB 的这三条规范,亦即第 886 条(请求除去预告登记)、第 1169 条(请求抛弃抵押权)、第 1254 条(请求返还质物),被学界反复援引来反驳赫尔维格的“永久型抗辩权废除效力说”,可谓如影随形**。更重要的是,以这三条规定为据的上述见解,**更被写进了一些影响力巨大的民法总则教科书**,这对此说的传播和巩固而言,起了极大的作用。例如,**冯·图尔**在其 1910 年的第一版《德国民法总则》中便介绍了赫尔维格的“杜绝型抗辩权废除效力说”,并以这三条规范来反驳它:“赫尔维格希望给予永久型抗辩权更强的效力,亦即请求权根据法律会消灭。然

[543] Theodor Kipp, Rechtswahrnehmung und Reurecht, in: Festgabe der juristischen Gesellschaft zu Berlin für Richard Koch, 1903, S. 136: „Das Gesetz handelt hier vom Standpunkte der einmal angenommenen Einredetheorie aus ganz folgerichtig; aber es hätte nicht so handeln können, wenn es der Ansicht gewesen wäre, daß durch einmalige Leistungsweigerung der einredebehaftete Anspruch zu einem nichtexistierenden würde. Denn in diesem Falle wäre die Vorschrift des **§. 886** nicht nur überflüssig, sondern irreführend, eine Verschleierung der wahren Ansicht des Gesetzes von der Geltendmachung der Einrede. In gleicher Art widerspricht der Theorie Hellwigs auch **§. 1254** BGB. Es wäre vom Standpunkte Hellwigs aus nicht nötig, den Verpfänder zu ermächtigen, daß er auf Grund peremtorischer Einrede die Herausgabe des Pfandes verlangen kann, woraus dann die Vernichtung des Pfandrechts folgt (1253), sondern ihm wäre einfach zu sagen; vernichte durch Leistungsweigerung die **Pfandforderung** und damit das Pfandrecht (1252) und fordere dann die Sache zurück, weil das Pfandrecht erloschen ist.“此段中文译文,由笔者自行翻译。粗体为笔者所标示。

而,法律无疑是从'请求权虽然被提出永久型抗辩,但继续存在'这种观点出发的,并由此得出一些推论。人们可以质疑这些推论的适当性(Zweckmäßigkeit),但不能经由解释来清除这些推论。例如,若**预告登记所担保的债权(vorgemerkte Forderung)**被消除,则预告登记消灭;消灭可以根据GBO[土地登记簿规例]第22条为之,且有可能以更正之诉(Berichtigungsklage)来实现。若被预告登记所担保的请求权是被一项永久型抗辩权所反对,则有所不同:所有权人不能根据GBO第22条来引发消灭效力,而是必须根据**第886条**向被预告登记者要求消除预告登记。此外,若**抵押权所担保的债权(hypothekarisch gesicherte Forderung)**消灭,则所有权人会根据第1163条依法律本身自动取得所有权;但若债权是被一项永久型抗辩权所对抗,则所有权人并不依法律本身自动取得抵押权,即使抗辩权被行使亦然,而只是必须根据**第1169条**向债权人要求放弃抵押权,以便抵押权根据第1168条移转给他。类似的情形是**第1254条**的质权。"[544]

3. 赞同说对赫尔维格诉讼法论据的反驳

赫尔维格的诉讼法论据,同样受到批评。他认为法院因被告提出杜

---

[544] Andreas von Tuhr, Der allgemeine Teil des deutschen bürgerlichen Rechts, Erster Band: Allgemeine Lehren und Personrecht, Duncker & Humblot, 1910, S. 290: „Hellwig will der Ausübung einer dauernden Enrede eine stärkere Wirkung beilegen; der Anspruch soll ipso jure erlöschen. Aber das Gesetz geht zweifellos von der Auffassung aus, da der Anspruch trotz der gegen ihn erhobenen dauernden Einrede weiterbesteht und zieht daraus Konsequenzen, deren Zweckmäßigkeit man bestreiten mag, die aber durch Auslegung nicht beseitigt werden können: wenn z. B. eine **vorgemerkte Forderung** wegfällt so erlischt, damit die Vormerkung; die Löschung kann auf dem Wege von GBO. §. 22 vorgenommen eventuell durch Berichtigungsklage durchgesetzt werden. Anders, wenn dem vorgemerkten Anspruch eine danernde Einrede entgegentritt: der Eigentümer kann die Löschung nicht nach GBO. §. 22 bewirken, sondern muß nach **§. 886** Beseitigung der Vormerkung vom Vorgemerkten verlangen. Ferner: wenn eine **hypothekarisch gesicherte Forderung** erlischt, so er wirbt der Eigentümer ipso jure die Hypothek nach §. 1163; steht aber der Forderung eine dauernde Enrede gegenuber, so erwirbt der Eigentümer, selbst wenn die Einrede ausgeübt wird, die Hypothek nicht ipso jure, sondern muß erst nach **§. 1169** vom Gläubiger Verzicht auf die Hypothek verlangen, wodurch die Hypothek nach §. 1168 auf ihn übergeht. Ähnlich verhält es sich beim Pfandrecht, **§. 1254**."此段中文译文,由笔者自行翻译。粗体为笔者所标示。

绝型抗辩而判决原告败诉，是确认了原告请求权不存在，因为请求权被给付拒绝权废除了。但基普认为，这一点无法用以说明请求权究竟是纯粹被阻碍，还是请求权被废除，**因为两者在实体法上的区别并不会反映在诉讼上**："赫尔维格最根本的理由来自程序法。赫尔维格（《德国民事诉讼法教程》第 249 页）说道：若在程序中主张杜绝型抗辩权，结果是诉讼本身被驳回。而那便是确认了请求权不存在。因此，驳回便一定是基于'请求权因给付拒绝而被废除'这项实体法理由。而且，适用于给付的司法拒绝的，必须同样适用于非司法拒绝：它也必然是毁灭了请求权。这种论据是不可接受的。因抗辩权被主张而作的驳回诉讼判决，首先只是在拒绝'发出国家给付命令以便落实被主张的请求权'的声请。**此程序并无为存在但被抗辩阻碍的请求权这种结构设有独立机制。无被创设的请求权、已经消灭的请求权，以及被告因抗辩权而可以拒绝服从而且也拒绝服从的请求权，在诉讼最终结果上，其实是必然彼此等同的。**"[545]

4. 本书对赞同说论据的批评：将请求权与债权混为一谈

就赫尔维格的诉讼法论据而言，笔者认为其的确不成立，而且逻辑

[545] Theodor Kipp, Rechtswahrnehmung und Reurecht, in: Festgabe der juristischen Gesellschaft zu Berlin für Richard Koch, 1903, S. 133: „Hellwigs wesentlichster Grund ist dem Prozeßrecht entnommen. Hellwig sagt (Zivilprozeß S. 249): wenn die peremtorische Einrede im Prozesse geltend gemacht wird, so ist der Erfolg die Abweisung der Klage in der Sache selbst. Das ist aber die Feststellung, daß der Anspruch nicht besteht. Also muß die Abweisung aus dem materiellrechtlichen Grunde erfolgen, daß durch die Leistungsverweigerung der Anspruch aufgehoben ist. Und was für die gerichtliche Leistungsverweigerung gilt, das muß auch für die außergerichtliche gelten: Das klagabweisende Urteil, welches bei Geltendmachung der Einrede ergeht, ist zunächst doch nur die Zurückweisung des Antrages auf Erlaß eines staatlichen Leistungsbefehls zur Durchführung des behaupteten Anspruchs. Das klagabweisende Urteil, welches bei Geltendmachung der Einrede ergeht, ist zunächst doch nur die Zurückweisung des Antrages auf Erlaß eines staatlichen Leistungsbefehls zur Durchführung des behaupteten Anspruchs. **Der Prozeß hat für das Gebilde des bestehenden, aber durch Einrede gehemmten Anspruchs kein selbständiges Organ. Der nicht entstandene, der untergegangene Anspruch und der Anspruch, dem der Beklagte kraft Einrederechts den Gehorsam verweigern kann und verweigert, stehen vielmehr im prozessualen Endergebnis einander mit Notwendigkeit gleich.**"此段中文译文，由笔者自行翻译。粗体为笔者所标示。

不清。请求权若被提出杜绝型抗辩,则诉讼固然会被驳回,但单从"诉讼被驳回"这个结果,显然无法推论出"法院确认请求权被废除"。因为诉讼法并没有为"请求权被提出杜绝型抗辩"这种情形另设特殊处理,所以法院只能是驳回,如同请求权不存在的那些情形那样。但这绝不代表驳回一定是因为请求权不存在。道理其实非常浅显,无须赘述:某某喝酒会开心,不代表每当他开心都一定是因为喝酒。因此,基普的批评是有道理的。至于赫尔维格提到的"既判力"或"判决仅具宣告性而非构成性",这两点也根本与问题无关:其一,在诉讼因杜绝型抗辩而被法院驳回后,当事人不得再提起诉讼请求给付,这纯粹是因为既判力使然,而并不必然意味着,判决是确认了当事人请求权被杜绝型抗辩所废除故不再存在。无论杜绝型抗辩权是有废除效力,还是只有阻碍效力,判决都会有既判力。当事人不得再次提诉重新提出请求,这一点并不能说明其请求权一定是消灭了。其二,即使认为杜绝型抗辩权没有废除效力,而只有阻碍效力,这也绝不会与判决的纯宣告性质相悖。

至于赫尔维格的实体法论据,也是稍显薄弱,因为只有区区一条规范亦即第 2318 条(继承人缩减遗赠债务),而且这条规范还是继承法个别论题上的法条,欠缺一般性,因而代表性不太足够。

然而,笔者认为,塞克尔、基普、冯·图尔等人对其见解的批评,也是非常值得商榷的。他们所援引的三条结构相同的规范,亦即第 886 条(请求除去预告登记)、第 1169 条(请求放弃抵押权)、第 1254 条(请求返还质物),试图证成其论点。要言之,他们认为,若当事人行使杜绝型抗辩权已能**引致对方债权消灭**,亦即引致"预告登记所担保的**债权**"(vorgemerkte **Forderung**)、[546]"抵押权所担保的**债权**"(Hypothek**forde-**

[546] Andreas von Tuhr, Der allgemeine Teil des deutschen bürgerlichen Rechts, Erster Band: Allgemeine Lehren und Personrecht, Duncker & Humblot, 1910, S. 290.

rung;[547] hypothekarisch gesicherte **Forderung**[548])、“质权所担保的**债权**”(Pfand**forderung**)[549]消灭的话,那么**由于债权消灭,故其担保(预告登记、抵押权、质权)也会随之而消灭**,这样,BGB 根本就不必多此一举地规定当事人可以请求除去预告登记、请求放弃抵押权、请求返还质物(从而引致质权消灭)了。因此,他们认为,以反证法可以推论得出,杜绝型抗辩权无废除效力。不过,在笔者看来,他们的这种推论并不成立。从上文所展示的他们的原文可见,**他们显然混淆了债权和请求权这两个概念**。杜绝型抗辩权所针对的是请求权,而不是债权。关键在于,在这里请求权应被理解为债权的效力或作用,或者说债权的部分亦即权能,而不是债权本身,也就是说,不是整项债权。请求权和债权这两个概念并不重叠,而是后者在范围上包含前者。这样,即使我们认为杜绝型抗辩权有废除效力,便也不会和 BGB 的这三条规范相悖,因为杜绝型抗辩权所废除的只是债权的请求权而已,或更准确言之,**所废除的只是债权所包含的请求权能而已,而不是废除整项债权。由于债权并无消灭,故其担保自然也不会消灭,所以那三条规范便依然有意义**,因为那三条规范允许当事人请求对方除去预告登记、请求放弃抵押权、请求返还质物(从而引致质权消灭),而这些都并不是行使杜绝型抗辩权便足以达致的。此外,即使认为,第 1169 条和第 1254 条所指的抗辩权不是针对请求权,而是如同这两条规范的文义所示那样,关涉抵押权和质权(这是更正确的见解)[550]也好,结论也是相同的。这是因为,这里所谓“针对抵押权与质权的抗辩权”(Einreden gegen Hypothek und Pfandrecht),[551]准确而言,

---

[547] Theodor Kipp, Rechtswahrnehmung und Reurecht, in: Festgabe der juristischen Gesellschaft zu Berlin für Richard Koch, 1903, S. 137.

[548] Andreas von Tuhr, Der allgemeine Teil des deutschen bürgerlichen Rechts, Erster Band: Allgemeine Lehren und Personrecht, Duncker & Humblot, 1910, S. 290.

[549] Theodor Kipp, Rechtswahrnehmung und Reurecht, in: Festgabe der juristischen Gesellschaft zu Berlin für Richard Koch, 1903, S. 136.

[550] 参见本章“第三节　抗辩权的对象:抗辩权可否对抗请求权”的“三、抗辩权对抗支配权”。

[551] Andreas von Tuhr, Der allgemeine Teil des deutschen bürgerlichen Rechts, Erster Band: Allgemeine Lehren und Personrecht, Duncker & Humblot, 1910, S. 310 – 311.

其实不是针对抵押权与质权,而只是针对抵押权与质权的支配权能而已,亦即只是针对抵押权与质权所包含的变卖权(Verkaufsrecht)而已。[552] 因此,就算我们认为杜绝型抗辩权有废除效力,也不会与这两条规范相冲突,因为抗辩所废除的只是抵押权与质权的支配权能,而不是抵押权与质权,正如抗辩所废除的只是债权的请求权能而不是债权的道理那样。**总言之,塞克尔、基普、冯·图尔他们是错误地认为,杜绝型抗辩权所针对的是对方的整项权利,但其实它所针对的只是这项权利所包含的权能而已。**而且,**本书的这种理解也可以很好地解释第1169条的标题为何是"权利破坏型抗辩权"(Rechtszerstörende Einrede),因为BGB似乎在这里暗示了,杜绝型抗辩权的确是"破坏"(zerstört)亦即废除请求权或支配权,而不只是阻碍(hemmt)请求权或支配权而已。**

因此,笔者认为,赫尔维格的诉讼法论据虽然不成立,而且实体法论据也固然是薄弱的,但这只意味着,他没能"积极地"为"废除效力说"提供实定法支持,而绝不代表"废除效力说"是错误的。**在批评"废除效力说"论者们反复援引的那三条规范(第886条、第1169条、第1254条)的障碍也被打破后,"废除效力说"其实已经没有实定法上的阻挠,而可以重新回归纯法理构筑的讨论。**而且,非常值得注意的一点是,撇除那三条(其实说服力不足的)规范,**塞克尔、基普、冯·图尔其实从来都没有正面地回应,在理论上为何不能认为杜绝型抗辩权无废除效力。霍尔德认为,请求权的可实现性若被排除,因而无法律效力,那么其自身内容便被"抽空",等同于被废除一样,这一点虽然不适用于延缓型抗辩权,但之于杜绝型抗辩权,并没有什么说不通的地方。**这也许便是为何以往德国学界的攻击都是针对赫尔维格的实定法论据发出的,却鲜有回归法理层面,讨论"废除效力说"的理论可能性,因为霍尔德的见解实在难以被反驳。但正如前述,**驳倒了赫尔维格的实定法论据,只是意味着"废除效力**

---

[552] 参见本章"第三节　抗辩权的对象:抗辩权可否对抗请求权"的"三、抗辩权对抗支配权"。

说”在实定法上无积极支持而已,但绝不代表它在法理上是错误的。

(七)20世纪中后期的话题重启:施洛瑟对“杜绝型抗辩权”和“废除性形成权”效力区分的质疑

1. 施洛瑟的合理性论据

在赫尔维格于20世纪初BGB刚生效时,对BGB理由书区分杜绝型抗辩权和撤销权的做法质疑,并遭到群起反驳之后,在很长一段时间内,“废除效力说”的讨论都被搁置在了一旁。尽管塞克尔、基普、冯·图尔等以上文所述的三条BGB规范为反驳论据并不恰当,但“无废除效力说”却依旧一直都是主流学说。一直到20世纪的中后叶,德国法学界才又重启了这个话题。

继昆特·雅(Günther Jahr)(1923~2007)在1964年《民法上的抗辩权》(*Die Einrede des Bürgerlichen Rechts*)一文[553]中提出抗辩权和其余形成权并无根本不同,只是其行使有**不同效果**之后,彼得·施洛瑟(Peter Schlosser)(1935~)在两年后,亦即1966年,于同一本期刊《法律教学》(*Juristische Schulung*)上的《德国民法上的独立杜绝型抗辩权与形成权》(*Selbständige peremptorische Einrede und Gestaltungsrecht im deutschen Zivilrecht*)一文[554]中,**对杜绝型抗辩权与废除性形成权的效力区分再度质疑。**值得指出的是,20世纪初赫尔维格的那一次争论,讨论对象是BGB理由书杜绝型抗辩权与撤销权之分,因为在BGB理由书(1888年)那个年代,形成权理论尚未奠立。但在20世纪中后叶施洛瑟的这一次,讨论对象则成了更笼统的杜绝型抗辩权与废除性形成权之分。不过,**焦点依然是杜绝形抗辩权有没有废除效力。**

与赫尔维格一样,施洛瑟认为,“行使杜绝型抗辩权所引发的法律效

[553] Günther Jahr, Die Einrede des Bürgerlichen Rechts, in JuS (Juristische Schulung) 1964, S. 125 ff.

[554] Peter Schlosser, Selbständige peremptorische Einrede und Gestaltungsrecht im deutschen Zivilrecht, in JuS (Juristische Schulung) 1966, S. 257-268.

果,无异于**请求权消灭(Untergangs eines Anspruchs)**这种法律效果”。[555]施洛瑟认为,就算法律真的区分了抗辩效力和消灭效力,但我们也可以质疑,立法者之所以有这样的区分,是不是建基理论上的错误。为了证成自己的见解,施洛瑟比较了在两种情形下的请求权扣押(Pfändung eines Anspruchs):在第一种情形下,请求权被提出杜绝型抗辩;在第二种情形下,请求权被形成表示(Gestaltungserklärung)废除,并被以此为据提出异议(Einwendung)。假如杜绝型抗辩权没有废除效力的话,结果便是:在第一种情形下,请求权继续存在,尽管被阻碍,但依然可以是扣押客体(Objekt einer Pfändung);在第二种情形下,请求权被消灭,因此扣押失败。乍看之下,两者实际上并无差异,因为债务人同样能够以请求权受阻碍,来对抗声请扣押的债权人。然而,假如当事人在这两种情形下,后来都协议放弃主张反对权,那么后果便不一样:**在抗辩的情形**,请求权便会因为这项协议而不再受阻碍,于是声请扣押的债权人可以顺利实现其请求权,而且**可以维持其原本的优先地位(Priorität)**;但**在异议的情形**,放弃协议充其量只能被解释成请求权重新设立(Neubegründung des Anspruchs),因为原本的那项请求权已经消灭了,所以,声请扣押的债权人不会因而受惠,相反,他还必须声请扣押那项新的请求权,而**在这段期间内声请扣押的其他债权人,便会因而优先于他**。这种以杜绝型抗辩权和消灭性事实构成(Erloschenstatbestand)效力之分为据的区别对待,被施洛瑟斥为**“在从事纯粹的概念法学”(„reine Begriffsjurisprudenz zu treiben“)**。[556]依其之见,对第三人权利的创设和存续而言,也并无合理理由区分这两种情形下反对权(杜绝型抗辩权和废除性形成权)的效力

---

[555] Peter Schlosser, Selbständige peremptorische Einrede und Gestaltungsrecht im deutschen Zivilrecht, in JuS (Juristische Schulung) 1966, S. 257, 263: „Die durch Ausübung eines peremptorischen Einrederechts ausgelösten Rechtsfolgen unterscheiden sich in nichts von den Rechtsfolgen des **Untergangs eines Anspruchs**.“此段中文译文,由笔者自行翻译。粗体为笔者所标示。

[556] Peter Schlosser, Selbständige peremptorische Einrede und Gestaltungsrecht im deutschen Zivilrecht, in JuS (Juristische Schulung) 1966, S. 257, 260.

形态。[557] 再者,若杜绝型抗辩权无废除效力的话,便不能一劳永逸地一次性地排除请求权,而是必须在请求权每次被行使时逐次重新主张,否则便会被责令给付,**这样要求抗辩权人在主张抗辩后还要持续地重复这样做,是相当不合理的**。[558]

可见,**相较于霍尔德侧重于纯法理构造论据、赫尔维格着眼于实定法论据,施洛瑟则是强调传统学说(杜绝型抗辩权无废除效力)会导致不合理的结论**。因此,施洛瑟这一次的质疑,虽然就讨论对象而言可谓只是新瓶装旧酒(从霍尔德和赫尔维格时代的撤销权,变成了笼统而言的废除性形成权),但**就论据而言并不完全是老调重弹**。

2. 施洛瑟合理性论据所受的反驳

然而,观乎施洛瑟之后的德国学说动向,他的概念法学指控,在很长一段时间内依然无法撼动传统学说。一直到数十年后的21世纪初,仍有论者认为施洛瑟的观点不是决定性的。例如,丹尼尔·库尔特(Daniel Kurth)(1978～)到2010年便仍认为:“要是施洛瑟想以无合理理由为据,来弭平**法律在事实上所做的区分**的话,这是不被允许的。法律规则必须是理解杜绝型抗辩权效力形态的起始点。因此,杜绝型抗辩权不应有毁灭效力(Vernichtungswirkung)。”[559] 为了尽可能全面地检视德国学界反对施洛瑟的论者们多年以来累积了何种理据,以库尔特的见解为例,可见一斑。本书将库尔特的论据分列如下。

---

[557] Peter Schlosser, Selbständige peremptorische Einrede und Gestaltungsrecht im deutschen Zivilrecht, in JuS (Juristische Schulung) 1966, S. 257, 260.

[558] Peter Schlosser, Selbständige peremptorische Einrede und Gestaltungsrecht im deutschen Zivilrecht, in JuS (Juristische Schulung) 1966, S. 257, 263 - 264. 亦参见 Günther Jahr, Die Einrede des Bürgerlichen Rechts, in JuS (Juristische Schulung), 1964, S. 294。

[559] Daniel Kurth, Einreden gegen Grundpfandrechte beim Wechsel des Grundstückeigentümers, V&R unipress GmbH, 2010, S. 36: „Dennoch ist es nicht zulässig, wenn Schlosser **eine vom Gesetz tatsächlich getroffene Unterscheidung** mit der Festellung, dass es hierfür keinen vernünftigen Grund gebe, einebnen möchte. Ausgangspunkt für das Verständnis der Wirkungsweise von peremptorischen Einreden muss die gesetzliche Regelung sein. Aus dieser ergibt sich, dass einer peremptorischen Einrede gerade keine Vernichtungswirkung zukommen soll.“此段中文译文,由笔者自行翻译。粗体为笔者所标示。

其一,根据 BGB **第 2083 条(可撤销性抗辩权;Anfechtbar-keitseinrede)**,因遗嘱而负上负担者,可以拒绝满足那项可被撤销的遗嘱处分所设立的请求权,即使撤销期已经届满。“如果在期限届满后,不再能撤销处分,借以毁灭请求权,从而使异议成立的话,那么在这个时点后所赋予的抗辩权,便必须有性质上不同于毁灭请求权的效力”。[560] 言下之意是,依其之见,假如这一条规范所赋予的抗辩权有毁灭效力的话,那么在撤销期届满前和届满后,当事人便都同样有权(分别是撤销权和抗辩权)毁灭对方的请求权,这会令第 2083 条的存在意义成疑。

其二,BGB **第 813 条(被满足的请求权和杜绝型抗辩权对立)**所容许的那种给付退还(Leistungskondiktion),有别于第 812 条第 1 款第 1 句(无法律上原因)所容许的那种。由此可见,法律对杜绝型抗辩效力的理解,有别于对权利毁灭异议(rechtsvernichtenden Einwendung)效力的理解。这是因为,假如提出杜绝型抗辩也会引致请求权被毁灭的话,第 813 条便没有存在的意义,因为总是不会被适用,而第 812 条所规定的那种给付退还则相反,总是会被适用。[561]

其三,BGB **第 1169 条(请求放弃抵押权)**和**第 1254 条(请求返还质物)**,这两条规范规定了担保权(Pfandrechten)在遭到杜绝型抗辩所反对时的命运。在这两种情形下,抗辩权人都只会取得一项针对被担保债权人的放弃请求权(Verzichtsanspruch gegen den Pfandgläubiger)而已。假如权利会因为杜绝型抗辩而被消灭的话,便理应不会是这样。[562]

---

〔560〕 Daniel Kurth, Einreden gegen Grundpfandrechte beim Wechsel des Grundstückeigentümers, V& R unipress GmbH, 2010, S. 36:„Wenn aber die Begründung einer Einwendung und damit eine Vernichtung des Anspruchs durch Anfechtung der Verfügung nach Ablauf der Frist nicht mehr möglich ist, so muss die über diesen Zeitpunkt hinaus gewährte Einrede eine qualitativ andere Wirkung haben als die Vernichtung des Anspruchs.“此段中文译文,由笔者自行翻译。粗体为笔者所标示。

〔561〕 Daniel Kurth, Einreden gegen Grundpfandrechte beim Wechsel des Grundstückeigentümers, V& R unipress GmbH, 2010, S. 36 – 37.

〔562〕 Daniel Kurth, Einreden gegen Grundpfandrechte beim Wechsel des Grundstückeigentümers, V& R unipress GmbH, 2010, S. 37.

库尔特总结道,BGB 的上述法条表明,至少从法律的观点看,提出杜绝型抗辩并不引致请求权毁灭。反之,债权人仍拥有请求权,而抗辩权人只能妨碍其实现(Durchsetzung verhindern)而已。依其之见,鉴于法律有这样的根本性立场,所以施洛瑟认为这种区分无合理理由是不够的。假如要偏离法律的规则,施洛瑟必须提出令人信服的理据,来反对将杜绝型抗辩区别于以废除性形成权为据的权利毁灭异议,而非只是说没有理由进行区分:“在法律规范了抗辩权的一系列情形下,在法律技术上即便是采用使异议成立的形成权(einwendungsbegründenden Gestaltungsrechten)固然也是行得通的,但是,若法律的决定是采用抗辩,而非采用异议,这并不能简单地被视为概念法学,反之,**人们必须提出令人信服的理由来支持说为何想要偏离标准体系。然而,施洛瑟并没有成功做到这一点。**这就是为什么‘本于异议的权利消灭’和‘抗辩的纯阻碍效力’之分必须被维持。”〔563〕

3. 本书对反驳论据的批评:请求权与债权的持续混淆

从上文可见,反驳施洛瑟的那些论者们的逻辑是,因为**从 BGB 的一些法条可以推论得出**,立法者的确认为杜绝型抗辩权无废除效力,所以施洛瑟充其量只在立法论上(*de iure condendo*)才是有价值的,但既然现行法上(*de iure condito*)规则并非如此,那么便不能单以合理性为由,无视**“法律在事实上所作的区分”**。〔564〕因此,其前提是,法律的确有作这种区分。简言之,他们的逻辑可被归结为**“法律就是法律”(Gesetze sind**

〔563〕 Daniel Kurth, Einreden gegen Grundpfandrechte beim Wechsel des Grundstückeigentümers, V& R unipress GmbH, 2010, S. 37: „Zwar mag man in einer Reihe von Fällen, in denen das Gesetz eine Einrede normiert, rechtstechnisch auch mit einwendungsbegründenden Gestaltungsrechten arbeiten können. Wenn das Gesetz aber die Entscheidung für eine Einrede und gerade gegen eine Einwendung trifft, so kann man dies nicht einfach als Begriffsjurisprudenz abtun, sondern **muss stichhaltige Gründe vorbringen, warum man von dem normierten System abweichen will. Dies gelingt Schlosser jedoch nic**ht. Deshalb ist an der Unterscheidung zwischen dem Erlöschen eines Rechts aufgrund einer Einwendung und der bloßen Hemmungswirkung von Einreden festzuhalten.“此段中文译文,由笔者自行翻译。粗体为笔者所标示。

〔564〕 Daniel Kurth, Einreden gegen Grundpfandrechte beim Wechsel des Grundstückeigentümers, V& R unipress GmbH, 2010, S. 37.

Gesetze),并进而将“举证负担”归于施洛瑟。但问题是,法律真的有将杜绝型抗辩权的效力区别于废除效力吗?法律真的有这样规定吗?库尔特认为,从前述的那些法条可以得出肯定答案,但笔者认为,这些法条是否真有这样的暗示,实在非常值得商榷。

其一,看不出来为何**第2083条(可撤销性抗辩权)**表明了杜绝型抗辩权一定不可以有废除效力。库尔特认为,既然撤销期已届满,令负担人“不再能撤销处分,借以毁灭请求权”,那么第2083条所指的抗辩权必须“有在性质上不同于毁灭请求权的效力”。但是,库尔特这种说法有混淆撤销和抗辩的对象之嫌:撤销权所废除的其实不只是请求权,而是一切从遗嘱处分所产生的一切法律关系,因此会令整项债权被废除;但抗辩权只是针对债权的请求权(或更准确地说是请求权能)。所以,即使采“废除效力说”,亦即认为杜绝型抗辩废除了请求权,也不会使杜绝型抗辩的效力等同于撤销的效力,所以库尔特的见解是建基在错误的理解上,归根究底,是**混淆了债权和请求权**。退一步言之,即使不着眼于效力,而只是着眼于时间,也难以理解为何第2083条表明了杜绝型抗辩权无废除效力。第2083条本身便是旨在弥补一般制度(撤销期届满后便不能以撤销来废除对方债权)的不足。因此,即使采“废除效力说”,第2083条也不会因而失去存在意义。甚至,若采“废除效力说”,第2083条反而在某种意义上更能和一般制度匹配,因为这样的话,它便是**将一般制度所定的废除时间予以延伸**,而这便会成为这条规范的存在价值。

其二,关于**第813条(被满足的请求权和杜绝型抗辩权对立)**,笔者认为,即使承认杜绝型抗辩权有废除效力,第813条也不会沦为具文,因为就算请求权被杜绝型抗辩权废除了,这种情形也不会变成第812条所指的“无法律上原因”,因为抗辩只是废除债权的请求权能而已,而非废除整项债权。债权的其余权能,尤其是清偿留置(*soluti retentio*)权能仍然存在,而正是清偿留置权能阻却了不当得利的成立,因为此时依然存在法律上原因,那便是债权,虽然其最重要的请求权能被废除了。可见,库尔特的说法更有**混淆请求权与债权之嫌**,如同基普和冯·图尔那样(虽然后两者没有以第 813 条为据)。

其三,**第 1169 条(请求放弃抵押权)**和**第 1254 条(请求返还质物)**无法表明杜绝型抗辩权无废除效力,前文已述,[565]兹不复赘。实际上,这两条规范(以及赋权"请求除去预告登记"的第 886 条)早在 20 世纪初赫尔维格和塞克尔等之间的那场论战中便已被援引,而且也被后来的论者反复援引,但其实它们并无说服力。**关键还是在于,请求权与债权并不等同**。

可见,"反废除效力说"论者们援引一众 BGB 法条欲驳斥"废除效力说",但从他们对这些法条的理解可见,**他们一直都将请求权和债权混为一谈。这种错误从 20 世纪初(塞克尔、基普、冯·图尔等人)至今,一直都没有改变,亟待纠正**。如此一来,既然并无法条确凿地表明杜绝型抗辩权无废除效力,那么,双方见解就起跑线而言便是平起平坐了,因为各自都没有实定法的支持或阻挠。如是者,**在撤除实定法之后,难道整场争论的"胜负关键"不就是合理性吗?而合理性便正是施洛瑟的着眼点。**值得注意的是,反对"废除效力说"的论者们,他们从来都是以实定法的法条为论据,而并无断言过"纯阻碍效力说"一定能得出最合理的结论。相反,他们更都承认按照"纯阻碍效力说"所得出的结论合理与否,是可以讨论的。例如,在 20 世纪初赫尔维格的那场论战中,冯·图尔便明言,虽然"(他认为)法律无疑是从'请求权虽然被提出永久型抗辩,但继续存在'这种观点出发的,并由此得出一些推论",而且"(他认为)不能经由解释来清除这些推论",但是"**人们可以质疑这些推论的适当性**";[566]

---

[565] 参见本章第五节二、"(六)20 世纪初叶的论战爆发:赫尔维格对'杜绝型抗辩权'和'撤销权'效力区分的质疑"的"4. 本书对赞同说论据的批评:将请求权与债权混为一谈"。

[566] Andreas von Tuhr, Der allgemeine Teil des deutschen bürgerlichen Rechts, Erster Band: Allgemeine Lehren und Personrecht, Duncker & Humblot, 1910, S. 290: „Aber das Gesetz geht zweifellos von der Auffassung aus, da der Anspruch trotz der gegen ihn erhobenen dauernden Einrede weiterbesteht und zieht daraus Konsequenzen, **deren Zweckmäßigkeit man bestreiten mag**, die aber durch Auslegung nicht beseitigt werden können."此段中文译文,由笔者自行翻译。粗体为笔者所标示。

而在这里，针对施洛瑟的见解，库尔特也同样明言“在法律规范了抗辩权的一系列情形下，**在法律技术上即便是采用使异议成立的形成权固然也是行得通的**”。[567] 那么，当他们唯一的救命稻草，亦即他们所援引的那些实定法上的所谓论据，其实都站不住脚，至少是不甚稳固时，“纯阻碍效力说”便已岌岌可危。至少，这个问题会重新成为可开放讨论的问题。

如同20世纪初霍尔德“可实现性是抗辩权固有效力”这种纯法理论据没有被真正反驳那样，施洛瑟的合理性论据其实也没有被真正反驳。相反，论者一直只是在回避这些实际上难以反驳的问题，而只是希望能从BGB找出实定法的规定来证成杜绝型抗辩权无废除效力，把希望寄托于法条，但却从来都未能如愿。

(八)21世纪初叶的新近构筑：托马尔的杜绝型抗辩权废除效力理论

1. 托马尔的构筑

(1)债权与请求权的区别：“权利地位”与“追索权能”的分离

克里斯·托马尔(1982～)在其2012年的《抗辩权之作为实体形成权》(*Die Einrede als materielles Gestaltungsrecht*)[568]一文中，系统地梳理了抗辩权“形成权说”的各个方面。令人注目的是，托马尔并不是主张“非传统形成效力说”，而是重拾了在20世纪初叶和中后叶先后被提出、但都没有得到应有重视的“传统形成效力说”，明确认为杜绝型抗辩权属于废除性形成权。然而，托马尔进行了比前人们(赫尔维格、霍尔德、施洛瑟)都详细、清晰和有说服力的理论解构。

托马尔指出，若人们认同，形成权和抗辩权的共通点是，它们都是以意思表示来行使，以**变动实体法律状况(die materielle Rechtslage ändern)**，那么便有一个问题值得思考：**在构造上(in konstruktiv relevanter**

---

[567] Daniel Kurth, Einreden gegen Grundpfandrechte beim Wechsel des Grundstückeigentümers, V& R unipress GmbH, 2010, S. 37：„Zwar mag man in einer Reihe von Fällen, in denen das Gesetz eine Einrede normiert, **rechtstechnisch auch mit einwendungsbegründenden Gestaltungsrechten arbeiten können**.“此段中文译文，由笔者自行翻译。粗体为笔者所标示。

[568] Chris Thomale, Die Einrede als materielles Gestaltungsrecht, in Archiv für die civilistische Praxis, Dezember 2012, 212. Bd., H. 6 (Dezember 2012), Mohr Siebeck, S. 920－970.

Hinsicht),抗辩权真的能被区别于形成权吗?这里所说的构造,是着眼于抗辩权的效力亦即抗辩权行使的法律效果(die Rechtsfolgen der Einredenausübung)而言。[569] 换言之,抗辩权的效力真的不属于形成效力吗?依托马尔之见,为了厘清抗辩权的典型效力(typische Wirkung)亦即对债权可实现性予以限制或排除(die Durchsetzbarkeit von Forderungen beschränken oder ausschließen),有必要**将债权(Forderung)与请求权(Anspruch)区别开来。两者有不同的"权利内容"(Rechtsinhalt):所谓的"债权请求权",便是由债权成分和请求权成分(Forderungs-und Anspruchskomponente)共同构成。**[570] **前者相当于"权利地位"(Rechtsposition),乃消极元素,因为是应被实现的法律身份,后者相当于"追索权能"(Verfolgungsbefugnis),乃积极元素,因为是实现前者的主动手段:**

> 若人们在债权请求权(Forderungsanspruch)中,把被配赋的权利地位,区别于追索权能,那么**抗辩权的上述效力便可被厘清**。据此,**权利地位**表现为债权请求权的**消极归属成分(passive Zuordnungsgehalt)**,因而尤其是 BGB 第 362 条以下规定意义上的履行和 BGB 第 812 条意义上的"法律上原因"的指涉点。相反,**追索权能**则是指**任何能用以积极地实现权利地位的法律力量(Rechtsmacht)**,因而尤其

---

[569] Chris Thomale, Die Einrede als materielles Gestaltungsrecht, in Archiv für die civilistische Praxis, Dezember 2012, 212. Bd., H. 6 (Dezember 2012), Mohr Siebeck (S. 920 – 970), S. 928.

[570] Chris Thomale, Die Einrede als materielles Gestaltungsrecht, in Archiv für die civilistische Praxis, Dezember 2012, 212. Bd., H. 6 (Dezember 2012), Mohr Siebeck (S. 920 – 970), S. 932.

是诉讼上诉请给付权能与执行权能的实体法基础。[571]

"权利地位与追索权能作为一体的债权请求权的两项元素"(Rechtsposition und Verfolgungsbefugnis als Elemente des einheitlichen Forderungsanspruchs),[572]两者之所以应被互相分离,理由在于,主体既可以是有追索权能而无自身相应权利地位,也可以是有权利地位而无自身相应追索权能。[573]

"有追索权能而无权利地位"(Verfolgungsbefugnis ohne Rechtsposition)的情形,有 BGB 第 335 条(受诺人有权请求给付)、第 525 条第 2 款(主管机关有权请求实行负担)、第 527 条第 2 款(第三人有权请求实行负担)、第 2194 条(主管机关有权请求实行负担),以及习惯法所承认的"合伙人诉权"(*actio pro socio*),因为根据这些规范,权利主体可以自己名义主张他人的权利地位。意定诉讼担当(gewillkürte Prozessstandschaft)和法定诉讼担当(gesetzliche Prozessstandschaft)[BGB 第 1368 条、第 1629 条第 3 款第 1 句、第 1984 条、第 2212 条、第 2213 条;ZPO(Zivilprozessordnung = 民事诉讼规例)第 265 条、InsO(= Insolvenzord-

---

[571] Chris Thomale, Die Einrede als materielles Gestaltungsrecht, in Archiv für die civilistische Praxis, Dezember 2012, 212. Bd., H. 6 (Dezember 2012), Mohr Siebeck (S. 920 – 970), S. 928 – 929: „**Die beschriebene Wirkung von Einreden lässt sich verdeutlichen**, wenn man innerhalb des Forderungsanspruchs die zugewiesene Rechtsposition von der Verfolgungsbefugnis trennt. Demnach verkörpert die **Rechtsposition** den **passiven Zuordnungsgehalt** des Forderungsanspruchs und ist damit insbesondere der Bezugspunkt der Erfüllung im Sinne der §§ 362 ff. BGB sowie ‚Rechtsgrund' im Sinne des §. 812 BGB. Hingegen bezeichnet die **Verfolgungsbefugnis jede Rechtsmacht, mit der die Verwirklichung der Rechtsposition aktiv durchgesetzt werden kann**, also insbesondere die materiellrechtliche Grundlage der prozessualen Leistungsklage-und Vollstreckungs-befugnis."此段中文译文,由笔者自行翻译。粗体为笔者所标示。

[572] Chris Thomale, Die Einrede als materielles Gestaltungsrecht, in Archiv für die civilistische Praxis, Dezember 2012, 212. Bd., H. 6 (Dezember 2012), Mohr Siebeck (S. 920 – 970), S. 928 – 929.

[573] Chris Thomale, Die Einrede als materielles Gestaltungsrecht, in Archiv für die civilistische Praxis, Dezember 2012, 212. Bd., H. 6 (Dezember 2012), Mohr Siebeck (S. 920 – 970), S. 929.

nung,破产规例)第 80 条、第 93 条;ZVG(= Gesetz über die Zwangsversteigerung und die Zwangsverwaltung,强制拍卖与强制管理法)第 152 条]也是如此,因为诉讼担当人是以自己名义实行他人权利(setzt ein fremdes Recht im eigenen Namen durch),故有关涉他人权利地位的追索权能(eine Verfolgungsbefugnis hinsichtlich einer fremden Rechtsposition zu)。[574]

"有权利地位而无追索权能"(Rechtsposition ohne Verfolgungsbefugnis)的情形,则是指主体虽有权利地位,但**此权利地位不被追索权能所保障**。自然之债(Naturalobligation)便是如此。立法者原则上承认以赌博合同与打赌合同(Spiel-und Wettvertrag)进行财产归属或者说财产配置(Vermögenszuordnung),但出于公共利益,拒绝以司法途径予以实现。因此,不得向债权人要求返还因自然之债所生债权而做的给付(第 762 条第 1 款第 2 句),这正是因为债权人有获法律承认的权利地位,虽然债权人不能以司法途径实现其权利地位。因婚媒约定而做的给付,也是如此(第 656 条第 1 款第 2 句)。债权人这样**一项仅限于权利地位的权利(ein auf die bloße Rechtsposition beschränktes Recht)**,也可以借由私人自治协定而被创造出来,无论是一开始便以一项"保持原因协定"(Behaltensgrundabrede)来创造,还是事后才以"不要求偿付协定"(*pactum de non petendo*)来创造。在第三人给付(第 267 条)的情形,尽管债权人针对向其做给付的第三人无追索权能,但他仍被允许保持(behalten)给付,这正是因为他的权利地位使然。

托马尔指出,**虽然法律并无使用"权利地位"和"追索权能"这样的术语,但其实两者正是相当于"债权"和"请求权"**。用托马尔的话来说,立法者用"债权"和"请求权"二词,对"权利地位"和"追索权能"这两个概念**"在法律上进行了加密"(gesetzesnahe Verschlüsselung)**,也就是用不同的术语转化、隐藏了起来:

---

[574] Chris Thomale, Die Einrede als materielles Gestaltungsrecht, in Archiv für die civilistische Praxis, Dezember 2012, 212. Bd., H. 6 (Dezember 2012), Mohr Siebeck (S. 920 – 970), S. 929 – 930.

在概念上，可以将法律地位等同于“债权”、将追索权能等同于 BGB 意义上的“请求权”，来进行上述区分。相应地，债权请求权（Forderungsanspruch）可被分解成债权与“请求权”两项元素。债权，根据 BGB 第 241 条第 1 款，将债务给付客体归赋予债权人的财产（dem Vermögen des Gläubigers zuordnet）；至于 BGB 第 194 条第 1 款意义上的请求权，则是请求权人以法律上攸关的途径向请求权相对人**提出**给付要求的权能（die Befugnis des Anspruchsinhabers，den Anspruchsgegner mit einem Leistungsverlangen in rechtserheblicher Weise **anzusprechen**）。**债权是盾，请求权是剑（Die Forderung ist der Schild，der Anspruch das Schwert）**。[575]

托马尔的**“债权是盾，请求权是剑”比喻**，乃是借用自赖因哈德·齐默尔曼（Reinhard Zimmermann）（1952～）。齐默尔曼的原话是，“根据德国主流见解，这样的权利仍可被用作盾，即使它们所赖以为据的请求权不再能被用作剑”。[576] 托马尔的言下之意是，“追索权能”是用以**主动地**向相对人提出给付要求，故仿佛是**用以攻击的剑**一般；但即使在自然之

[575] Chris Thomale，Die Einrede als materielles Gestaltungsrecht，in Archiv für die civilistische Praxis，Dezember 2012，212. Bd.，H. 6（Dezember 2012），Mohr Siebeck（S. 920－970），S. 930－931：„Begrifflich lässt sich die obige Unterscheidung dadurch vollziehen，dass man die Rechtsposition mit der ‚Forderung‘ und die Verfolgungsbefugnis mit dem ‚Anspruch‘ im Sinne des BGB gleichsetzt. Demnach löst sich der Forderungs-anspruch in die Elemente，Forderung und ‚Anspruch‘ auf. Während eine Forderung einen nach §. 241 1 BGB geschuldeten Leistungsgegenstand dem Vermögen des Gläubigers zuordnet，bedeutet ein Anspruch im Sinne des §. 194 Ⅰ BGB die Befugnis des Anspruchsinhabers，den Anspruchsgegner mit einem Leistungsverlangen in rechtserheblicher Weise **anzusprechen**. **Die Forderung ist der Schild，der Anspruch das Schwert.**“此段中文译文，由笔者自行翻译。原文以斜体强调“anzusprechen”（提出）一词。粗体为笔者所标示。

[576] Reinhard Zimmermann，Comparative Foundations of a European Law of Set－Off and Prescription，Cambridge University Press，2002，p. 162：“According to the prevailing opinion in Germany，such rights can still be used as a shield，even if the claim on which they are based can no longer be used as a sword.”此段中文译文，由笔者自行翻译。

债、第三人给付、协定不要求偿付这些无“追索权能”的情形下,当事人虽然不能主动提出给付要求,但由于法律向当事人认可了此项财产理应归属于他,故这样的“权利地位”(债权)可用以**被动地**防止对方在给付后要求返还,故仿佛是**用以防御的盾**一样。这正是为什么“权利地位”被托马尔称为“消极”元素,而“追索权能”则是“积极”元素。

(2)对债权与请求权之分的辩护:教义一致论据

托马尔指出,乍看之下,债权与请求权的区分是不符合法律的,这是因为,根据本质上遵从温德沙伊德请求权概念的历史上立法者(historischer Gesetzgeber)的观点,请求权和债权在债法领域内是同义词。请求权这个类别,仅仅是被立法者用来将债权,连同**物法上请求权(sachenrechtliche Ansprüche)**,一并归入同一个概念之下而已,而“并无被加诸法律技术成分”(ohne dass man ihm einen rechtstechnischen Gehalt zugewiesen hätte)。物权请求权和作为其基础的物权,两者的区分对立法者而言是重要的,因为“物权超出了其产生的请求权”。[577] 例如,在所有权人的返还**请求权消灭时效完成后**,尽管所有权人不得请求返还,但若物复归所有权人占有,“所有权人即不得被要求[交出物]”。[578]

这一点同样见于**债法上请求权(schuldrechtliche Ansprüche)**,因为在债权人的**请求权时效完成后**,尽管债权人不得向债务人请求给付,但若债权人已受领给付,则债权人也不得被要求交出给付。这是因为,“时效

[577] Gebhard, in: Schubert (Hg.), Die Vorlagen der Redaktoren für die erste Kommission zur Ausarbeitung des Entwurfs eines Bürgerlichen Gesetzbuches, AT 2, Verjährung 100: „das dingliche Recht geht über den aus ihm erwachsenen Anspruch hinaus“; *apud* Chris Thomale, Die Einrede als materielles Gestaltungsrecht, in Archiv für die civilistische Praxis, Dezember 2012, 212. Bd., H. 6 (Dezember 2012), Mohr Siebeck (S. 920–970), S. 931.

[578] Gebhard, in: Schubert (Hg.), Die Vorlagen der Redaktoren für die erste Kommission zur Ausarbeitung des Entwurfs eines Bürgerlichen Gesetzbuches, AT 2, Verjährung 100: „dem Eigenthümer nicht abgefordert werden“; *apud* Chris Thomale, Die Einrede als materielles Gestaltungsrecht, in Archiv für die civilistische Praxis, Dezember 2012, 212. Bd., H. 6 (Dezember 2012), Mohr Siebeck (S. 920–970), S. 931. 此段中文译文,由笔者自行翻译。亦参见 Motive zu dem Entwurfe eines Bürgerlichen Gesetzbuches für das Deutsche Reich, Band 1, J. Guttentag, 1888, S. 293。

的意义是，请求权所对应的那项给付，不得在违反义务人意思的情形下被强迫作出”，[579]换言之，正如BGB理由书所述，立法者只是将因时效完成而生的抗辩权看作“拒绝满足请求权的权能，尽管请求权自身成立”，[580]所以时效完成只影响债权人的请求权，但无碍债权人的权利地位。

因此，依托马尔之见，在债法领域将请求权和债权等同起来，“乃是基于纯形式的考量”（bloßen formalen Gesichtspunkten geschuldet ist），忽视了两者的实质内涵。在此事宜上，历史上的立法者同样承认在债法上，如同在物法上，必须区分消极的“权利地位”和效劳于此权利地位的“追索权能”。因此，**债权和债法上请求权、物权和物法上请求权，必须有对应的构造，这样才能保持一致（konsequent）（本书称为“教义一致”论据）**：

> 如果说在物法上，分界线正是在于物权和**为了物权的实现而被赋予的请求权**之间，那么在债法上，只有同样将请求权理解成**实现权能亦即追索权能**，并将债权理解成类似于物权，**这样才能一致**。因此，请求权与债权的分离所形塑的那种思想，在法律材料中就已经被构想了出来，只不过是在法律的概念构

---

[579] Protokolle der 1. Kommission zur Ausarbeitung des Entwurfs eines Bürgerlichen Gesetzbuches für das Deutsche Reich, Ⅰ, S. 388：„die Bedeutung der Verjährung die, dass wider Willen des Verpflichteten diesem die dem Anspruch entsprechende Leistung [nicht] abgerungen [...] werden könne. “; *apud* Chris Thomale, Die Einrede als materielles Gestaltungsrecht, in Archiv für die civilistische Praxis, Dezember 2012, 212. Bd., H. 6 (Dezember 2012), Mohr Siebeck (S. 920 - 970), S. 931. 此段中文译文，由笔者自行翻译。

[580] Motive zu dem Entwurfe eines Bürgerlichen Gesetzbuches für das Deutsche Reich, Band 1, J. Guttentag, 1888, S. 359：„die Befugniß [...], die Befriedigung eines Anspruches verweigern zu dürfen, obwohl der Anspruch an und für sich besteht. “此段中文译文，由笔者自行翻译。

造上体现不足而已。[581]

托马尔认为,如同区分物权和物法上请求权那样区分债权和债法上请求权,有以下三点理由支持:其一,债权和请求权的法律内涵(rechtliche Gehalt),可被精确界定;其二,两者各自都可以独立于另一者而存在;其三,它们的概念分离在历史上起了作用(historisch verfängt),而且也是必需的。尽管债权和请求权在大部分时候,或者说,在典型情况下(typischerweise)"都在一起,亦即存在于同一人手中"(zusammenfallen, das heißt in der Hand derselben Person bestehen),但这一点无碍两者的区分。道理正如,没有人会怀疑债权的拥有(Forderungsinhaberschaft)和合同当事人地位(vertragliche Parteistellung)必须在分析上互相分离,无论第三人利益合同和债权转让的发生有多典型、多常见。**债权和请求权通常同属一人所拥有,这"归根究底是纯经验上的观察"(letztlich rein empirische Beobachtung),所以并不是反对在理论上区分两者的理由**:"如果是抱着体系化的意图,那么,民法教义学所首要地描述的,便不是经验层面的法律上实然性(die empirische Rechtswirklichkeit),而是规范层面的、私人自治的法律上可能性(die normative, privatautonome Rechtsmöglichkeit)。"[582]

---

[581] Chris Thomale, Die Einrede als materielles Gestaltungsrecht, in Archiv für die civilistische Praxis, Dezember 2012, 212. Bd., H. 6 (Dezember 2012), Mohr Siebeck (S. 920 – 970), S. 932: „Wenn jedoch im Sachenrecht diese Trennungslinie gerade zwischen dem dinglichen Recht und **dem zur Verwirklichung dieses dinglichen Rechts gewährten Anspruch** liegen soll, dann **ist es allein konsequent**, auch im Schuldrecht den Anspruch als **Verwirklichungs –, das heißt Verfolgungsbefugnis** zu verstehen und als Analogon zum dinglichen Recht die Forderung zu begreifen. Die Trennung von Anspruch und Forderung gibt somit einem Gedanken Form und Gestalt, der in den Gesetzesmaterialien bereits angelegt ist, selbst wenn er in der gesetzlichen Begriffsbildung nur unzureichenden Niederschlag gefunden hat." 此段中文译文,由笔者自行翻译。粗体为笔者所标示。

[582] Chris Thomale, Die Einrede als materielles Gestaltungsrecht, in Archiv für die civilistische Praxis, Dezember 2012, 212. Bd., H. 6 (Dezember 2012), Mohr Siebeck (S. 920 – 970), S. 932: „Zivilrechtsdogmatik beschreibt, wenn sie in systematischer Absicht geschieht, nicht in erster Linie die empirische Rechtswirklichkeit, sondern die normative, privatautonome Rechtsmöglichkeit." 此段中文译文,由笔者自行翻译。

(3)杜绝型抗辩权的典型形成效力:消灭请求权("追索权能")

托马尔指出,在概念上分离请求权和债权之后,便可以发现,像施洛瑟那样[583]将杜绝型抗辩理解成有**"引致请求权消灭"**这样的**形成效力**,在理论上完全可行,而且也**合乎法律规定**:

> 杜绝型抗辩,诸如时效抗辩,引致**请求权消灭**,这里的形成效力在于请求权的毁灭(Vernichtung des Anspruchs)。至于**债权**,尤其是债权人的 BGB 第 812 条所指的法律上原因,则并**不受影响**。因此,存续下来的债权人权利地位,只表现为 BGB 第 812 条所规定的退还排除(Ausschluss der Kondiktion)。[584]

这样的话,原本在杜绝型抗辩的情形下,给付人理应是不得要求退还的,因为债权人尚有其权利地位。但是,BGB 在第 813 条第 1 款第 1 句对这种处理进行了**修正**规定,为了一项受制于杜绝型抗辩的债权而做的给付,是可被要求退还的(kondizierbar)。所以,**根据法律规定,在杜绝型抗辩的情形下,原则上可要求退还**。然而,**法律的这种处理也正好肯定了杜绝型抗辩不影响债权**。这是因为,假如杜绝型抗辩同样会摧毁(vernichtete)作为法律上原因的债权,则给付人其实根据 BGB 第 812 条第 1 款第 1 句便已经可以要求返还给付了,这样,第 813 条第 1 款第 1 句

---

[583] Chris Thomale, Die Einrede als materielles Gestaltungsrecht, in Archiv für die civilistische Praxis, Dezember 2012, 212. Bd., H. 6 (Dezember 2012), Mohr Siebeck (S. 920 – 970), S. 933, Fn. 56.

[584] Chris Thomale, Die Einrede als materielles Gestaltungsrecht, in Archiv für die civilistische Praxis, Dezember 2012, 212. Bd., H. 6 (Dezember 2012), Mohr Siebeck (S. 920 – 970), S. 933: „Peremtorische Einreden wie die Verjährungseinrede **bringen Ansprüche zum Erlöschen**, die Gestaltungswirkung liegt hier in der Vernichtung des Anspruchs. Davon **bleibt dieForderung**, insbesondere der Rechtsgrund des Gläubigers gemäß §. 812 BGB, **unberührt**. Allein im Ausschluss der Kondiktion gemäß §. 812 BGB schlägt sich mithin die fortbestehende Rechtsposition des Gläubigers nieder."此段中文译文,由笔者自行翻译。粗体为笔者所标示。

便是多余的。[585] 可见,杜绝型抗辩只会摧毁请求权,而不摧毁债权。但是,在这种前提下,法律又在 BGB 第 214 条第 2 款、第 813 条第 1 款第 2 句、第 813 条第 2 款主句设有例外规定(也就是**上述修正的例外**),这就是为何在时效完成后,退还要求依然会因为存续下来的债权而被排除。由此可得,**在实定法的观点下(de lege lata),第 813 条第 1 款第 2 句是例外,而非规则。**因此,托马尔指出,某些学者如赫伯特·罗特(1951 ~)[586] 认为第 813 条第 1 款第 2 句是"稳定的一般原则"(allgemeiner Stabilisierungsgrundsatz),这样的观点在实定法的观点下是站不住脚的。[587]

若采纳债权和请求权以概念和权利内容上的区分(begriffliche und rechtsinhaltliche Differenzierung)为基础,便会发现,抗辩权在大部分时候都是关涉请求权(Ansprüche betreffen)的。因此,请求权的立法定义见于 BGB 时效抗辩法的第 194 条第 1 款,便也不足为奇了。奥托·莱内尔(Otto Lenel)(1849 ~ 1935)反对采纳抗辩权这个概念,因为认为"一项权利存在但却又在法律上不生效(eine existierend und doch rechtlich unwirksam Recht),这样的想法是自相矛盾(contradictio in adjecto)的,因此,无论在哪里都必须被彻底摒弃"。[588] 托马尔指出,莱内尔的错误前设正是在于,他**假定了单一综合的债权请求权(Annahme eines einzigen umfassenden Forderungsanspruchsrechts)**。若将债权请求权分解成债权成分和请求权成分,那么即使请求权被抗辩影响也好,作为基础的债权(die

---

[585] Paul Langheineken, Anspruch und Einrede nach dem Deutschen Bürgerlichen Gesetzbuch, Leipzig: Engelmann, 1903, S. 345 f.

[586] Herbert Roth, Die Einrede des bürgerlichen Rechts, Beck, München 1988, S. 56, 106.

[587] Chris Thomale, Die Einrede als materielles Gestaltungsrecht, in Archiv für die civilistische Praxis, Dezember 2012, 212. Bd., H. 6 (Dezember 2012), Mohr Siebeck (S. 920 – 970), S. 933, Fn. 58.

[588] Otto Lenel, Über Ursprung und Wirkung der Exzeptionen, Heidelberg, Gustav Koester, 1876, S. 104 – 105: „Die Idee eines existierenden und doch rechtlich unwirksamen Rechts enthält eine contradictio in adjecto und ist daher durchaus und überall zu verwerfen." 此段中文译文,由笔者自行翻译。

zugrundeliegende Forderung)也不会受影响,这不会造成任何理论上的矛盾。[589]

(4)杜绝型抗辩权的非典型形成效力:消灭债权(“权利地位”)

尽管杜绝型抗辩权通常都是旨在形成或者说形塑请求权(Ansprüche gestalten),具体来说是消灭请求权,但托马尔指出,这无碍法律可以规定杜绝型抗辩权可以形成其他客体,特别是债权,因而规定杜绝型抗辩权有“**债权形成效力**”(**Forderungsgestaltende Wirkung**),以毁灭债权:

> 虽然抗辩权典型而言是形成请求权,但法律也可以向抗辩的提出赋予**进一步的法律效果**,尤其是规定债权人的**债权完全消灭**。[590]

《债法现代化法》(Schuldrechtsmodernisierungsgesetz)所引入的**BGB 第 275 条第 2 款和第 3 款的“不能抗辩权”(Unmöglichkeitseinreden)**,便是如此。第 275 条第 1 款所规定的是异议(Einwendung)而非抗辩,因为其效力是依法律本身(*ipsoiure*)亦即自动发生的;相反,第 2 款和第 3 款则是规定了,以涉事和涉人的不能(die faktische und die persönliche Unmöglichkeit)为由提出抗辩,因此,其效力不是自动发生,而是“因抗辩的作用”(*ope exceptionis*)而发生的,亦即当事人必须提出抗辩。虽然第 1 款和第 2 款、第 3 款的效力发生前提不同,但根据立法预备文件的说法,两者的效力并无不同:“唯一区别在于,在前一种情形下,债务人的给

---

[589] Chris Thomale, Die Einrede als materielles Gestaltungsrecht, in Archiv für die civilistische Praxis, Dezember 2012, 212. Bd., H. 6 (Dezember 2012), Mohr Siebeck (S. 920 - 970), S. 932.

[590] Chris Thomale, Die Einrede als materielles Gestaltungsrecht, in Archiv für die civilistische Praxis, Dezember 2012, 212. Bd., H. 6 (Dezember 2012), Mohr Siebeck (S. 920 - 970), S. 934: „Obwohl Einreden typischerweise Ansprüche gestalten, kann das Gesetz der Einredenerhebung auch weitergehende Rechtsfolgen zuerkennen, insbesondere den vollständigen Untergang der Gläubigerforderung anordnen.“此段中文译文,由笔者自行翻译。粗体为笔者所标示。

付义务基于法律而被解放,但在后一种情形下,他则必须提出抗辩。别无其他区别。”[591]

因此,如果第 275 条第 1 款整体地排除的给付义务连同债权人的债权,那么第 275 条第 2 款和第 3 款便一定有相同的法律效果。从体系上和教义上的观点看(in systematischer und dogmatischer Hinsicht),这也是有说服力的。**其一,在体系上**,一并考虑其“姊妹规范”(Schwesternorm)第 326 条第 1 款主文第 1 句即可得出,一切不能,无论是自动发生效力还是取决于抗辩的提出,都一致地引致对立给付义务消灭(Untergang der Gegenleistungspflicht)。**其二,在教义上**,这种处理乃是建基于“有条件对价”(konditionelle Synallagma)。这种对价在给付和对立给付之间建立了一种“存续上一体性”(Fortbestandseinheit)。在第 275 条第 2 款和第 3 款的情形下,假如对立给付义务完全被消除,但给付义务却只是不再能被实现的话,“存续对称性”(Fortbestandssymmetrie)便会受干扰,并不合理。因此,第 275 条第 2 款和第 3 款所赋予的,是具债权形成效力的抗辩权(Einreden mit forderungsgestaltender Wirkung),具体而言,是**具债权废除效力的抗辩权(Einreden mit forderungsaufhebender Wirkung)**。[592]

(5)对“抗辩权非形成权说”论者的反驳

托马尔指出,抗辩权完全可被定性为形成权,因为除了同样是以意思表示为行使方式之外,抗辩权也如同其他形成权那样,有着各式的形成效力。在典型情况下,抗辩权形成请求权(Einreden gestalten Ansprüche):杜绝型抗辩权旨在**毁灭(vernichten)**请求权,而延缓型抗辩权[593]则只是旨在**变更(verändern)**请求权;在非典型情况下,抗辩权形成债权

---

[591] Bundestags – Drucksache 14/6040, 129; *apud* Chris Thomale, Die Einrede als materielles Gestaltungsrecht, in Archiv für die civilistische Praxis, Dezember 2012, 212. Bd., H. 6 (Dezember 2012), Mohr Siebeck (S. 920 – 970), S. 934.

[592] Chris Thomale, Die Einrede als materielles Gestaltungsrecht, in Archiv für die civilistische Praxis, Dezember 2012, 212. Bd., H. 6 (Dezember 2012), Mohr Siebeck (S. 920 – 970), S. 934 – 935.

[593] 参见本章第五节“三、延缓型抗辩权的‘暂时阻碍效力’是否属于‘变更效力’”。

(Einreden gestalten Forderungen)(第275条第2款、第3款)。因此,托马尔将形成权这个概念扩展,认为**"广义形成权"(Gestaltungsrechte im weiteren Sinne)包括抗辩权**和传统意义上形成权(Gestaltungsrechte im herkömmlichen Sinn)在内:

> 若仔细观察抗辩权与形成权的上述行使方式与效力形态(Ausübungs-und Wirkungsweise),便可以推断出两者有**本质相同的结构(eine wesensgleiche Struktur)**:抗辩权在典型情况下关涉上述意义上的请求权,但BGB第275条第2款和第3款表明,概念上并非必然如此,因为抗辩权同样可以形成债权。传统意义上的形成权,所关涉的形成客体(Gestaltungsgegenständ)同样是多样化的。例如,解除、撤回和终止,所形成的是整项合同关系,而抵销、给付确定(BGB第315条)和选择债务的选择权行使(BGB第263条)则关涉单项债权,至于撤销则是仅仅针对一项特定的意思表示。由此看来,**抗辩权可被无缝地纳入广义形成权这个上位类别中**。[594]

然后,托马尔提出了相反的见解。在文献上,一直流行一种见解否定抗辩权有形成效力,认为抗辩权和形成权有本质不同的法律效力

---

[594] Chris Thomale, Die Einrede als materielles Gestaltungsrecht, in Archiv für die civilistische Praxis, Dezember 2012, 212. Bd., H.6 (Dezember 2012), Mohr Siebeck (S.920–970), S.935: „Bei genauer Betrachtung der aufgezeigten Ausübungs-und Wirkungsweise von Einreden und Gestaltungsrechten drängt sich die Vermutung einer wesensgleichen Struktur auf: Zwar betreffen Einreden typischerweise Ansprüche im oben beschriebenen Sinne, aber §.275 Ⅱ, Ⅲ BGB zeigt, dass dies keineswegs begriffsnotwendig ist, dass Einrederechte also auch Forderungen gestalten können. Auch Gestaltungsrechte im herkömmlichen Sinn betreffen eine Vielzahl von Gestaltungsgegenständen. So gestalten etwa Rücktritt, Widerruf und Kündigung ganze Vertragsverhältnisse, während Aufrechnung, Leistungsbestimmung (§.315 BGB) und Wahlschuldausübung (§.263 BGB) einzelne Forderungen betreffen und die Anfechtung nur auf eine bestimmte Willenserklärung gerichtet ist. Es scheint also, als **fügten sich die Einrederechte nahtlos in die übergeordnete Klasse der Gestaltungsrechte im weiteren Sinne ein**."此段中文译文,由笔者自行翻译。粗体为笔者所标示。

(wesentlich verschiedene Rechtswirkungen),以致抗辩权不能被纳入形成权。本书将托马尔提到的这些见解的论据梳理成两类:其一,**"抗辩不影响请求权可行使性"论据**;其二,**"抗辩不影响整体债务关系"论据**。

首先,在**"抗辩不影响请求权可行使性"论据**方面,塞克尔的以下表述堪称范式(paradigmatisch):"在抗辩权经司法或非司法行使后,就相关请求权的存在和可行使性而言,一切都保持原样;它只是令个别的行使行为没有效力而已。"[595]简言之,请求权被抗辩反对后,并不因而不再能行使,因为抗辩只是针对单次的行使行为而已,因而只是针对单次的可实现性(Durchsetzbarkeit),而不关涉请求权的存在。托马尔反驳道,从现今的观点看,这种论据是可疑的,因为它没有考虑 BGB 意义上实体法抗辩权的**去诉讼化**(die **Entprozessualisierung** der materiellen Einrede im Sinne des BGB)。抗辩所产生的是**持续**的法律效力(Die Einrede erzeugt eine **dauernde** Rechtswirkung),是**一劳永逸地(für alle Mal)**经由诉讼内或诉讼外行使而发生的,也就是说,这种表示行为做一次便已足够,**无须在请求权每次被主张时都重复做。**[596]

其次,在**"抗辩不影响整体债务关系"论据**方面,部分学者认为在抗

---

[595] Emil Seckel, Die Gestaltungsrechte des bürgerlichen Rechts, in: Festgabe der juristischen Gesellschaft zu Berlin für Richard Koch, 1903, S. 216: „Die gerichtliche oder außergerichtliche Ausübung der Einrede läßt alles beim alten, soweit Existenz und Ausübbarkeit des Anspruchs in Frage stehen; sie setzt nur den einzelnen Akt der Geltendmachung außer Wirkung."此段中文译文,由笔者自行翻译。

[596] Chris Thomale, Die Einrede als materielles Gestaltungsrecht, in Archiv für die civilistische Praxis, Dezember 2012, 212. Bd., H. 6 (Dezember 2012), Mohr Siebeck (S. 920 – 970), S. 936, 926 f. 持相同见解者有:Schulze, Die Naturalobligation, 2008, S. 479 in Fn. 231; Hattenhauer, Einseitige private Rechtsgestaltung, 2011, S. 252; *apud* Chris Thomale, Die Einrede als materielles Gestaltungsrecht, in Archiv für die civilistische Praxis, Dezember 2012, 212. Bd., H. 6 (Dezember 2012), Mohr Siebeck (S. 920 – 970), S. 936, Fn. 71。

辩权的情形,“债务关系没有被形成,而只是单项债法上义务被排斥而已”。[597] 然而,托马尔反驳道,这种论据同样无说服力,因为“从经验上的观点看”(in empirischer Hinsicht),被设计成抗辩机制的 BGB 第 275 条第 2 款和第 3 款的存在,已经表明了这一点,因为这两款规定都是一并关涉狭义债务关系(das Schuldverhältnis im engeren Sinne insgesamt)。

托马尔指出,归根究底,**以上这些错误论据都是源自一种错误观念,亦即错误地认为请求权看成包含“权利地位”和“追索权能”两者在内**。假如人们有这种错误观念的话,那么,用来对抗请求权的抗辩权,便显得是只是影响请求权的一部分内容(“追索权能”),这样的话,相较于形成权彻底地影响请求权整体(“权利地位”+“追索权能”)因而是影响**请求权的存在**,抗辩权的效力便显得较弱,因为它只影响追索,因而只影响**请求权的实现,这便使人们错误地认为抗辩权的效力有独特性**:

> **反对说的根本误解在于,将请求权过分简单化地构造成消极权利地位和积极追索权能的总和。**假如人们将债权请求权看成这样一个不被区分的单一体(eine solche undifferenzierte Einheit),那么,典型抗辩效力便显得是相较于典型形成效力的一种衰减(Minus),因为前者仿佛仅仅弱化了(abschwächt)债权请求权,而后者则是完全地关涉其存在。然而,如前文所示,必须摒弃的正是这种不分观。抗辩权就典型而言是形成请求权,亦即形成积极追索权能。因此,这只是将请求权加入已被承认的那些形成客体而已。但它们属于同类,因为抗辩权和其

[597] Caroline Meller - Hannich, Die Einrede der Verjährung, in Juristen Zeitung 2005, 60. Jahrg., Nr. 13 (1. Juli 2005), Mohr Siebeck (S. 656 - 665), S. 661 in Fn. 61; Ähnlich: Jan Dirk Harke, Rechtsnatur der Einrede und Rückwirkungsverbot: Bundes - Bodenschutzgesetz und mietrechtliche Verjährung, in Archiv für die civilistische Praxis, 202. Bd., H. 6 (2002), Mohr Siebeck (S. 951 - 971), S. 951, 962; Staudinger/Peters/Jacoby, BGB, §. 214, Rn. 6; *apud* Chris Thomale, Die Einrede als materielles Gestaltungsrecht, in Archiv für die civilistische Praxis, Dezember 2012, 212. Bd., H. 6 (Dezember 2012), Mohr Siebeck (S. 920 - 970), S. 936, Fn. 73.

他形成权都向权利人赋予了以单方意思表示形塑法律状况的致成能力(Kausationsfähigkeit)。因此,抗辩权与其他形成权各有不同典型效力,这一点并不能用以支持说两者有本质差异。[598]

2.本书见解

(1)主流学说对"权利地位"与"权利追索"之分体系意义的忽视

首先应当指出,托马尔理论中的"权利地位"和"追索权能"这两个概念,并不是他自己的发明。这种区分,可以追溯至布鲁诺·里梅尔斯帕赫(Bruno Rimmelspacher)(1938~)。里梅尔斯帕赫在其1970年的资格论文(Habilitationsschrift)《实体法上的请求权与民事诉讼上的争讼标的问题》(*Materiellrechtlicher Anspruch und Streitgegenstandsprobleme im Zivilprozess*)[599]中,将"总体请求权"(„Gesamtanspruch")分解成两项元素(Elemente),其一是"权利地位"(„Rechtsposition"),其二是"权利救济"(„Rechtsbehelfe")[600]:"实体法上的分析表明,被假定为单一体的总体请求权,包含两项元素,一者是手段,另一者是目的,彼此密切关联,但

[598] Chris Thomale, Die Einrede als materielles Gestaltungsrecht, in Archiv für die civilistische Praxis, Dezember 2012, 212. Bd., H. 6 (Dezember 2012), Mohr Siebeck (S. 920–970), S. 936: „Das tieferliegende Missverständnis der Gegenansicht liegt jedoch in **einer unterkomplexen Konstruktion des Anspruchs als Summe von passiver Rechtsposition und aktiver Verfolgungsbefugnis**. Sieht man in dem Forderungsanspruch eine solche undifferenzierte Einheit, erscheint die typische Einredewirkung als Minus gegenüber der typischen Gestaltungswirkung, weil erstere den Forderungsanspruch gleichsam lediglich abschwächt, während letzere ihn in seinem gesamten Bestehen anbelangt. Gerade dieses undifferenzierte Bild ist jedoch, wie gezeigt, aufzugeben. Die Einrede gestaltet typischerweise den Anspruch, also die aktive Verfolgungsbefugnis. Sie fügt mithin den anerkannten Gestaltungsgegenständen lediglich den Anspruch hinzu. *Genus proximum* bleibt hingegen die Tatsache, dass Einreden wie auch sonstige Gestaltungsrechte dem Berechtigten die Kausationsfähigkeit verleihen, durch einseitige Willenserklärung die Rechtslage umzugestalten. Somit stellen die typischerweise verschiedenen Wirkungen von Einreden und anderen Gestaltungsrechten keinen wesentlichen Unterscheidungsgrund dar."此段中文译文,由笔者自行翻译。粗体为笔者所标示。

[599] Bruno Rimmelspacher, Materiellrechtlicher Anspruch und Streitgegenstandsprobleme im Zivilprozess, Göttingen, 1970.

[600] Bruno Rimmelspacher, Materiellrechtlicher Anspruch und Streitgegenstandsprobleme im Zivilprozess, Göttingen, 1970, S. 168 ff.

担当不同功能,因而互相解离。"[601]

当中,**"权利地位"**代表着一种"利益",是"对于表现为特定形式的一项价值的期待",[602] 这项"不具约束性的权利地位的诸项功能"(Funktionen der verpflichtungslosen Rechtsposition)包括作为履行的指涉点(Bezugspunkt der Erfüllung)、作为担保权的指涉点(Bezugspunkt von Sicherungsrechten)、作为处分客体(Verfügungsobjekt)、作为责任客体(Haftungsobjekt);[603] 至于**"权利救济"方面**,则是权利地位的保障和实现手段:[604]

> 把权利的拥有和实现所涉及的、各个功能上不同的地位分离开来,并从外部通过不同的命名加以差异化,是重要的。一方面,履行便是为了这个地位而做的,而以诉讼和执行所要保障和实现的是这个地位,而且担保同样是为了这个地位而提供的。在这个地位上,法律体制向权利人赋予了一些东西,并将他人排除在其之外。此乃**归赋予权利载体的权利地位(die dem Rechtsträger zugeordnete Rechtsposition)**。[……]**某些手段被**

---

[601] Bruno Rimmelspacher, Materiellrechtlicher Anspruch und Streitgegenstandsprobleme im Zivilprozess, Göttingen, 1970, S. 170.

[602] Bruno Rimmelspacher, Materiellrechtlicher Anspruch und Streitgegenstandsprobleme im Zivilprozess, Göttingen, 1970, S. 81: „Interesse"; „eine Anwartschaft auf einen in bestimmter Form verkörperten Wert".

[603] Bruno Rimmelspacher, Materiellrechtlicher Anspruch und Streitgegenstandsprobleme im Zivilprozess, Göttingen, 1970, S. 56 – 66.

[604] Bruno Rimmelspacher, Materiellrechtlicher Anspruch und Streitgegenstandsprobleme im Zivilprozess, Göttingen, 1970, S. 123: „Mittel zur Sicherung und Verwirklichung der Rechtsposition".

赋予以保护这个地位。其中一种手段,便是请求权。[605]

“权利地位”和“权利救济”的这种分离,有着普遍的体系意义。然而,德国民法学界主流的民法总则与债法总则教科书,普遍一直只是非常松散地论及两者,并无以它们为切入点,构建一般理论,进而正确地区分债权与请求权。

拉伦茨早已认识到债权人的“权利地位”同样值得受重视:“其实,债权人的**权利归属(die Rechtszuständigkeit des Gläubigers)**(其受第三人未经许可的介入),亦即**债权人身份(die Gläubigerschaft)**,这样一个**权利地位(Rechtsposition)**也是任何人在原则上都必须尊重的。”[606] 然而,拉伦茨却并没有将其予以一般化,而仅仅是在侵权责任这个非常个别的论题上谈及,认为第三人介入这种权利地位(例如,冒充债权人受领给付)时,也能成立侵权责任,因为债权人的这种“权利地位”也属于 BGB 第 823 条第 1 款所指的“其他权利”(„sonstigen Rechten“)。[607] 可是,在另一方面,拉伦茨却又继续认为,债权和物权在结构(Struktur)上有根本差异,

---

〔605〕 Bruno Rimmelspacher, Materiellrechtlicher Anspruch und Streitgegenstandsprobleme im Zivilprozess, Göttingen, 1970, S. 40: „Es gilt, die verschiedenen bei der Innehabung und Verwirklichung eines Rechts gegebenen, funktionsverschiedenen Positionen zu trennen und die Differenzierung auch nach außen durch verschiedene Bezeichnungen festzuhalten. Dabei handelt es sich einmal um die Position, auf die hin eine Leistung erfolgt, die mit Klage und Vollstreckung gesichert und verwirklicht werden soll und für die auch Sicherheiten bestellt sind. In dieser Position hat die Rechtsordnung dem Berechtigten etwas zugesprochen und andere davon ausgeschlossen. Darin findet sich **die dem Rechtsträger zugeordnete Rechtsposition** [...]. **Zum Schutze dieser Position sind bestimmte Mittel gewährt. Eines von ihnen ist der Anspruch.**“此段中文译文,由笔者自行翻译。粗体为笔者所标示。

〔606〕 Karl Larenz, Lehrbuch des Schuldrechts, Band Ⅰ: Allgemeiner Teil, 14. Auflage, Verlag C. H. Beck, 1987, S. 15: „In der Tat **die Rechtszuständigkeit des Gläubigers** (in die hier der Dritte unbefugt eingreift), also **die Gläubigerschaft**, eine **Rechtsposition**, die grundsätzlich jedermann zu achten verbunden ist.“此段中文译文,由笔者自行翻译。粗体为笔者所标示。原文以斜体强调“Rechtszuständigkeit des Gläubigers”(债权人的权利归属),并以粗体强调 Gläubigerschaft(债权人身份)。

〔607〕 Karl Larenz, Lehrbuch des Schuldrechts, Band Ⅰ: Allgemeiner Teil, 14. Auflage, Verlag C. H. Beck, 1987, S. 18.

因为后者“将支配客体**归赋(Zuordnung)**予权利人的支配领域”(die Zuordnung des Gegenstandes zum Herrschaftsbereich des Berechtigten)并让权利人可以“**因此**而要求排除第三人”(die **dadurch** geforderte Ausschließung Dritter),但债权则并非如此。然而,假如债权真的没有“归赋”功能,那么便难以解释为何第三人侵害“债权人身份”同样适用第823条了。在这一点上,笔者认为拉伦茨是自相矛盾的。为了自圆其说,拉伦茨避重就轻地说第三人侵害“债权人身份”是一个“别的问题”(eine andere Frage)(而且,相关段落用了较小的字体,作为一种仅仅是补充性的说明)。[608]

实际上,拉伦茨把债权定义为“对于给付的权利”(das Recht auf die Leistung)[609]并认为“这项权利意味着,给付根据法律是债权人而非其他人所**应得的(gebührt)**,或者说债权人有权向债务人要求给付”,[610]笔者认为这里的“应得”,已经代表着法律向债权人进行地位“归赋”了,但是拉伦茨却为了捍卫债权和物权的传统区分,而选择故意淡化罢了。“给付是债权人应得的”和“债权人能否要求给付”在概念上完全是不同的两回事,因为前者涉及“权利地位”,后者则涉及请求权,因而是涉及拉伦茨称为**“权利追索”(Rechtsverfolgung)**亦即诉请履行与强制执行的问题。[611]

---

〔608〕 Karl Larenz, Lehrbuch des Schuldrechts, Band Ⅰ: Allgemeiner Teil, 14. Auflage, Verlag C. H. Beck, 1987, S. 18.

〔609〕 Karl Larenz, Lehrbuch des Schuldrechts, Band Ⅰ: Allgemeiner Teil, 14. Auflage, Verlag C. H. Beck, 1987, Einleitung, §. 2, Ⅱ. Die Forderung: Das Recht auf die Leistung, S. 15 f.

〔610〕 Karl Larenz, Lehrbuch des Schuldrechts, Band Ⅰ: Allgemeiner Teil, 14. Auflage, Verlag C. H. Beck, 1987, S. 15: „Dieses Recht bedeutet, daß die Leistung dem Glaubiger-ihm und keinem anderen-von Rechts wegen **gebührt**, oder daß er ‚im Recht‘ ist, wenn er sie von dem Schuldner verlangt.“此段中文译文,由笔者自行翻译。原文以斜体强调“gebührt”(应得)一词。

〔611〕 Karl Larenz, Lehrbuch des Schuldrechts, Band Ⅰ: Allgemeiner Teil, 14. Auflage, Verlag C. H. Beck, 1987, S. 19.

但从上述引文可见,**拉伦茨实有将两者混为一谈之嫌。**〔612〕

笔者认为,“归赋”的概念本质,不应该是在于利益的性质(亦即无论是物还是给付甚至其他),也不在于对利益是否能够进行传统意义上的“支配”[亦即无关拉伦茨所说的债权间接地“对于”或者说“朝向”(auf)客体的权利,而物权则是直接地在客体“上”或者说“俯临”其上(an)的权利],**因为“归赋”所关涉的“权利地位”是更具抽象性和一般性的法律身份认可**,其功能可以反映在不同的论题上,包括在侵权责任上作为“受侵害权利”以成立责任,也包括在不当得利上作为“法律上原因”以阻却返还,而后者正是与本书主题亦即抗辩权效力建构的关键所在。

(2)托马尔区分请求权与债权的逻辑与意义

托马尔用来澄清抗辩权效力的“权利地位”与“追索权能”之分,明显是参照里梅尔斯帕赫修改而成的,而且托马尔在参考文献中也引用了其上述著作。〔613〕甚至,托马尔的一些用词也一模一样,例如,托马尔便像他那样,称“权利地位”是履行和“法律上原因”的“指涉点”(Bezugspunkt)。〔614〕

其实,在托马尔之前,早有学者借用里梅尔斯帕赫的理论来构建抗辩权效力理论,那便是20世纪末叶的赫伯特·罗特(1951~)。罗特在

---

〔612〕 拉伦茨的说法是摇摆不定的,有时候他又正确地将两者区别开来:“法律共同体确实不会主动对拖延的债务人采取行动;它会交由债权人决定是否和何时想追索(verfolgen)其权利。它将威能和力量交由债权人处置,以便在债权人想进行**权利追索(Rechtsverfolgung)**的情形,得到他**应得的(was ihm gebührt)**。”(Zwar schreitet die Rechtsgemeinschaft nicht schon von sich aus gegen den säumigen Schuldner ein; sie überläßt es dem Gläubiger, ob und wann er sein Recht verfolgen will. Aber sie stellt ihm, für den Fall, daß er sich zur **Rechtsverfolgung** entschließt, ihre Autorität und Macht zur Verfürgung, um ihm das zu verschaffen, **was ihm gebührt**.)此段中文译文,由笔者自行翻译。粗体为笔者所标示。Vgl. Karl Larenz, Lehrbuch des Schuldrechts, Band Ⅰ: Allgemeiner Teil, 14. Auflage, Verlag C. H. Beck, 1987, S. 19.

〔613〕 Chris Thomale, Die Einrede als materielles Gestaltungsrecht, in Archiv für die civilistische Praxis, Dezember 2012, 212. Bd., H. 6 (Dezember 2012), Mohr Siebeck (S. 920 – 970), S. 928, Fn. 27.

〔614〕 Chris Thomale, Die Einrede als materielles Gestaltungsrecht, in Archiv für die civilistische Praxis, Dezember 2012, 212. Bd., H. 6 (Dezember 2012), Mohr Siebeck (S. 920 – 970), S. 929.

其1988年的资格论文(Habilitationsschrift)《民法上的抗辩权》(*Die Einrede im Bürgerlichen Recht*)[615]中,借用了里梅尔斯帕赫的理论,将抗辩权分成“强”抗辩权和“弱”抗辩权(„starke“ und „schwache“ Einreden),此乃视乎抗辩权是完全地还是部分地破坏**请求权的功能**(die **Anspruchsfunktionen** völlig oder nur teilweise zerstören)。详言之,罗特将请求权区分成意味着“归属”(Zuordnung)的“权利地位”,以及作为司法和非司法主张权能的“权利救济”;“强”抗辩权在这两个方面都会破坏请求权,“弱”抗辩权则不影响请求权的某些功能。[616]实际上,**罗特的思路已经颇为贴近本书认为最佳的那种解释方案:**依其之见,诸如第821条“得利抗辩权”、第853条“恶意抗辩权”、第2083条“可撤销性抗辩权”等杜绝型抗辩权,乃是“弱”抗辩权,它们不会影响作为“权利地位”的请求权的“保持功能”(Behaltensfunktion),因此,“非债退还”(*condictio indebiti*)会被排除。然而,**罗特依然是对请求权进行分解,而不是将债权和请求权区别开来**。然而,如前所述,债权和请求权的区分,才是问题的关键所在。

德国学界在20世纪的初叶和中后叶,先后两次有学者(赫尔维格和施洛瑟)提出杜绝型抗辩权“废除效力说”,却都被传统见解亦即“纯阻碍效力说”论者批评不符BGB的一些法条,且始终没有引起应得的注意。但如前所述,笔者认为,**这些“纯阻碍效力说”论者的根本错误,都是不当地将请求权和债权混为一谈**。若将两者区别开来,从而正确地解释这些规范,便可以发现“废除效力说”并不会遇到实定法上的法条障碍。托马尔虽然没有表明他对请求权和债权的区分是为了回应“纯阻碍效力说”论者的上述BGB法条论据,但实际上**这种区分在抗辩权效力的理解上是非常重要的切入点**。

---

〔615〕 Herbert Roth, Die Einrede des bürgerlichen Rechts, Beck, München 1988.

〔616〕 Herbert Roth, Die Einrede des bürgerlichen Rechts, Beck, München 1988, S. 42; Vgl. auch Christoph Krampe, Rezension zu Herbert Roth, Die Einrede des Bürgerlichen Rechts, in Archiv für die civilistische Praxis 1991, 191. Bd., H. 1/2 (1991) (S. 163 – 171), S. 166 – 167.

托马尔的理论构筑,重拾前人只是极其松散地论及而无足够重视的“权利地位”与“权利追索”概念,正确地厘清了债权和请求权的区分。债权请求权和物权请求权的结构对比,很好地说明了问题的关键:物权是一回事儿,而物权所生的请求权则是另一回事儿,因此,物权所生的请求权被消灭,并不影响物权的存在。这一点相信没有人会反对。同理,债权是一回事儿,而债权所生的请求权则是另一回事儿,因此,债权所生的请求权被消灭,也不影响债权的存在。**无论是就债权抑或物权而言,请求权与“基础权利”(das zugrundeliegende Recht)(亦即债权或物权)的这种分离,都有 BGB 的规范可资佐证**:在债权方面,尽管给付请求权时效完成,但若债权人的债权应然状态(受领给付)获得实现,他也无须(因第 813 条第 1 款第 1 句而)交出给付(第 214 条第 2 款、第 813 条第 1 款第 2 句);在物权方面,尽管返还请求权时效已完成(第 197 条第 1 款第 1 项),但若物权人的物权应然状态(对物管领)获得实现,他也无须交出物。[617]

可见,在请求权以外,必然尚有“某种东西”,也就是齐默尔曼所称的“盾”(shield),[618]而正是它阻却了返还。托马尔很贴切地称为“权利地位”,因为**正是它象征着权利人的身份**。无论是债权还是物权,“权利地位”都体现了立法者的“财产配置”或者说“财产分配”(Vermögenszuordnung)。它是当事人获法律“配赋”(zugewiesen)的身份状态。换以托马尔并无使用的一种更简单的说法,便是:**法律认为,某种利益“理应”属于某人**。至于作为“追索权能”的请求权,则是立法者向权利人赋予的、让其**主动地追求**“权利地位”实现的一种手段,也就是

〔617〕 Gebhard, in: Schubert (Hg.), Die Vorlagen der Redaktoren für die erste Kommission zur Ausarbeitung des Entwurfs eines Bürgerlichen Gesetzbuches, AT 2, Verjährung 100: „dem Eigenthümer nicht abgefordert werden“; *apud* Chris Thomale, Die Einrede als materielles Gestaltungsrecht, in Archiv für die civilistische Praxis, Dezember 2012, 212. Bd., H. 6 (Dezember 2012), Mohr Siebeck (S. 920–970), S. 931.

〔618〕 Reinhard Zimmermann, Comparative Foundations of a European Law of Set-Off and Prescription, Cambridge University Press, 2002, p. 162. 此段中文译文,由笔者自行翻译。

齐默尔曼所称的"剑"(sword)。虽然请求权的确是权利救济的最重要途径,因为请求权的司法或非司法行使,乃是权利行使的最重要方法(除却私力救济),但并非权利的一切,[619] **甚至不是权利的根本**。这是因为,即使权利人在法律上(而不只是事实上)不可积极地动用这种手段,他仍不失为权利人,因为其"权利地位"并不因而受影响。正因如此,他尚能**被动地等待**自身"权利地位"基于其他事由(例如,义务人自愿满足其权利)而获得实现。在这种情形下,**"理应"属于某人的利益,最终也在事实上属于某人,尽管请求权并无介入**。此时,法律的赋权("权利地位")目的(Ziel)已经达致,权利人自然不应因为不能主动请求利益,而必须退还利益(无论是物权情形下的物,抑或债权情形下的给付),否则是本末倒置。可见,要达致这种应然状态,请求权的介入并不是必需的,而是完全可以经由其他途径。从现实经验的角度看,这些其他途径甚至是"权利地位"实现的通常途径,因为大部分的义务都是在权利人从未行使请求权的情形下,便已经因为义务人的自愿履行而得以实现。在生活上,挥剑动干戈并非常态。虽然托马尔并无明言,但他对"权利地位"和"追索权能"的分解,对这一点亦相当有说明力。而且,笔者认为,这种解构有普适性,因此,尽管托马尔同样并无明言,但"权利地位"和"追索权能"的分离,除适用于债权与物权之外,尚可推而及于普遍的财产权,以至一切权利。

一直以来,一大部分学说,为了解释阻却返还的"盾"是什么,往往会将它说成是请求权。抗辩权"纯阻碍效力说"论者(无论是认为抗辩权不属于形成权者如塞克尔、[620] 冯·图尔、[621] 梅迪库斯与彼得森,[622] 抑或认

---

[619] Andreas von Tuhr, Der allgemeine Teil des deutschen bürgerlichen Rechts, Erster Band: Allgemeine Lehren und Personrecht, Duncker & Humblot, 1910, S. 242.

[620] Emil Seckel, Die Gestaltungsrechte des bürgerlichen Rechts, in: Festgabe der juristischen Gesellschaft zu Berlin für Richard Koch, 1903, S. 216.

[621] Andreas von Tuhr, Der allgemeine Teil des deutschen bürgerlichen Rechts, Erster Band: Allgemeine Lehren und Personrecht, Duncker & Humblot, 1910, S. 197.

[622] Dieter Medicus/Jens Petersen, Allgemeiner Teil des BGB, 11., neu bearbeitete Auflage, C. F. Müller Verlag, Heidelburg, 2016, S. 51, Rn. 93; Dieter Medicus, Allgemeiner Teil des BGB, 8., neu bearbeitete Auflage, C. F. Müller Verlag, Heidelburg, 2002, S. 44, Rn. 93.

为抗辩权属于形成权者如恩内策鲁斯、[623] 拉伦茨与沃尔夫[624] 皆然)这样做的根本原因,正是解释究竟是什么阻却了返还。例如,拉伦茨与沃尔夫便写道:

> 债务人**不得**以暂时的给付拒绝权为由,根据第 812 条**要求返还他已做的给付**。请求权不能被实现。但是,**请求权仍然存在,因而构成了给付的法律上原因**。[625]

甚至,某些**抗辩权"废除效力说"论者**,也为了解释返还为何被阻却,而认为**请求权虽然被废除,但没有完全被废除,而是有所残留**,例如,霍斯特·雅各布斯(Horst Jakobs)(1934 ~)与维尔纳·舒伯特(Werner Schubert)(1936 ~)的以下说法,便是如此:

> 因时效[抗辩]而被废除的请求权,**不应**如同因权利人被满足而被废除那样,**被视为完全废除**。[626]

---

[623] Ludwig Enneccerus/Theodor Kipp/Martin Wolff, Lehrbuch des Bürgerlichen Rechts, Erster Band, erste Abteilung: Einleitung, Allgemeiner Teil, von Ludwig Enneccerus, Marburg, 1926, S. 159, Anm. 15.

[624] Karl Larenz/Manfred Wolf, Allgemeiner Teil des Bürgerlichen Rechts, 9. Auflage, Verlag C. H. Beck, 2004, S. 267 – 329, Rn. 55.

[625] Karl Larenz/Manfred Wolf, Allgemeiner Teil des Bürgerlichen Rechts, 9. Auflage, Verlag C. H. Beck, 2004, S. 267 – 330, Rn. 63: „Der Schuldner **kann** allerdings **seine bereits erbrachte Leistungnicht** wegen des zeitweisen Leistungsverweigerungsrechtes nach §. 812 **zurückverlangen**. Der Anspruch kann zwar nicht durchgesetzt werden. Er besteht aber gleichwohl und bildet damit den rechtlichen Grund für die Leistung. "此段中文译文,由笔者自行翻译。粗体为笔者所标示。

[626] Jakobs/Schubert, Die Beratung des Bürgerlichen Gesetzbuchs in systematischer Zusammenstellung der unveröffentlichten Quellen, Allgemeiner Teil: §§ 1 – 240, Bd. Ⅱ, §§ 194 – 255, 1985, 1004: „der durch die Verjährung aufgehobene Anspruch **nicht dergestalt als gänzlich aufgehoben zu gelten habe**, als wenn er durch Befriedigung des Berechtigten aufgehoben worden wäre. "; *apud* Chris Thomale, Die Einrede als materielles Gestaltungsrecht, in Archiv für die civilistische Praxis, Dezember 2012, 212. Bd., H. 6 (Dezember 2012), Mohr Siebeck (S. 920 – 970), S. 931. 此段中文译文,由笔者自行翻译。粗体为笔者所标示。

这样子把“剑”说成“盾”的结果，就是令请求权变为“可攻可防”的“两用兵器”。这也就不难理解，为何债权和请求权会被许多学说认为是同义词了，因为本该是“剑”的请求权，却被用作挡格（阻却返还），因而成为“盾”，泛化成债权的角色，使请求权和债权混为一体。但如前文所述，从教义一致的观点看，这种理解并无说服力。

（3）对请求权与债权“等同说”论据的批评与“区分说”的另一种思路“包含说”

将请求权和债权等同的学说，至今一直见于学界，而且更不乏影响力巨大的学者，例如，梅迪库斯与彼得森（“主流见解同样正确地认为，请求权与债权之间无实际区别”）、[627]拉伦茨与沃尔夫（“请求权和债权实际上一致”）、[628]海因茨·胡布纳（1914～2006）（“可以认为债权与请求权是等同的”）。[629] 这些等同说论者的论据[630]是，BGB 第194条第1款对请求权的定义“要求（verlangen）他人作为或不作为的权利（请求权）”，[631]相当于第241条第1款对债权的描述“基于债务关系，债权人

[627] Dieter Medicus/Jens Petersen, Allgemeiner Teil des BGB, 11., neu bearbeitete Auflage, C. F. Müller Verlag, Heidelburg, 2016, S. 51, Rn. 93 = Dieter Medicus, Allgemeiner Teil des BGB, 8., neu bearbeitete Auflage, C. F. Müller Verlag, Heidelburg, 2002, S. 44, Rn. 93: „sieht den auch die h. M. zwischen Anspruch und Forderung mit Recht keinen sachlichen Unterschied.“此段中文译文，由笔者自行翻译。

[628] Karl Larenz/Manfred Wolf, Allgemeiner Teil des Bürgerlichen Rechts, 9. Auflage, Verlag C. H. Beck, 2004, S. 264, Rn. 56: „Die sachliche Ubereinstimmung von Anspruch und Forderung.“此段中文译文，由笔者自行翻译。

[629] Heinz Hübner, Allgemeiner Teil des Bürgerlichen Gesetzbuches, 2. Auflage, Walter de Gruyter, 1996, S. 214, Rn. 420: „von einer Identität von Forderung und Anspruch ausgegangen werden.“此段中文译文，由笔者自行翻译。

[630] Dieter Medicus/Jens Petersen, Allgemeiner Teil des BGB, 11., neu bearbeitete Auflage, C. F. Müller Verlag, Heidelburg, 2016, S. 51, Rn. 93 = Dieter Medicus, Allgemeiner Teil des BGB, 8., neu bearbeitete Auflage, C. F. Müller Verlag, Heidelburg, 2002, S. 44, Rn. 93; Karl Larenz/Manfred Wolf, Allgemeiner Teil des Bürgerlichen Rechts, 9. Auflage, Verlag C. H. Beck, 2004, S. 264, Rn. 56; Heinz Hübner, Allgemeiner Teil des Bürgerlichen Gesetzbuches, 2. Auflage, Walter de Gruyter, 1996, S. 214, Rn. 420.

[631] §. 194 Ⅰ BGB: „Das Recht, von einem anderen ein Tun oder Unterlassen zu verlangen (Anspruch).“

有权向债务人索求(fordern)给付。给付同样可以表现为不作为"。[632]

然而,BGB 第 194 条和第 241 条是否真的可以被用作论据,是非常值得怀疑的。首先,仅就术语而言,这两条规定的用语无疑是极为相似的。在这里,必须从德语的角度观之,才能理解当中的关键所在,从而更好地理解德国学说的讨论语境:汉语"债权"和"请求权"在字面上并无相似之处,但在德语上,"Forderung"(汉字术语上被约定俗成译为"债权")和"Anspruch"(请求权)这两个词是极为相似的,因为"Forderung"一词源自"fordern",也就是第 241 条所用的动词"索求",因此,"Forderung"(在这里不妨姑且称为"索求权")和"Anspruch"(请求权)在字面上可谓并无区别。而且,这两条规定分别使用的动词"fordern"和"verlangen",同样在字面上可谓并无二致。然而,术语上的相似,并非将两者概念等同的理由,正如冯·图尔所言,"第 194 条对请求权的定义'要求他人作为或不作为的权利'几乎完全和第 241 条对债务关系的定义'债权人有权向债务人索求给付'重合。给付同样可以表现为不作为。因此,请求权和债权容易被认为是等同的。然而,对我国法的教义研究而言,在我看来,**宜将用语和概念区别开来**"。[633]

其次,更重要的是,**这两条规范各自的用意并不一样**:第 194 条第 1 款无疑是在**定义请求权的概念**,而定义必然是封闭的,故请求权便是且只是用以"要求作为或不作为",但第 241 条第 1 款则只是在**描述债权使当事人可以做什么**,因此,它未必是在定义债权,而是尚有两种可能性。

---

[632] §. 241 I BGB:„Kraft des Schuldverhältnisses ist der Gläubiger berechtigt, von dem Schuldner eine Leistung zu fordern. Die Leistung kann auch in einem Unterlassen bestehen."

[633] Andreas von Tuhr, Der allgemeine Teil des deutschen bürgerlichen Rechts, Erster Band: Allgemeine Lehren und Personrecht, Duncker & Humblot, 1910, S. 241:„Die Definition des Anspruchs in §. 194 ‚das Recht, von einem Anderen ein Tun oder ein Unterlassen zu verlangen' deckt sich fast vollständig mit der des Schuldverhältnisses in §. 241: ‚der Gläubiger ist berechtigt, von dem Schuldner eine Leistung zu fordern.' Die Leistung kann auch in einem Unterlassen bestehen. Daher liegt es nahe, Anspruch und Forderung als identisch aufzufassen. Trotzdem scheint es mir für die dogmatische Behandlung unseres Rechtes **zweckmäßiger zu sein, wenn man beide Worte und Begriffe auseinanderhält.**"此段中文译文,由笔者自行翻译。粗体为笔者所标示。

第一种可能性是,第 241 条第 1 款并非在描述债权本身的功能,而**只是说债权人基于这种身份而有另一项权利亦即请求权**。因此,债权和请求权在概念上是互相分离的,并无交集。**第二种可能性**是,第 241 条第 1 款真的是在描述债权本身的功能,但并不是说债权的唯一功能“索求作为或不作为”,因此,其并不是真正在定义债权,而**只是说债权的其中一种功能是索求作为或不作为**,因为该款从无明确地将债权的功能仅限为该款所指的“索求作为或不作为”,因此,请求权只是债权的其中一项权能。

本书将这两种可能性,分别称为**“债权与请求权分离说”**与**“债权与请求权包含说”。托马尔的见解,明显是采前者亦即“分离说”**,因为他所理解的债权(“权利地位”)和请求权(“追索权能”)是并列的两项元素,前者消极,后者积极,两者的关联只是在于功能联系:后者是旨在“效劳”(dienenden)于前者。[634] 托马尔仅仅是在这种意义上,认为债权是请求权的“基础”,因而称为“作为基础的债权”(die zugrundeliegende Forderung)。[635]

虽然笔者认同托马尔的构筑,但笔者认为,**在抗辩权“传统形成效力说”的构筑上,“分离说”并不是唯一可行的方案。采纳“包含说”同样可行**。实际上,本书所称的“包含说”,在德国法学界早已有人提出,只不过其提出并不是为了解释抗辩权的效力。而且可惜的是,这种“包含说”最终没有引起足够的重视。“包含说”论者冯·图尔便指出:“在第 241 条,法律是说,基于债务关系,债权人可以要求给付,**而不是说,债务关系除**

[634] Chris Thomale, Die Einrede als materielles Gestaltungsrecht, in Archiv für die civilistische Praxis, Dezember 2012, 212. Bd., H. 6 (Dezember 2012), Mohr Siebeck (S. 920 – 970), S. 932.

[635] Chris Thomale, Die Einrede als materielles Gestaltungsrecht, in Archiv für die civilistische Praxis, Dezember 2012, 212. Bd., H. 6 (Dezember 2012), Mohr Siebeck (S. 920 – 970), S. 933.

了请求权之外,没有赋予债权人任何更进一步的权能。”[636]依其之见,**债权和请求权之间的关系,是包含关系**,换言之,**债权包含一众权能(Befugnis),当中不只有请求权,尚有其他一系列权能**:

> **“债权”是指债权人对于债务人给付的权利(das Recht des Gläubigers auf eine Leistung des Schuldners)**;这项权利**首要地包含(enthält)向债务人要求给付的权能(Befugnis, die Leistung vom Schuldner zu verlangen);这项权能便是“请求权”**,其一方面有别于债权同样包含在内的、获取责任财产的权能(Befugnis, des Zugriffs auf das haftende Vermögen),另一方面也有别于债权人的某些旁属权能(Nebenbefugnisse, des Zugriffs auf das haftende Vermögen),例如,债权终止权、抵销权、抗辩权,诸如此类。请求权是债权的核心、导致债权人获得满足的正常途径,但不是债权的全部。[637]

值得一提的是,即使是声称“请求权和债权实际上一致”[638]的拉伦

---

[636] Andreas von Tuhr, Der allgemeine Teil des deutschen bürgerlichen Rechts, Erster Band: Allgemeine Lehren und Personrecht, Duncker & Humblot, 1910, S. 242: „Das Gesetz sagt ja auch in §. 241, daß der Gläubiger Kraft des Schuldverhältnisses die Leistung verlangen könne, **nicht aber, daß das Schuldverhältnis dem Gläubiger außer dem Anspruch keine weiteren Befugnisse biete.** “此段中文译文,由笔者自行翻译。粗体为笔者所标示。

[637] Andreas von Tuhr, Der allgemeine Teil des deutschen bürgerlichen Rechts, Erster Band: Allgemeine Lehren und Personrecht, Duncker & Humblot, 1910, S. 242: „**,Forderung': Das Recht des Gläubigers auf eine Leistung des Schuldners; die Recht enthält in erster Linie die Befugnis, die Leistung vom Schuldner zu verlangen; diese Befugnis ist der ,Anspruch'**, im Gesetsatz einerseits zu der ebenfalls in der Forderung enthaltenen Befugnis, des Zugriffs auf das haftende Vermögen, anderseits zu gewissen Nebenbefugnissen des Gläubigers z. B. Kündigung der Forderung, Aufrechnung, Einrede usw. Der Anspruch ist der Kern der Forderung, der normale Weg, der zur Befriedigung des Gläubigers führt, aber nicht der ganze Inhalt der Forderung. “此段中文译文,由笔者自行翻译。粗体为笔者所标示。

[638] Karl Larenz/Manfred Wolf, Allgemeiner Teil des Bürgerlichen Rechts, 9. Auflage, Verlag C. H. Beck, 2004, S. 267 - 329, Rn. 55: „Die sachliche Ubereinstimmung von Anspruch und Forderung. “此段中文译文,由笔者自行翻译。

茨与沃尔夫,也时而有采“包含说”的迹象。例如,拉伦茨与沃尔夫便写道“请求权和债权的关系,应当被这样界定:每一项债权都**包含(enthält)**请求权”。[639] **这正好表明请求权和债权在概念上并不相同。一方面,说A包含B;另一方面,又说A和B实际上一致,实属逻辑谬误。**当然,拉伦茨与沃尔夫所谓的“实际上”可能是指“其实不一致,但这种不一致没有实际意义”,但即便如此,这种用词也是极其有误导性的,更何况教义学上的清晰区分和结构一致,并不会没有实际意义。

(4)本书对“债权包含请求权说”说的构筑尝试

至于债权与请求权“包含说”的具体架构方面,由于哪怕是债权与请求权“等同说”的论者,都普遍认同债权包含一众权能,因此,若要构建债权与请求权“包含说”,只要对这些“等同说”的论者的债权权能理论进行修正,将其中的某些权能识别成请求权即可。在主流学说中,相较于拉伦茨松散甚至可谓混乱的论述,[640] 梅迪库斯与彼得森对债权权能的

---

[639] Karl Larenz/Manfred Wolf, Allgemeiner Teil des Bürgerlichen Rechts, 9. Auflage, Verlag C. H. Beck, 2004, S. 264, Rn. 56: „Das Verhältnis von Anspruch und Forderung ist in der Weise zu bestimmen, daß jede Forderung einen Anspruch **enthält**.“此段中文译文,由笔者自行翻译。粗体为笔者所标示。

[640] 拉伦茨一方面说“请求权和债权实际上一致”(Karl Larenz/Manfred Wolf, Allgemeiner Teil des Bürgerlichen Rechts, 9. Auflage, Verlag C. H. Beck, 2004, S. 264, Rn. 56: „Die sachliche Ubereinstimmung von Anspruch und Forderung“),并将债权等同于“对于给付的权利”(Karl Larenz, Lehrbuch des Schuldrechts, Band Ⅰ: Allgemeiner Teil, 14. Auflage, Verlag C. H. Beck, 1987, Einleitung, 2. §., Ⅱ. Die Forderung: Das Recht auf die Leistung, S. 15 f.),因此,对他来说,债权、请求权、对于给付的权利,这三者看似是等同的;但另一方面,他又说“每一项债权都包含(enthält)请求权”(Karl Larenz/Manfred Wolf, Allgemeiner Teil des Bürgerlichen Rechts, 9. Auflage, Verlag C. H. Beck, 2004, S. 264, Rn. 56: „jede Forderung einen Anspruch enthält“)、“债权除了包含(enthält)作为核心权利的、对于给付的权利之外,尚包含更进一步的权能,诸如债权抵销权能、债权转让权能、债权出质权能”(Karl Larenz/Manfred Wolf, Allgemeiner Teil des Bürgerlichen Rechts, 9. Auflage, Verlag C. H. Beck, 2004, S. 232, Rn. 26: „Die Forderung enthält neben dem Recht auf die Leistung als dem Kernrecht weitere Befugnisse wie etwa, mit der Forderung aufzurechnen, sie abzutreten oder zu verpfänden“)。因此,债权又似乎包含请求权 = 对于给付的权利,如同包含处分权能那样。然后,在论述“权利追索”(Rechtsverfolgung)时,他写道:“法律体制通常不满足于只向债务人施加义务,且相应地向债权人赋予对于给付的权利;它同样会确保债权人在需要时可以实现其权利。[……]它向债权人赋予可能性,让其可向债务人诉请(klage)给付,而且若债务人随后被判令给付,则可针对他实施

体系论述,更加适合用作蓝本:梅迪库斯与彼得森认为债权(他认为等同于请求权)〔641〕通常都“包括一切可被设想的权能”(die alle denkbaren Befugnisse umfaßt)如下(虽然他并不都称为“某某权能”):可诉请性(Klagbarkeit)、可执行性(Vollstreckbarkeit)、可自力实现性(Eigenmächtige Durchsetzbarkeit)、处分权能(Verfügungsbefugnis)、保持给付的法律上原

强制执行(Zwangsvollstreckung)。若无此可能性,则由于自助(Selbsthilfe)原则上基于法律上和平而被排除,故债权人便只能指望于债务人的良好意愿,那总是有很大的意义,但在许多情形下并不足以确保法律请求权的实现。”(Karl Larenz, Lehrbuch des Schuldrechts, Band Ⅰ: Allgemeiner Teil, 14. Auflage, Verlag C. H. Beck, 1987, S. 19: „Die Rechtsordnung begnügt sich in der Regel nicht damit, dem Shuldner nur eine Verpflichtung aufzuerlegen und demgemäß dem Gläubiger ein Recht auf die Leistung zuzuerkennen; sie trägt auch dafür Sorge, daß der Gläubiger sein Recht notfalls realisieren kann. [...] Sie gibt ihm die Möglichkeit, gegen den Schuldner auf die Leistung zu klagen und, wenn der Schuldner daraufhin zur Leistung verurteilt wird, die Zwangsvollstreckung gegen ihn durchzuführen. Ohne diese Möglichkeit bliebe der Gläubiger, da Selbsthilfe um des Rechtsfriedens willen grundsätzlich ausgeschlossen ist, auf den guten Willen des Schuldners angewiesen, der zwar immer von großer Bedeutung bleibt, in vielen Fällen aber doch nicht ausreichen würde, um die Verwirklichung des Rechtsanpruchs zu gewährleisten. “)可见,如同自助的可能那样,诉求给付和强制执行的可能,是为了“对于给付的权利”的实现而赋予的,因而不是请求权(对于给付的权利)本身的内容。他接下来的以下论述也可以佐证这一点,但同时似乎又将请求权和债权等同了起来:“法律在第 241 条说债权人有权‘索求’给付时,它同样意指经由法院索求的可能性、可诉的‘请求权’(einklagbaren ‚Anspruch‘),因而是指债权在法律程序中的可实现性。”(Wenn das Gesetz in §. 241 sagt, der Gläubiger sei berechtigt, die Leistung ‚zu fordern‘, so meint es damit auch die Möglichkeit, sie vor Gericht einzufordern, den einklagbaren ‚Anspruch‘ und damit die Durchsetzbarkeit der Forderung im Rechtswege.)而且,请求权和债权的等同,在其以下的段落中更见明显:“在被履行后,债权不再作为可诉的请求权而存在(Nach der Erfüllung besteht zwar die Forderung nicht mehr als einklagbarer Anspruch)。然而,债务关系所包含的原因,作为第 812 条意义上的法律上理由而继续存在,以便能够保持被作出的给付。”(Karl Larenz/Manfred Wolf, Allgemeiner Teil des Bürgerlichen Rechts, 9. Auflage, Verlag C. H. Beck, 2004, S. 230, Rn. 17: „Die Forderung ist ihrem Sinne nach auf ein Ziel gerichtet, mit dessen Erreichung sie überflüssig wird und damit wegfällt. Dieses Ziel ist die vom Schuldner zu erbringende Leistung. Nach der Erfüllung besteht zwar die Forderung nicht mehr als einklagbarer Anspruch. Die im Shuldverhältnis enthaltene causa bleibt jedoch als Rechtsgrund im Sinne von §. 812 für das Behaltendürfen der erbrachten Leistung bestehen. “)以上各段中文译文,由笔者自行翻译。粗体为笔者所标示。**总言之,拉伦茨的用词非常混乱,时而将债权等同于请求权,时而又指债权包含请求权。**只能肯定的是,依其之见,诉求可能、强制执行可能、处分权能、自助可能、给付保持可能,都是债权的相关概念。

〔641〕 Dieter Medicus/Jens Petersen, Allgemeiner Teil des BGB, 11., neu bearbeitete Auflage, C. F. Müller Verlag, Heidelburg, 2016, S. 51, Rn. 93 = Dieter Medicus, Allgemeiner Teil des BGB, 8., neu bearbeitete Auflage, C. F. Müller Verlag, Heidelburg, 2002, S. 44, Rn. 93.

因（Rechtsgrund für das Behalten der Leistung）。[642] 然而，笔者认为，由于请求权作为"追索权能"，不仅能以司法途径主张（gerichtlicher Geltendmachung des Anspruchs），尚能以非司法途径主张（außergerichtlicher Geltendmachung des Anspruchs）（尤其经由催告），[643] 因此，请求权不只涵盖"可诉请性"和"可执行性"。即使是托马尔也认为"追索权能"不限于"诉请给付权能"和"执行权能"："追索权能是指**任何**能用以积极地实现权利地位的法律力量（Rechtsmacht），因而**尤其**是诉讼上诉请给付权能与执行权能（Leistungsklage-und Vollstreckungs-befugnis）的实体法基础。"[644] 同理，"追索权能"甚至可以包括自力实现的可能。至于"权利地位"方面，托马尔同样认为其不限于保持给付的可能："权利地位表现为债权请求权的消极归属成分（passive Zuordnungsgehalt），因而**尤其**是BGB第362条以下规定意义上的履行和BGB第812条意义上的'法律上原因'（Rechtsgrund）的指涉点。"[645] 而且，按照里梅尔斯帕赫的理解，因处分权能乃用以对权利加以处置，故同样彰显了权利人身份，是法律上"归赋"（Zuordnung）的进一步落实，故也可以纳入"权利地位"。[646]

---

[642] Dieter Medicus, Schuldrecht I: Allgemeiner Teil, 16. Auflage, Verlag C. H. Beck, 2005, S. 7 - 9, Rn. 18 - 23

[643] Andreas von Tuhr, Der allgemeine Teil des deutschen bürgerlichen Rechts, Erster Band. Allgemeine Lehren und Personrecht, Duncker & Humblot, 1910, S. 255.

[644] Chris Thomale, Die Einrede als materielles Gestaltungsrecht, in Archiv für die civilistische Praxis, Dezember 2012, 212. Bd., H. 6 (Dezember 2012), Mohr Siebeck (S. 920 - 970), S. 928 - 929: „bezeichnet die Verfolgungsbefugnis jede Rechtsmacht, mit der die Verwirklichung der Rechtsposition aktiv durchgesetzt werden kann, also insbesondere die materiellrechtliche Grundlage der prozessualen Leistungsklage-und Vollstreckungs-befugnis."此段中文译文，由笔者自行翻译。粗体为笔者所标示。

[645] Chris Thomale, Die Einrede als materielles Gestaltungsrecht, in Archiv für die civilistische Praxis, Dezember 2012, 212. Bd., H. 6 (Dezember 2012), Mohr Siebeck (S. 920 - 970), S. 928 - 929: „verkörpert die Rechtsposition den passiven Zuordnungsgehalt des Forderungsanspruchs und ist damit **insbesondere** der Bezugspunkt der Erfüllung im Sinne der §§ 362 ff. BGB sowie ‚Rechtsgrund' im Sinne des §. 812 BGB."此段中文译文，由笔者自行翻译。粗体为笔者所标示。

[646] Bruno Rimmelspacher, Materiellrechtlicher Anspruch und Streitgegenstandsprobleme im Zivilprozess, Göttingen, 1970, S. 56 - 66.

因此,笔者综合主流学说(尤其是梅迪库斯与彼得森)[647]的债权权能理论、里梅尔斯帕赫的"权利地位"与"权利救济"学说,[648]托马尔的债权与请求权"分离说",并加以修正后,**认为债权与请求权"包含说"可被构筑如下。**债权包含两大类权能:一类属于"消极权利地位",包括处分权能、给付保持权能(或称清偿留置权能 *soluti retentio*);另一类属于"积极追索权能",尤其包括司法途径的诉请履行权能、强制执行权能,以及非司法途径的催告权能和自力实现权能。**杜绝型抗辩所消灭的,只是"积极追索权能",但不影响债权的"消极权利地位",因此不影响债权人处分其债权,也不影响债权人保持给付(第 813 条第 1 款第 2 句)**,故清偿并不构成"非债清偿"或者说"清偿不须做的"(Zahlung einer Nichtschuld),因而无权"要求非债退还"亦即"要求退还不须做的"(condictio indebiti),但第 813 条第 1 款第 1 句,则是让时效抗辩权人(第 214 条第 2 款、第 813 条第 1 款第 2 句)以外的那些杜绝型抗辩权人,例外地有权要求非债退还。[649]

究其根本,在德国学说上,萨维尼当初认为时效抗辩权等并无废除债,而只是废除以债为基础的诉权,正是**为了解释为何债权人能保持给付,而不必返还**。依其之见,在抗辩被提出之后,仍会有自然之债残留下来,因此,即使在错误清偿的情形下,"非债退还"都会被排除,换言之,所清偿的不必被返还(*solutum non repetitur*)。[650] 在萨维尼时代,即使认为抗辩权有废除效力也好,一切也都能自圆其说,因为债权和诉权肯定是

---

[647] Dieter Medicus, Schuldrecht Ⅰ: Allgemeiner Teil, 16. Auflage, Verlag C. H. Beck, 2005, S. 7 - 9, Rn. 18 - 23.

[648] Bruno Rimmelspacher, Materiellrechtlicher Anspruch und Streitgegenstandsprobleme im Zivilprozess, Göttingen, 1970, S. 40, 56 - 66.

[649] 因此,有谓时效抗辩权的效力是特殊的,而且不及其他杜绝型抗辩权那么强(weniger intensiv),因为时效抗辩权人无权要求非债退还,参见 Andreas von Tuhr, Der allgemeine Teil des deutschen bürgerlichen Rechts, Erster Band: Allgemeine Lehren und Personrecht, Duncker & Humblot, 1910, S. 309; Paul Langheineken, Anspruch und Einrede nach dem Deutschen Bürgerlichen Gesetzbuch, Leipzig: Engelmann, 1903, S. 282。

[650] Friedrich Carl von Savigny, System des heutigen römischen Rechts, Bd. 5, Berlin, 1841, S. 377.

不相同的，故废除诉权，自然不同于废除债权。笔者认为，**是后来的温德沙伊德把原本颇为清晰的论述变得混乱起来。其根本原因，正是温德沙伊德在用请求权替换诉权后，却错把请求权混同于债权。**温德沙伊德一方面认为“时效**废除**请求权”（**hebt** den Anspruch **auf**），〔651〕另一方面却又认为“对人权被包含在请求权中、存在于请求权中；**请求权的消灭，同样是对人权的消灭**”，〔652〕这便导致债权被彻底废除，没有任何残余。如是者，温德沙伊德并不认同萨维尼的“自然之债残余”之说。〔653〕因此，若如温德沙伊德那样认为债权与请求权混为一体，那么在这种理解下，为了解释为何受领人能够保持给付，法律人便很自然地会认为**抗辩权不废除请求权**（BGB 理由书和主流观点如梅迪库斯与彼得森〔654〕和拉伦茨与沃尔夫〔655〕所采纳的纯阻碍效力说）。**但这种解释只是在错误的前提下进行修补，而无直击乱源，那便是请求权和债权的等同观。**继续将请求权和债权混为一谈，是无法正本清源的。根据本书的“包含说”，抗辩是消灭了权利包含的请求权能，而残留“权利地位”，而不是消灭整体权利。此项“权利地位”正是清偿留置的依据。只有“权利地位”，甚至只有清偿留置权能的债权，固然是弱得不可再弱的债权，但仍不失为债权。

为期醒目，兹将托马尔的债权与请求权“分离说”，以及本书的债权与请求权“包含说”分别图示如下（见图 3－5）。

---

〔651〕 Bernhard Windscheid, Lehrbuch des Pandektenrechts, Bd. 1, Buddeus, 1862, S. 265: „Die Verjährung hebt den Anspruch auf.“此段中文译文，由笔者自行翻译。粗体为笔者所标示。

〔652〕 Bernhard Windscheid, Lehrbuch des Pandektenrechts, Bd. 1, Buddeus, 1862, S. 266: „Das persönliche Recht geht in dem Anspruch auf, es besteht in dem Anspruch; **der Untergang des Anspruchs ist also auch sein Untergang**.“此段中文译文，由笔者自行翻译。粗体为笔者所标示。

〔653〕 Bernhard Windscheid, Lehrbuch des Pandektenrechts, Bd. 1, Buddeus, 1862, S. 266－267: „Wenn vielfach behauptet wird, dass die Verjährung des obligatorischen Anspruchs das obligatorische Recht nicht vollständig, sondern nur in dem Maasse beseitige, dass eine natürliche Verbindlichkeit mit den ihr eigenthümlichen Rechtswirkungen übrig bleide, so fehlt es dieser Ansicht an der gehörigen Begründung.“此段中文译文，由笔者自行翻译。

〔654〕 Dieter Medicus/Jens Petersen, Allgemeiner Teil des BGB, 11., neu bearbeitete Auflage, C. F. Müller Verlag, Heidelburg, 2016, S. 51－52, Rn. 93.

〔655〕 Karl Larenz/Manfred Wolf, Allgemeiner Teil des Bürgerlichen Rechts, 9. Auflage, Verlag C. H. Beck, 2004, S. 330, Rn. 59, 63.

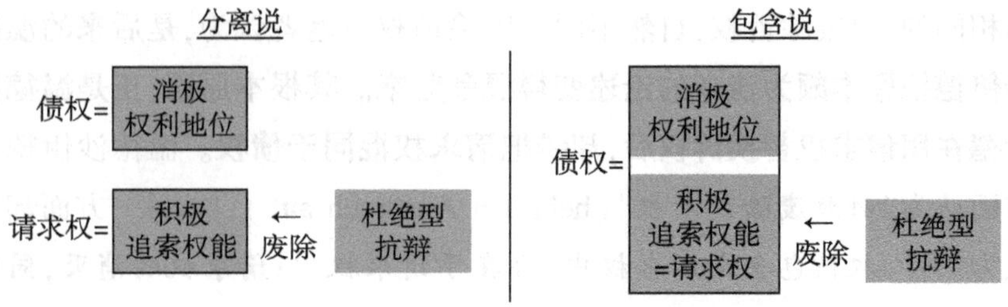

图3－5　债权与请求权区分说

最后应当澄清的是,在我国法学界,近年申海恩教授也提出过被本书称为“包含说”的模型,[656]但申海恩教授仍然遵从传统学说,认为抗辩权只是排除请求权的**可实现性(Durchsetzbarkeit)**。然而,**本书则采较新近见解,认为抗辩权的效力在于废除债权内的请求权能本身。**

三、延缓型抗辩权的“暂时阻碍效力”是否属于“变更效力”

相较上述杜绝型抗辩权“永久阻碍效力”而言,延缓型抗辩权(dilatorische Einreden)、拖延型抗辩权(verzögerliche Einreden),[657]或者说暂缓型抗辩权(aufschiebende Einreden)(这也是BGB的立法上术语,参见继承篇第2014～2017条那一小节的标题),其“暂时阻碍效力”是否属于传统形成效力中的“变更效力”(Änderungswirkung),这个问题则并未引发过如同杜绝型抗辩权那样大的争议。

“非传统形成效力说”论者,例如,恩内策鲁斯[658]和拉伦茨与沃尔夫[659]

[656] 申海恩教授认为,“请求权为基础权利实现之手段,与基础权利的其他权能,即权利地位共同构成基础权利”“对于基础权利之典型——债权来讲,债权的请求力、强制执行力以及私力实现,属于权利之‘权利救济’(Rechtsbehelt)要素,处分权能与保持力属于债权人之‘权利地位’(Rechtsposition)”。参见申海恩:《抗辩权效力的体系构成》,载《环球法律评论》2020年第4期。

[657] Paul Langheineken, Anspruch und Einrede nach dem Deutschen Bürgerlichen Gesetzbuch, Leipzig: Engelmann, 1903, S. 273.

[658] Ludwig Enneccerus/Theodor Kipp/Martin Wolff, Lehrbuch des Bürgerlichen Rechts, Erster Band, erste Abteilung: Einleitung, Allgemeiner Teil, von Ludwig Enneccerus, Marburg, 1926, S. 159, δ).

[659] Karl Larenz/Manfred Wolf, Allgemeiner Teil des Bürgerlichen Rechts, 9. Auflage, Verlag C. H. Beck, 2004, S. 267－267, Rn. 66.

认为抗辩权的阻碍效力,是设立、变更、废除以外的形成效力特殊类型,这种理解是预设了抗辩不影响对方权利本身,而只是影响其实现。然而,即使是对延缓型抗辩权而言,这种见解也是值得商榷的。这是因为,延缓型抗辩**引致相对人可以做的事情变得不一样了**:以 BGB 第 320 条的合同不履行抗辩权为例,**原本**相对人能够请求给付,但在这种延缓型抗辩权被行使之后,相对人**现在则变成**只能在自己也同时做给付的情形下,才能请求给付。权利人可以做的继续是同一件事(请求给付),故权利维持其"同一性"(Identität),[660] 只是行事的"附属性质"(如时间、前提、方式、量)变得不同,而不是变得不可以做此事(这样的话,便是权利消灭了),也不是变得可以做另一件事(这样的话,便是创设一项新的权利了)。这正是权利变更的内涵,更准确地说,是**权利内容变更(eine inhaltliche Änderung eines Rechts)**[661]的内涵。

详言之,延缓型抗辩,无论是引致以下两类效果中的哪一类,皆属权利内容变更。其一,有些延缓型抗辩是引致相对人**从马上可以请求给付,变成尚未可以请求给付,故诉讼暂时会被驳回**。例如,延期抗辩权(Einrede der Stundung)(BGB 只是附带地提及这种抗辩权,参见第 205 条)、赠与人的维持生计抗辩权(Einrede des Notedarfs)(第 519 条)、第 526 条的抗辩权(受赠人的负担实行拒绝权)、保证人的可撤销性和可抵销性抗辩权(Einreden der Anfechtbarkeit und der Aufrechenbarkeit)(第 770 条)、先诉抗辩权(Einrede der Vorausklage)(第 771 条)。[662] 其二,有些延缓型抗辩则是引致相对人**从无条件地马上可以在请求给付,变成在**

---

〔660〕 Ludwig Enneccerus/Theodor Kipp/Martin Wolff, Lehrbuch des Bürgerlichen Rechts, Erster Band, erste Abteilung: Einleitung, Allgemeiner Teil, von Ludwig Enneccerus, Marburg, 1926, S. 325.

〔661〕 因为权利变更尚可以是发生在主体方面,亦即"权利人其人有变"(Wechsel der Person des Berechtigten),参见 Ludwig Enneccerus/Theodor Kipp/Martin Wolff, Lehrbuch des Bürgerlichen Rechts, Erster Band, erste Abteilung: Einleitung, Allgemeiner Teil, von Ludwig Enneccerus, Marburg, 1926, S. 325。

〔662〕 Karl Larenz/Manfred Wolf, Allgemeiner Teil des Bürgerlichen Rechts, 9. Auflage, Verlag C. H. Beck, 2004, S. 329 – 330, Rn. 61 – 63.

特定限制下马上可以请求给付,故诉讼不会被驳回,但法院会进行"限制性责令"(einschränkende Verurteilung),此即所谓"请求权限制型抗辩权"(anspruchsbeschränkende Einreden)。例如,第 273 条、第 322 条、第 1000 条的留置权抗辩权(Einrede des Zurückbehaltungsrechts)的行使会引致"同步给付责令"或者说"一手交一手式给付责令"(Verurteilung zur Leistung Zug um Zug)(第 274 条、第 322 条),而"三个月抗辩权"(Dreimonatseinrede)(第 2014 条)、公示催告程序抗辩权(Einrede des Aufgebotsverfahrens)(第 2015 条)则是引致"限制责任保留责令"(Verurteilung unter dem Vorbehalt der beschränkten Haftung)[《德国民事诉讼规例》(Zivilprozessordnung)第 305 条、第 780 条以下]。[663]

实际上,尽管恩内策鲁斯在论述形成权类型时,**将抗辩权独立于变更权(Rechtsänderungsrechte im engeren Sinn;本义的权利变动权)**之外,[664]但他自己在论述"权利的创设、消灭和变更"[665]时,**却又将抗辩对相对人权利所造成的影响,归入"权利变更"(Veränderung der Rechte)这个类别之中**:

> 权利可以经历的**变更**,各式各样。权利的内容(Inhalt)可以被扩展、限制或改变。权利的力量(Kraft)可以被增强(担保权顺位上升、迟延)或被削弱(时效、**抗辩**、顺位下降)。[666]

---

[663] Karl Larenz/Manfred Wolf, Allgemeiner Teil des Bürgerlichen Rechts, 9. Auflage, Verlag C. H. Beck, 2004, S. 329 – 331, Rn. 64 – 65.

[664] Ludwig Enneccerus/Theodor Kipp/Martin Wolff, Lehrbuch des Bürgerlichen Rechts, Erster Band, erste Abteilung: Einleitung, Allgemeiner Teil, von Ludwig Enneccerus, Marburg, 1926, S. 159, γ), δ).

[665] Ludwig Enneccerus/Theodor Kipp/Martin Wolff, Lehrbuch des Bürgerlichen Rechts, Erster Band, erste Abteilung: Einleitung, Allgemeiner Teil, von Ludwig Enneccerus, Marburg, 1926, S. 325, Fünster Abschnitt: Entstehung, Untergang und Veränderung der Rechte.

[666] Ludwig Enneccerus/Theodor Kipp/Martin Wolff, Lehrbuch des Bürgerlichen Rechts, Erster Band, erste Abteilung: Einleitung, Allgemeiner Teil, von Ludwig Enneccerus, Marburg, 1926, S. 325: „Die **Veränderungen**, welche die Rechte erleiden können, sind mannigfacher Art. Ihr Inhalt kann erweitert, beschränkt oder umgestaltet werden. Ihre Kraft kann verstärkt (Rangerhöhung bei Pfandrechten, Verzug) oder abgeschwächt werden (Verjährung, **Einreden**, Rangerniedrigung)."此段中文译文,由笔者自行翻译。粗体为笔者所标示。

可见，身为非传统形成效力论者，恩内策鲁斯自己在不同论题上的说法是无法融贯的。然而，由此至少可以肯定的是，延缓型抗辩权的效力完全可被归入变更效力。笔者认为，**这种暧昧、犹豫的态度，正好说明了一个问题**：抗辩权“非传统形成效力说”论者明明可以（也应该，而且有时候也的确这样做了）将抗辩的阻碍效力归入变更效力，但又整体地认为抗辩权（包括杜绝型抗辩权和延缓型抗辩权）是设立权、变更权、废除权之外的第四种形成权，在**很大程度上仅仅是为了迁就杜绝型抗辩权**，因为假如人们不认为杜绝型抗辩权是废除权的话，便会倾向将延缓型抗辩权也“连带地”排除出设立、变更、废除这三种针对“权利本体”的传统形成效力之外，使延缓型抗辩权被迫与杜绝型抗辩权一起离开传统形成效力的范畴，“相依为命”地自成一格了。**但如前所述，杜绝型抗辩权是有废除效力的，故延缓型抗辩权大可不必被“带离”传统形成效力之列。**

四、小结：抗辩权的传统形成效力

部分德国学说（也是我国的主流学说）以前一直认为杜绝型抗辩权无废除效力，只是因为不当地认为抗辩的作用对象是被等同于债权的请求权（等同说）。

然而，若正确地认为抗辩的作用对象是请求权，并认为请求权是与债权分离的权利（分离说）或者是被债权包含的权能（包含说），那么，认为抗辩有废除效力，这种理解便不会遇上任何障碍。而且，这种理解更加能够用以理顺 BGB 法条的逻辑。

总言之，抗辩权具有传统形成效力：**杜绝型抗辩权的效力是废除效力，延缓型抗辩权的效力是变更效力。**

第四章　结　论

经检视抗辩权的历史源流与教义争论后，兹总结本书的研究所得如下。

在**抗辩权的历史源流**方面，抗辩乃是源自**罗马法**上一种旨在缓和法律僵化不公的机制：在“程式程序”中，法务官会视乎案情，于责令条款内加设例外（*exceptio*），一旦符合例外情形，被告即不会被加以责令，从而使原告诉权无法顺利实现。在“程式程序”被废除后，此种机制依然被保留了下来。一直到**中世纪**罗马法在意大利复兴时，注释学派将此机制进行改造，把抗辩区分为“事实上抗辩”（*exceptio facti*）与“法律上抗辩”（*exceptio iuris*），前者不对应诉权，后者对应诉权。如是者，注释学派给出了以下两大贡献：其一，将罗马法上抗辩的概念进行了扩张，使其不限于诉权存在的情形，这也成为后来诉讼法意义上抗辩权（异议权）概念的源头；其二，运用亚里士多德哲学，对罗马法的文本加以曲解，认为在诉权存在的情形，诉权就自身本体（*sui substantia*）而言生效，但就诉权作用（*actionis ops*）而言不生效，从而在法理上证成抗辩和诉权的并存对峙可能性，这也是后来实体法上抗辩权概念或者说“抗辩权 vs 诉权”范式的源头。至此,诉讼法上抗辩权(异议权)和实体法上抗辩权之分的雏形已成。在**近代** 19 世纪德国普通法上,德国学说在继受经注释法学派所改造的罗马法学时,奠立了中世纪已经成形的诉讼法意义上抗辩(异议)和实体法意义上抗辩之分,而且其最终在 19 世纪末 BGB 立法时化为实定法,正式成为**现代**法律所确认、因而在教义学上不可或缺的民法基础概念。异议和抗辩之分的体系,后来又经过德国学说的进一步修正:法院依职权宣告的异议,被三分为“权利妨碍异议”“权利毁灭异议”“权利阻碍异议”,而必须由当事人主张的抗辩,则被三分为“永久型抗辩”“暂缓型抗辩”“限制型抗辩”。

在**抗辩权的教义争论**方面,各具体争论的梗概如下。其一,就抗辩权概念的**合逻辑性**而言,“抗辩权 vs 请求权”范式完全合乎逻辑。换言之,抗辩权和请求权可以同时存在,因为经由抗辩权的赋予,立法者是交由当事人来决定法律效力(阻碍效力)是否发生,而非自动发生,故不会在赋予抗辩权的同时便直接、绝对地阻断了请求权的可实现性,个中道理如同一切的形成权那样。其二,就抗辩权的**权利属性**而言,虽然在法学史上抗辩权曾因为狭隘的权利观(权利的“请求权式理解”)而不被认为属于权利,然而,尤其随着形成权理论的奠立,抗辩权也随之而被承认属于权利,无论它是独立还是依附于另一项权利亦然。但在后一种情形中,抗辩权已属于权利个别内容亦即权能了。其三,就抗辩权的**作用对象**而言,从法学史的角度看,抗辩权概念在 19 世纪中叶德国普通法学上奠立之时,当时对于权利仍有狭隘的“请求权式理解”,故此,虽然抗辩权是以请求权为对立概念,但这是因为当时一切权利被认为皆有请求权的表现,换言之,抗辩权所对抗的其实是一切权利。后来,随着权利作用被承认是多样化的之后,这种对应上的落差便被凸显出来。实际上,抗辩权在理论上完全可被泛化成能对抗支配权、对抗形成权,以至对抗抗辩权。而且,这种泛化有实定法的直接支持,也有学说的间接支持。因此,宜将抗辩权的作用对象扩展至各类权利,而不宜先验地将抗辩权的功能局限为对抗请求权，并尴尬地创造“准抗辩权”概念。其四，就抗辩权的**行使方式**而言，BGB 理由书认为抗辩权的非司法途径行使无意义，而是必须经司法途径行使，这种观点乃是“抗辩权 vs 诉权”思想的残留，实不足采，也被现今主流学说正确地摒弃。然而，现今主流学说认为抗辩权无“消耗性”，在行使后可被撤回，这种观点则不甚妥当，因为有可能使相对人以至第三人正当期待落空，遭受突袭。其五，就抗辩权的**权利归类**而言，抗辩权的阻碍效力，究竟可否被纳入形成效力，换言之，抗辩权是否可被归类为形成权的一种，这个问题自 20 世纪初开始，便在德国学说上争论不休，而且争论持续至今。“非形成效力说”（例如，塞克尔、冯·图尔、梅迪库斯与彼得森）认为阻碍效力不触及权利存在，故不能被纳入形成效力三个类型亦即创设效力、变更效力、废除效力的任意一种，因而否认抗辩权属于形成权。“非传统形成效力说”（例如，恩内策鲁斯、拉伦茨与沃尔夫）则认为，可以将形成效力的三分法扩展成四分法，亦即加入不触及权利存在，而只触及权利实现的阻碍效力，从而认为抗辩权也属于形成权。然而，笔者则认同“传统形成效力说”：抗辩权所谓阻碍效力完全可以被归入传统形成效力，故抗辩权属于形成权的一种，这是因为延缓型抗辩权的所谓“暂时阻碍效力”无异于变更效力，而杜绝型抗辩权的所谓“永久阻碍效力”无异于废除效力。因此，甚至不必将传统形成效力的三分法扩展成四分法。详言之，就延缓型抗辩权而言，其旨在使相对人有权做的事情发生变化，无论是使其从马上可以请求给付，变成暂时不能请求给付（本义的延缓型抗辩），抑或变成只能在一定限制下马上可以请求给付（所谓“限制型抗辩”），皆属权利内容变更。就杜绝型抗辩权而言，其则是旨在废除请求权，永远排除相对人请求给付的可能。20 世纪初的霍尔德和赫尔维格、20 世纪中叶的施洛瑟，皆认为杜绝型抗辩权的效力无异于废除请求权，但被主流见解斥为不符合 BGB 的一众规范，但笔者认为主流见解的这种批评是错误的，因为其将债权与请求权混为一谈了。21 世纪初的托马尔则通过将债权与请求权各自等同于“权利地位”与“追索权能”（„Rechtsposition“ und „Verfolgungsbefugnis“），加以互相分离,论证了杜绝型抗辩权具有废除效力,可资赞同。但笔者认为,除托马尔的“分离说”外,尚有另一条论证进路,亦即“包含说”,也就是认为请求权是债权一众权能之一,而杜绝型抗辩权所废除的只是这项权能,而非废除整项债权。为此,本书也结合里梅尔斯帕赫的“权利地位”与“权利救济”(„Rechtsposition“ und „Rechtsbehelfe“)学说、托马尔的“分离说”,以及主流学说的债权权能理论(尤其是梅迪库斯与彼得森),加以修正后,提出“包含说”的模型,以论证杜绝型抗辩权的废除效力。

参考文献

一、中文文献

1. [德]伯恩哈德·乌尔里希、安雅·普尔曼:《抗辩和抗辩权》,谭晓晓译,载《燕大法学教室》2022年第8期。

2. [德]迪特尔·梅迪库斯:《作为民法教学法之支柱的请求权与抗辩权》,凌骏达译,载《燕大法学教室》2022年第8期。

3. [德]汉斯·德勒:《法学上之发现》,王泽鉴译,载王泽鉴:《民法学说与判例研究》(第1册),中国政法大学出版社1998年版。

4. [古罗马]优士丁尼主编:《法学阶梯》,徐国栋译,商务印书馆2021年版。

5. 王泽鉴:《民法总则》,作者2009年自版。

6. 朱庆育:《民法总论》,北京大学出版社2013年版。

7. 施启扬:《民法总则》,作者2009年自版。

8. 郑玉波:《民法概要》(第11版),台北,东大图书股份有限公司2009年版。

9. 郑冠宇:《民法总则》,台北,新学林出版股份有限公司2014年版。

10. 申海恩:《抗辩权效力的体系构成》,载《环球法律评论》2020 年第4 期。

11. 申海恩:《抗辩权概念选择的历史比较考察》,载《社会科学研究》2022 年第2 期。

12. 申海恩:《论抗辩权的附随效力》,载《华东政法大学学报》2019 年第5 期。

13. 吴奇琦:《民法中的哲学:民法上实质(*substantia*)与本质(*essentia*)理论的古典哲学起源与演变》,澳门大学法学院 2018 年博士学位论文。

二、外文文献

1. Albrecht, Joseph Ambros Michael, Die Exceptionen des gemeinen teutschen Civilprocesses geschichtlich entwickelt, Weber, 1835.

2. Andreae, Carlo, Der praktische Begriff der materiellen Einrede im heutigen Recht, 1904.

3. Arndts, Ludwig, Lehrbuch der Pandekten, J. G. Cotta, 1852.

4. Azo, Summa ad I. quibus modis obligatio tollitur 3, 30, Lugdunum, 1583.

5. Bertholdt, Paul, Die Einrede des Bürgerlichen Gesetzbuchs, O. Waldowsky, 1905.

6. Bethmann-Hollweg, Moritz August, Der Civilprozess des Gemeinen Rechts in geschichtlicher Entwicklung des römischen Civilprozesses, 2. Formulae, Adolph Marcus, 1865.

7. Brox, Hans/Walker, Wolf-Dietrich, Allgemeiner Teil des BGB, 34., neu bearbeitete Auflage, Verlag Franz Vahlen, München, 2010.

8. Dernburg, Heinrich, Pandekten, Band 1, 4., verbefferte Auflage, H. W. Müller, 1894.

9. Díaz, Jesús Bogarín, Formación Léxica y Conceptualización Jurídica:

El Vocablo «Excepción», Carlos Ⅲ University of Madrid, 2021.

10. Eisele, Fridolin, Die materielle Grundlage der Exceptio: Eine römisch-rechtliche Untersuchung, Weidmann, 1871.

11. Enneccerus, Ludwig/Kipp, Theodor/Wolff, Martin, Lehrbuch des Bürgerlichen Rechts, Erster Band, erste Abteilung: Einleitung, Allgemeiner Teil, von Ludwig Enneccerus, Marburg, 1926.

12. Gaffiot, Félix, Dictionnaire Illustré Latin-Français, Hachette, 1934.

13. Gaius, Institutionum Commentarius Ⅳ.

14. Gröschler, Peter, Zur Wirkungsweise und zur Frage der Geltendmachung von Einrede und Einwendung im materiellen Zivilrecht, AcP 201, 2001, S. 48 – 90.

15. Harke, Jan Dirk, Rechtsnatur der Einrede und Rückwirkung-sverbot: Bundes-Bodenschutzgesetz und mietrechtliche Verjährung, in Archiv für die civilistische Praxis 202, 2002, S. 951 – 971.

16. Hellwig, Konrad, Anspruch und Klagerecht: Beiträge zum bürgerlichen und zum Prozessrecht, G. Fischer, 1900.

17. Hellwig, Konrad, Lehrbuch des deutschen Civilprozeßrechts, I, Leipzig: Deichert, 1903.

18. Heymann, Ernst, Das Vorschützen der Verjährung: zugleich ein Beitrag zur Lehre von Exceptio und Einrede, Schletter'sche Buchhandlung (Franck & Weigert), Breslau, 1895.

19. Hölder, Eduard, Kommentar zum allgemeinen Theil des Bürgerlichen Gesetzbuchs, Kommentar Vorbem. vor §. 194, C. H. Becksche Verlagsbuchhandlung, 1900.

20. Hölder, Eduard, Ueber Ansprüchen und Einreden, in Archiv für die civilistische Praxis 93. Bd., H. 1/2, 1902, S. 1 – 130.

21. Hübner, Heinz, Allgemeiner Teil des Bürgerlichen Gesetzbuches, 2. Auflage, Walter de Gruyter, 1996.

22. Jahr, Günther, Die Einrede des Bürgerlichen Rechts, in JuS (Juristische Schulung) 1964.

23. Jhering, Rudolf von, Geist des Römischen Rechts, auf den verschiedenen Stufen seiner Entwicklung, Zweiter Theil, Zweite Abstheilung, Breitkopf und Härtel, Leipzig, 1883.

24. Kipp, Theodor, Rechtswahrnehmung und Reurecht, in: Festgabe der juristischen Gesellschaft zu Berlin für Richard Koch, 1903.

25. Köbler, Ulrike, Werden, Wandel und Wesen des deutschen Privatrechtswortschatzes, Peter Lang, 2010.

26. Kocourek, Albert, *Plurality of Advantage and Disadvantage in Jural Relations*, in Michigan Law Review, 19(1), 1920 - 1921, p. 47 - 61.

27. Kocourek, Albert, *The Formula Procedure of Roman Law*, in Virginia Law Review, Apr., 1922, Vol. 8, No. 6 (Apr., 1922), p. 434 - 444.

28. Kommission zur Ausarbeitung des Entwurfs eines Bürgerlichen Gesetzbuches, Entwurf eines bürgerlichen Gesetzbuches für das Deutsche Reich, 1. Buch, Allgemeiner Theil, Begründung, Vorlage des Redaktors Dr. Gebhard, Berlin, 1881.

29. Koschembahr-Łyskowski, Ignacy, Die Theorie der Exceptionen nach klassischem römischen Recht, Bd. 1, Ersteres Heft: Der Begriff der exceptio, Berlin: Guttentag, 1893.

30. Krampe, Christoph, Rezension zu Herbert Roth, Die Einrede des Bürgerlichen Rechts, in Archiv für die civilistische Praxis 1991, 191. Bd., H. 1/2 (1991), S. 163 - 171.

31. Kurth, Daniel, Einreden gegen Grundpfandrechte beim Wechsel des Grundstückeigentümers, V&R unipress GmbH, 2010.

32. Langheineken, Paul, Anspruch und Einrede nach dem Deutschen Bürgerlichen Gesetzbuch, Leipzig: Engelmann, 1903.

33. Larenz, Karl/Wolf, Manfred, Allgemeiner Teil des Bürgerlichen Rechts, 9. Auflage, Verlag C. H. Beck, 2004.

34. Larenz, Karl, Lehrbuch des Schuldrechts, Band Ⅰ: Allgemeiner Teil, 14. Auflage, Verlag C. H. Beck, 1987.

35. Lenel, Otto, Über Ursprung und Wirkung der Exzeptionen, Heidelberg, Gustav Koester, 1876.

36. Lewis, Charlton T. & Short, Charles, *A Latin Dictionary*, Clarendon Press, 1879.

37. Medicus, Dieter/Petersen, Jens, Allgemeiner Teil des BGB, 11., neu bearbeitete Auflage, C. F. Müller Verlag, Heidelburg, 2016.

38. Medicus, Dieter, Allgemeiner Teil des BGB, 8., neu bearbeitete Auflage, C. F. Müller Verlag, Heidelburg, 2002.

39. Medicus, Dieter, Anspruch und Einrede als Rückgrat einer zivilistichen Lehrmethode, in Archiv für die civilistische Praxis 174 (1974), S. 313 – 331.

40. Mendonca & Daniel, *Exceptions*, in Jordi Ferrer Beltrán & Giovanni Battista Ratti (ed.), The Logic of Legal Requirements: Essays on Defeasibility, 2012, p. 202 – 208.

41. Motive zu dem Entwurfe eines Bürgerlichen Gesetzbuches für das Deutsche Reich, Band 1, J. Guttentag, 1888.

42. Mühlenbruch, Christian Friedrich, Lehrbuch des Pandekten-Rechts: Nach der Doctrina Pandectarum deutsch bearbeitet, Erster Theil, C. A. Schwetschke, 1839.

43. Navarro, Pablo E. & Rodríguez, Jorge L., Deontic Logic and Legal Systems, Cambridge University Press, 2014.

44. Pawlowski, Hans-Martin, Allgemeiner Teil des BGB: Grundlehren des bürgerlichen Rechts, 7., neu bearbeitete Auflage, C. F. Müller, 2003.

45. Protokolle der 1. Kommission zur Ausarbeitung des Entwurfs eines

Bürgerlichen Gesetzbuches für das Deutsche Reich, I.

46. Puchta, Georg Friedrich, Geschichte des Recht bei dem römischen Volk: mit einer Einleitung in die Rechtswissenschaft und Geschichet des römischen Civilprocesses, Breitkopf und Härtel, Leipzig, 1893.

47. Rimmelspacher, Bruno, Materiellrechtlicher Anspruch und Streitgegenstandsprobleme im Zivilprozess, Göttingen, 1970.

48. Roth, Herbert, Die Einrede des bürgerlichen Rechts, Beck, München, 1988.

49. Savigny, Friedrich Carl von, System des heutigen römischen Rechts, Bd. 5, Berlin, 1841.

50. Schlosser, Peter, Selbständige peremptorische Einrede und Gestaltungsrecht im deutschen Zivilrecht, in JuS (Juristische Schulung) 1966, S. 257 - 268.

51. Seckel, Emil, Die Gestaltungsrechte des bürgerlichen Rechts, in: Festgabe der juristischen Gesellschaft zu Berlin für Richard Koch, 1903.

52. Thomale, Chris, Die Einrede als materielles Gestaltungsrecht, in Archiv für die civilistische Praxis, Dezember 2012, 212. Bd., H. 6 (Dezember 2012), Mohr Siebeck, S. 920 - 970.

53. Thon, August, Rechtsnorm und subjectives Recht: Untersuchungen zur allgemeinen Rechtslehre, Böhlau, 1878.

54. Van Der Torre, Leendert W. N. & Tan, Yao-Hua, *The Many Faces Of Defeasibility In Defeasible Deontic Logic*, 1997, in Donald Nute (ed.), Defeasible Deontic Logic, Kluwer Academic Publishers, 1997.

55. Von Tuhr, Andreas, Der allgemeine Teil des deutschen bürgerlichen Rechts, Erster Band: Allgemeine Lehren und Personrecht, Duncker & Humblot, 1910.

56. Wetzell, Georg Wilhelm, System des ordentlichen Civilprocesses, Leipzig: Tauchnitz, 1865.

57. Windscheid, Bernhard, Die Actio des römischen Civilrechts vom Standpunkte des heutigen Rechts, J. Buddens, 1856.

58. Windscheid, Bernhard, Lehrbuch des Pandektenrechts, Bd. 1, Buddeus, 1862.

59. Zimmermann, Reinhard, *Comparative Foundations of a European Law of Set-Off and Prescription*, Cambridge University Press, 2002.

60. Zitelmann, Ernst, Das Recht des Bürgerlichen Gesetzbuchs System zum Selbststudium und zum Gebrauch bei Vorträgen, Ⅰ. Allgemeiner Teil, Duncker & Humblot, 1900.

后 记

从未想过，这本书竟然会先于其他拙著出版。

回想起来，权利的确是从我还在修读本科时开始便一直很吸引我的法学论题。甚至，当年第一次入职应聘面试，我便是以此为演讲题目。后来，我也陆续收集了很多文献资料，但一直没把它们整合起来。

因此，对抗辩权的研究，是整个更庞大计划的开端。坦白说，以抗辩权为开始，除了是因为我国尚未有抗辩权基础理论专著之外，还是因为当初我打算从一些看似不那么厚重的课题开始。但在写作过程中，我发现我错了。抗辩权论题实在没有想象中那么轻薄。

身为我国澳门特别行政区出身的法律人，正常的话，最熟悉的外国学说应该是葡萄牙学说。偏偏葡萄牙民法学传统上一向不太重视实体法的抗辩权，因此，在我的法学启蒙阶段，抗辩权这种权利类型是最陌生的。但这反而引起了我的强烈好奇。在这个课题上，德国学说依然是绕不过去的节点。要做深刻的研究，便必须埋首德语文献。太熟悉就没兴趣，也许还是因为骨子里的反叛吧。

这一年来,对很多事、很多人都感到很失望。

失望归失望,幸好依然未让我忘记善良。

今年是我在澳门大学正式入职任教满 10 年。时间真的快得很可怕。初出茅庐时的雀跃,像是第一次坐到研讨会台上发表论文、第一次有论文刊登在期刊上、第一次出书……那种感觉也许已经不能再次体会,但我依然记得。幸好在疲惫之际,看到学生们的求知欲,都总能让我再次清楚自己工作的意义。我仿佛在他们身上看到了当年的自己。

感谢我的恩师唐晓晴老师。我在每一本专著或译著的序或后记里,都会感谢您的栽培、慷慨和体谅。因为我想,再多次表达感谢之情,也不足够。学生不才,希望没有让您太过失望。

感谢徐国栋老师,非常感激您的提携。我对您只有无限的感激。我依然很盼望另一本拙著出版、我亲手将它送到您手上的那一天。

感谢日本北九州市立大学的矢泽久纯老师,谢谢您找我一起进行关于东亚汉字文化圈的研究,因为语言文化也许才是我的第一兴趣。真的很妙,当初也是因为我在纸上写下"法律行为"几个汉字递给您所结的缘。

感谢赵国强老师对学生的支持,感谢汪超老师为学生操心,感谢李哲老师为拙著介绍编辑,感谢法律出版社似玉老师为拙著所做的出版工作。

感谢学生助理官紫柔同学,在葡萄牙科英布拉大学升学忙碌之际,依然热心答应抽空审读拙著,并细心调整文稿格式。

感谢我人生的第一位老师——我的阿嫲。我最近经常梦见你。愿你如今在天上安好。

"人生はちょっと遅れてくる。"(人生就是有点迟到。)

今年的樱花比往年晚了半个月,在 4 月才开。那些来得准时的人,反而都错过了不准时的美事。

吴奇琦

2024 年 4 月

东京千代田某步道、澳门氹仔某可否馆